Mediation im Verwaltungsverfahren und Verwaltungsprozess

# SPEYERER SCHRIFTEN ZUR VERWALTUNGSWISSENSCHAFT

Herausgegeben von Rainer Pitschas

**Band 5**

PETER LANG

Frankfurt am Main · Berlin · Bern · Bruxelles · New York · Oxford · Wien

Rainer Pitschas/Harald Walther

# Mediation im Verwaltungsverfahren und Verwaltungsprozess

Beiträge der „Speyerer Mediationsinitiative"

PETER LANG
Internationaler Verlag der Wissenschaften

**Bibliografische Information der Deutschen Nationalbibliothek**
Die Deutsche Nationalbibliothek verzeichnet diese Publikation in der Deutschen Nationalbibliografie; detaillierte bibliografische Daten sind im Internet über <http://www.d-nb.de> abrufbar.

Gedruckt auf alterungsbeständigem,
säurefreiem Papier.

ISSN 1862-250X
ISBN 978-3-631-58078-3



Printed in Germany 1 2 3 4 5 6 7

www.peterlang.de

## Vorwort

Die durch die Einflüsse der Gesetzgebung ohnehin ständig in der Entwicklung befindliche Verwaltungsgerichtsbarkeit erfährt durch das sich auf dem Markt der Streitmittlung ausbreitende Institut der Mediation neue, extralegislative Impulse. In Modellprojekten, mit viel Eigeninitiative und mit sehr unterschiedlicher Unterstützung durch die Landesjustizverwaltungen tritt eine Methode der Konfliktbeilegung auf den Plan und wird – auch und insbesondere wegen des Engagements von Richterinnen und Richtern in der Verwaltungsjustiz – zunehmend Teil des Angebotskanons verwaltungsgerichtlichen Rechtsschutzes. Hierbei ist signifikant, dass die die Mediation im öffentlichen Bereich vorantreibenden Impulse eher von den Richterinnen und Richtern der allgemeinen und besonderen Verwaltungsgerichtsbarkeit auszugehen scheinen, als dass tatsächlich eine dringliche Nachfrage der Rechtsschutzsuchenden die Einführung des Streitbeilegungsinstituts erforderlich macht.

Seit jeher begleitet die Deutsche Hochschule für Verwaltungswissenschaften Speyer ebenso wie das ihr angegliederte Forschungsinstitut für die öffentliche Verwaltung wegweisende Entwicklungen in der Verwaltung wie auch in der Verwaltungsgerichtsbarkeit. Einer der Arbeitsschwerpunkte des Lehrstuhls für Öffentliches Recht, Entwicklungspolitik und Verwaltungswissenschaft gilt der Fortentwicklung des Verfahrensrechts – in der Exekutive ebenso wie in der Verwaltungsjustiz. Das zentrale Augenmerk ist hierbei auf die Verfahrensverantwortung der die prozeduralen Abläufe federführend Gestaltenden gerichtet. Insbesondere in einer Zeit progredienter Privatisierung des Verwaltungshandelns darf die hierzu wechselbezügliche Ausgestaltung des Verwaltungsrechtsschutzes nicht aus dem Blick geraten.

Waren es zu Beginn der letzten Dekade des vergangenen Jahrtausends die Topoi des konsensualen Verwaltungshandelns und das Kooperationsprinzip im Umweltrecht, so hat in den zurück liegenden sieben Jahren die Mediation als Methode der nichtrichterlichen Streitbeilegung im Kontext mit dem zugleich aktuell aufgekommenen Thema eines Qualitätsmanagements in der Verwaltungsgerichtsbarkeit das Feld auch der wissenschaftlichen Auseinandersetzung erobert. Ob, wie und auf welche Weise die Mediation auch im öffentlichen Sektor nicht nur als Experiment versucht, sondern gegebenenfalls dauerhaft in den Angebotskanon staatlicher Streitbeilegungsinstitute implementiert werden kann und welcher verfahrensrechtlichen Sicherungsmechanismen es hierbei bedarf, ist Gegenstand der hier gesammelten Beiträge der Verfasser.

Das nicht unwidersprochen gebliebene petitum nach „Kundenorientierung" – im Positionspapier des Präsidenten des Bundesverwaltungsgerichts und der Präsidentin und Präsidenten der Oberverwaltungsgerichte und Verwaltungsgerichtshöfe der Länder vom März 2005 deutlich zum Ausdruck gebracht – zeigt, dass die Verwaltungsgerichtsbarkeit sich vielfältigen Anforderungsbedarfen ausgesetzt sieht. Die Untersuchung der Leistungsgrenzen gerichtlicher Entscheidungen hat deutlich gemacht, welcher Ergänzungen und Modifikationen der Verwaltungsprozess bedarf. Als neue Leitidee hat er die bürgerschaftliche Verantwortung in zivilgesellschaftlicher Selbstorganisationen herausgearbeitet und aufgezeigt, dass dem überkommenen traditionellen Leitbild der kommunalen Selbstverwaltung neben dem Plädoyer für Subsidiarität und institutionellem Wettbewerb eine weitere neue Idee. das „bürgerschaftliche Engagement, an die Seite gestellt wird. Die in der Verwaltung erprobten neuen Steuerungsmodelle haben zwischenzeitlich auch die Verwaltungsgerichtsbarkeit erreicht: In den Verwaltungsgerichten findet auf der Grundlage des geltenden Prozessrechts Qualitätsmanagement durch die Einrichtung von Qualitätszirkeln statt, in denen richterliches und nichtrichterliches Personal mit dem Ziel der Optimierung von Arbeitsabläufen in einem Verwaltungsgericht kooperieren. Die wissenschaftlichen Grundlagen hierzu wurden von Pitschas bereits im Jahre 2001 auf dem 13. Deutschen Verwaltungsrichtertag in München gelegt.

Die in der Praxis begonnenen Modellprojekte der „Mediation in der Verwaltungsgerichtsbarkeit" haben ein vielfältiges Echo in der Literatur erfahren. Das von 2002 – 2005 in Niedersachsen durchgeführte Pilotprojekt, das den singulären Einsatz der Mediation in einzelnen Gerichten in der ordentlichen Justiz, sowie in der Sozial- und Verwaltungsgerichtsbarkeit erprobte, ist bereits einer wissenschaftlichen Begleitforschung zugeführt worden. Neben der von der Universität Gießen durchgeführten Befragung der Gerichtsmediatoren hat die Deutsche Hochschule für Verwaltungswissenschaften Speyer die wissenschaftliche Betreuung des Modellprojekts „Mediation in der hessischen Verwaltungsgerichtsbarkeit" übernommen. Das Projekt erstreckt sich als erstes Vorhaben in der Bundesrepublik Deutschland über alle Verwaltungsgerichte 1. und 2. Instanz in einem Flächenbundesland.

Die Deutsche Hochschule für Verwaltungswissenschaften Speyer hat sich neben der Untersuchung der theoretischen Grundlagen der empirischen Auswertung der von den Beteiligten – genauer: den Bürgern, Bevollmächtigten und Behörden – gemachten Erfahrungen zugewandt. Der Abschluss dieser Untersuchung steht in naher Zukunft bevor. Zudem wurden beginnend ab 2004 in konsequenter Folge Berichte über Veranstaltungen und praxisrelevante Expertisen erstellt. Hierbei werden die richterliche Mediation und der auf der Grundlage geltenden Prozessrechts handelnde mediative Richter auch mit Blick auf die Kosten-Nutzen-Analyse gegenübergestellt.

Auch der Blick über die Grenzen fehlt nicht: Im Wintersemester 2005/06 war Herr Assistenzprofessor Dr. Shinsuke Matsuzuka von der Kyushu-Universität in Fukuoka/Japan Teilnehmer einer Projekt-AG an der Deutschen Hochschule für Verwaltungswissenschaften Speyer. Aus der gemeinsamen Arbeit ist ein Beitrag entstanden, der neben der Darstellung japanischer Streitbeilegung in einem Vergleich mit der fernöstlichen Streitkultur aufzeigt, welche Bedeutung den gesellschaftlichen Grundlagen in unserem Rechts- und Streitsystem für die denkbaren Modelle der Konfliktbehandlung zukommt.

Die Untersuchungen beschäftigen sich darüber hinaus insbesondere aus verfassungsrechtlicher Sicht mit der „Mediation als Methode und Instrument der Konfliktmittlung im öffentlichen Sektor“ und der Frage, ob überhaupt „Verwaltungsrechtsschutz durch Gerichtsmediatoren“ in Betracht kommen kann oder ob nicht gar durch die Mediation als „Deal im Verwaltungsprozess“ eine Gefährdung des Rechtsschutzes zu besorgen ist.

Die hier zusammengeführten Publikationen haben eine ständige Begleitung durch ebenso wissenschaftlich wie berufspraktisch orientierte Veranstaltungen erfahren. Auch in der Lehre wurde die Thematik an der Deutschen Hochschule für Verwaltungswissenschaften Speyer schon sehr früh aufgegriffen und kontinuierlich fortgeführt. Bereits im Wintersemester 2001/02 wurden in dem Seminar „Rechtsschutz und Mediation“ erste Grundlagen geschaffen. Entsprechende Lehrveranstaltungen – vornehmlich Projekt-Arbeitsgemeinschaften – werden weiterentwickelt und fortgesetzt. Parallel hierzu ist am Forschungsinstitut für die öffentliche Verwaltung bei der Deutschen Hochschule für Verwaltungswissenschaften Speyer unter der Leitung der Professoren Dres. Pitschas und Ziekow ein Arbeitskreis „Rechtsprechungsmanagement und gerichtsverbundene Mediation“ eingerichtet worden. Im fruchtbaren Dialog zwischen Wissenschaftlern und Praktikern aus der Ministerialverwaltung sowie Verwaltungsrichtern aus allen Instanzen wird der Nutzen der Mediation für die Arbeit bei den Verwaltungsgerichten diskutiert und fortentwickelt. Abgerundet werden die Aus- und Fortbildungsleistungen der „Speyerer Mediationsinitiative“ durch die seit dem Jahr 2007 angebotene „Speyerer Führungswerkstatt“. Auf wissenschaftlich fundierter Grundlage haben Führungskräfte aus Verwaltung und Justiz die Möglichkeit in Fortbildungsveranstaltungen mit Seminar- ebenso wie mit Workshop-Charakter Instrumente moderner Führung in Theorie und Praxis zu erarbeiten.

Ein Teil der Beiträge nimmt auch Bezug auf die Arbeiten der Verfasser im Rahmen der wissenschaftlichen Begleitforschung des hessischen Modellprojekts „Mediation in der Verwaltungsgerichtsbarkeit". An den hessischen Verwaltungsgerichten erster und zweiter Instanz wird seit 2004 Mediation als Schlichtungsinstitut angeboten. Die Deutsche Hochschule für Verwaltungswissenschaften Speyer hat die Evaluation des Projekts in Bezug auf Bürger, Bevollmächtigte und Behörden übernommen. Die Auswertung der empirischen Untersuchungen steht noch bevor. In diesem Band werden bereits die theoretischen Grundlagen des Einsatzes der Mediation in der Verwaltungsgerichtsbarkeit unter Berücksichtigung der in Hessen gewonnenen Erfahrungen erörtert.

Aus der Feder der für die „*Speyerer Mediationsinitiative*" verantwortlich zeichnenden Autoren sind in den Jahren 2001 bis 2007 eine ganze Reihe von Beiträgen entstanden, die in diesem Band der „Speyerer Schriften zur Verwaltungswissenschaft" zusammengeführt sind, auch bereichert um neue, noch nicht veröffentlichte Beiträge.

Speyer/Wiesbaden, im März 2008 *Rainer Pitschas* und *Harald Walther*

**Inhaltsverzeichnis**

## Leistungsgrenzen gerichtlicher Entscheidungen - am Beispiel der Verwaltungsgerichtsbarkeit*

*Rainer Pitschas*

### I. Drei Grundfunktionen der Verwaltungsgerichtsbarkeit

Nach den „Leistungsgrenzen" gerichtlicher Entscheidungen zu fragen hat zur Voraussetzung, deren Leistungen bzw. Funktionen zu (er)kennen. Gewöhnlich analysiert man in diesem Zusammenhang die Orientierung eines Urteils, Beschlusses, Vergleichs u. a. m. auf den Einzelfall, wobei die verfügbare und gewählte Entscheidungsform eine spezifische Leistungsfähigkeit der gerichtlichen Entscheidung in sich birgt.[1] Auch die Beschränkung des dem Verwaltungsgericht für seine Entscheidungen durch das Prozessrecht an die Hand gegebenen Instrumentariums kennzeichnet sowohl generell als auch einzelfallbezogen die Reichweite des verwaltungsgerichtlichen Auftrags.[2] Darüber hinaus finden sich immer wieder Probleme der Akzeptanz von verwaltungsgerichtlichen Entscheidungen[3] sowie das Bestreben von Gesetzgebung und Verwaltung

---

* Erstveröffentlichung in: Hof/Schulte (Hrsg.), Wirkungsforschung zum Recht III. Folgen von Gerichtsentscheidungen, Baden-Baden 2001, S. 129 ff.

1 Dazu die Beiträge in Norbert Achterberg (Hrsg.), Rechtsprechungslehre, Band I, 1984, Rechtsprechung als Staatsfunktion; vgl. ferner ders., ebd., Rechtsprechungslehre als Wissenschaftsdisziplin, S. 3 ff.; in Bezug auf die Rechtsform des schlichten Verwaltungshandelns im Verwaltungsverfahren vgl. Martin Schulte, Schlichtes Verwaltungshandeln: Verfassungs- und verwaltungsdogmatische Strukturüberlegungen am Beispiel des Umweltrechts, 1995, S. 71 ff.; Rainer Pitschas, Staatswissenschaftliche Analyse von Verfassungsgerichtsentscheidungen: Interdisziplinäre Effektivitäts-, Implementations- und Evaluationsforschung als Grundlage einer folgenorientierten Verwaltungsrechtsdogmatik, in: Th. Raiser/R. Voigt (Hrsg.), Durchsetzung und Wirkung von Rechtsentscheidungen, 1990, S. 190 (193, 196 ff., 209 ff.).

2 Peter Badura, Staatsrecht, 2. Aufl. 1996; S. 587; Friedhelm Hufen, Verwaltungsprozessrecht, 3. Aufl. 1998, S. 1 ff., 24 ff.; Wolf-Rüdiger Schenke, Verwaltungsprozessrecht, 6. Aufl. 1998, Rdnr. 1 ff. ; Pitschas (Fn. 1), S. 193 f.; Michael Gerhardt, in: F. Schoch/E. Schmidt-Aßmann/R. Pietzner (Hrsg.), Verwaltungsgerichtsordnung. Kommentar, Stand: Sept. 1998, Vorb. § 113, Rdnr. 1 ff.

3 Hermann Hill, Akzeptanz des Rechts - Notwendigkeit eines besseren Politikmanagements, JZ 1988, S. 377 (377 ff.); Wilhelm Nöth, Rechtssoziologie - Inhalt und Probleme im Überblick, 1993, S. 67 ff.; Eberhard Blankenburg, Mobilisierung des Rechts - Eine Einführung in die Rechtssoziologie, 1995, S. 39 ff., 115 ff.; siehe auch Steffen Heitmann, Das Vertrauen in die Justiz nimmt ab - Eine kleine Selbstbetrachtung, NJW 1998, S. 1123 ff.

zum „strategischen Einsatz“ der Verwaltungsgerichte.[4] Dies lässt sich etwa im Hinblick auf das Sechste Änderungsgesetz zur Verwaltungsgerichtsordnung (VwGO) feststellen.[5] Eine besondere Rolle spielt dabei die gesetzliche Deformation des Instanzenzugs.[6]

## 1. Rechtsschutz durch Streitentscheidung

Alle diese Ansätze zur Erschließung des Themas greifen jedoch zu kurz. Vergewissert man sich nämlich seiner Tragweite näher, so offenbart sich, dass zunächst eine wesentliche Leistung bzw. Grundfunktion der Verwaltungsgerichtsbarkeit in der „Streitentscheidung“, d. h. in der Erkenntnis und Feststellung streitigen Rechts durch den „Richter“ in dafür erforderlichen und auch geeigneten verwaltungsgerichtlichen Verfahren besteht.[7] Diese Funktion ist als rechtsprechungsspezifisch anzusehen. Verwaltungsrichterliche Tätigkeit unterscheidet sich in Bezug hierauf prinzipiell vom Verwaltungshandeln, das zu parlamentarisch determinierten und sodann verwaltungsautonom konkretisierten Entscheidungen führt, also im Gegensatz zur verwaltungsgerichtlichen Entscheidung volitive Elemente politischer Dezision („metajuristische Zweckkonkretisierung“) enthält.[8]

---

4 Winfried Brohm, Die staatliche Verwaltung als eigenständige Gewalt und die Grenzen der Verwaltungsgerichtsbarkeit, DVBl. 1986, S. 321 (322); ders., Zum Funktionswandel der Verwaltungsgerichtsbarkeit, NJW 1984, S. 8 (8 f., 10 f.).

5 Gesetz vom 1.11.1996, BGBl. I, 1626.

6 Die gesetzliche Deformation des Instanzenzuges besteht in einer unreflektierten Einführung zulassungsbedürftiger Rechtsmittel; dazu näher Rainer Pitschas, Reform der Verwaltungsgerichtsbarkeit als „Ökonomisierung“ des Rechtsstaates? Verfassungsrechtliche und verwaltungswissenschaftliche Eckwerte der Modernisierungsdiskussion, in: ders. (Hrsg.), Die Reform der Verwaltungsgerichtsbarkeit, 1999 (i. Ersch.); Gerhard Hofe, Neuorganisation der Justiz und Verfahrensvereinfachungen im Verwaltungsprozess, in: Pitschas (a.a.O.), i. Ersch.; Max-Jürgen Seibert, Die Zulassung der Berufung, DVBl. 1997, S. 932 ff.; Klaus Meier, Das 6. VwGO-Änderungsgesetz und seine Folgen aus erstinstanzlicher Sicht, NVwZ 1998, S. 688 (694), Michael Quaas, Das 6. VwGO-Änderungsgesetz aus anwaltlicher Sicht, NVwZ 1998, S. 701 (702); zur Zulassungsberufung nach dem 6. VwGOÄndG siehe Klaus Rennert, Die maßgebliche Perspektive bei der Zulassung von Berufung und Beschwerde im Verwaltungsprozess, NVwZ 1998, S. 665 ff.

7 Paul Kirchhof, Richterliche Rechtsfindung, gebunden an „Gesetz und Recht“, NJW 1986, S. 2275 (2277 f.); Eberhard Schmidt-Aßmann, Einl., in: F. Schoch/E. Schmidt-Aßmann/-R. Pietzner (Hrsg.), Verwaltungsgerichtsordnung. Kommentar, Stand: Sept. 1998, Rdnr. 175; Karl August Bettermann, in: HStR III (a.a.O.), § 73 Rdnr. 39 ff., 74; Günther Barbey, in: Handbuch des StaatsR, Bd. III, 1996, § 74 Rdnr. 15 ff.

8 Ich folge hier Rupert Scholz, Verwaltungsverantwortung und Verwaltungsgerichtsbarkeit, VVDStRL 34 (1976), S. 145 (152, 169 f., dort Fn. 102); diesen Begriff ebenfalls

## 2. Verwaltungsrechtsprechung als objektive Rechtskontrolle

In jüngerer Zeit treten zu dieser Grundfunktion die weiteren Funktionen der objektiven Rechtskontrolle[9] und der konsensualen Konfliktlösung durch Dialog[10] hinzu. Die Verwaltungsgerichtsbarkeit sieht sich durch den Wandel des Verwaltungsprozessrechts einerseits sowie durch neue Anforderungen aufgrund gesellschaftlicher Veränderungsprozesse und Strukturverschiebungen bei den Staatsfunktionen andererseits dazu angehalten, nicht nur Rechtsschutz gegen die Verletzung subjektiv-öffentlicher Rechte zur Verfügung zu stellen, sondern auch durch objektivierte Kontrollentscheidungen exekutive Entscheidungsprozesse (mit) zu steuern. Ob und in welchem Ausmaß allerdings diese (Mit-)Steuerung exekutiver Entscheidungen umfassend oder nur ausschnittsweise zu den künftigen Grundfunktionen der Verwaltungsgerichtsbarkeit zählt, ist noch immer ein umstrittenes Thema.[11] Das bereits erwähnte Sechste Änderungsgesetz zur VwGO[12] hat insoweit die Gewichte wiederum etwas stärker in Richtung auf die Förderung der objektiven Verwaltungskontrolle verschoben, wenn es z. B. in Bezug auf die Heilung von Verfahrens- und Formfehlern des Verwaltungshandelns die angedeutete Zusammenbindung von Verwaltung und Verwaltungsrechtsprechung unter Rechtsschutz- und Kontrollgesichtspunkten nunmehr normativ-rechtlich verstärkt.[13]

---

verwendend Thomas v. Danwitz, Der Grundsatz funktionsgerechter Organstruktur, Der Staat 35 (1996), S. 329 (342 f.).

9 Brohm (Fn. 4), 1986, S. 330; Rainer Pitschas, Verwaltung und Verwaltungsgerichtsbarkeit im staatlichen Modernisierungsprozess, in: W. Blümel/R. Pitschas (Hrsg.), Verwaltungsverfahren und Verwaltungsprozess im Wandel der Staatsfunktionen, 1997, S. 27 (S. 46 f., m. w. Nachw.); Gerhardt (Fn. 2), Vorb. 47, Rdnr. 14.

10 Rainer Pitschas, Verwaltungsverantwortung und Verwaltungsverfahren, 1990, S. 216 ff., 285 f., 317, 350.

11 Winfried Brohm, Verwaltung und Verwaltungsgerichtsbarkeit als Steuerungsmechanismen in einem polyzentrischen System der Rechtserzeugung, DÖV 1987, S. 265 (266 ff.); ders., Polyzentrische Steuerung durch das Recht - Zur Rolle der Verwaltung und Verwaltungsgerichtsbarkeit in der Bundesrepublik Deutschland, JfR 1987, S. 31 ff.; Rainer Pitschas, Verwaltung und Verwaltungsgerichtsbarkeit im staatlichen Modernisierungsprozess, in: W. Blümel/R. Pitschas (Hrsg.), Verwaltungsverfahren und Verwaltungsprozess im Wandel der Staatsfunktionen, 1997, S. 27 (46 f., 54 ff.).

12 Siehe oben Fn. 5.

13 Wolf-Rüdiger Schenke, „Reform" ohne Ende - Das Sechste Gesetz zur Änderung der Verwaltungsgerichtsordnung und anderer Gesetze (6. VwGOÄndG), NJW 1997, S. 81 (86 ff.); Armin Hatje, Die Heilung formell rechtswidriger Verwaltungsakte im Prozess als Mittel der Verfahrensbeschleunigung, DÖV 1997, S. 477 ff.; Johann Bader, Das sechste Gesetz zur Änderung der Verwaltungsgerichtsordnung, DÖV 1997, S. 442 (444); Konrad Redeker, Die „Heilungsvorschriften" der 6. VwGO-Novelle, NVwZ 1997, S. 625 ff.; Heinz Joachim Bonk, Strukturelle Änderungen des Verwaltungsverfahrens durch das Ge-

### 3. Mediation im Verwaltungsprozess

Neben diese Gesamthandsfunktion[14] stellt der Gesetzgeber erkennbar einen ersten Versuch, den verwaltungsgerichtlichen Rechtsschutz durch Verfahren der Mediation zu ergänzen. Der hierzu u. a. im baurechtlichen Nachbarschutz eingeschlagene Weg[15] birgt allgemein etliche Risiken für das Verwaltungshandeln in sich; er droht zudem die Fähigkeit der Verwaltungsgerichte zu schnellem und neutralem Rechtsschutz zu beeinträchtigen: Auch wer sich im Dreiecksverhältnis „Nachbar - Behörde - Bauherr" auf die Suche nach konsensnahen Konfliktlösungen begibt, wird im Zweifel autoritativen Streitentscheidungen nicht gänzlich entraten wollen.

### 4. Veränderungen im Leistungsspektrum

Im Folgenden ist der Reichweite dieser drei Grundfunktionen der Rechtsprechung im „distanzierten" sozialen Rechtsstaat nachzugehen. Dabei zeigt sich, dass die Verantwortungskrise des Wohlfahrtsstaates[16] und die „Ökonomisierung" des Rechtsschutzes[17] das Leistungsspektrum der Verwaltungsgerichtsbarkeit und dadurch unser Rechtsstaatsverständnis verändern: Rechtsprechung gewinnt als Streitentscheidung (II.) dem Rechtsbildungsprozess mediative Elemente ab; im europäischen Rechts- und Verwaltungsstaat entsteht darüber hinaus ein

---

nehmigungsverfahrensbeschleunigungsgesetz, NVwZ 1997, S. 320 ff.; Gerhardt (Fn. 2), § 113, Rdnr. 109 zum Entwurf eines § 113 Abs. 1 Satz 5 VwGO.

14 Rainer Pitschas, in: R. Stober (Hrsg.), Rechtsschutz im Wirtschaftsverwaltungs- und Umweltrecht, 1993, Vorläufiger Rechtsschutz / Vorbeugender Rechtsschutz, S. 143 ff.; ders. (Fn. 11), S. 54 f.

15 § 4 b BauGB, vgl. die Kommentierung zu § 4 b von Ulrich Battis, in: ders./M. Krautzberger/R.-P. Löhr, Baugesetzbuch - BauGB - Kommentar, 6. Aufl. 1998 m. w. Nachw.; W. Ernst/W. Zinkahn/W. Bielenberg, Baugesetzbuch. Kommentar, Stand: März 1998, Vorb. §§ 1 - 13, Rdnr. 28 ff.; Bernhard Stüer, Handbuch des Bau- und Fachplanungsrechts: Planung - Genehmigung - Rechtsschutz, 2. Aufl. 1998, Rdnr. 557; allgemein noch Bernd Holznagel, Die Einschaltung Dritter im Verwaltungsverfahren, in: J. Ziekow (Hrsg.), Beschleunigung von Planungs- und Genehmigungsverfahren, 1998, S. 279 ff.

16 Rainer Pitschas, Verrechtlichung von Sozialleistungen im wohlfahrtsdistanzierten Sozialstaat, in: B. Schulin (Red.), Leistungsrealisierung und Leistungsstörungen im Sozialrecht, SDSRV 41 (1996), S. 7 (11); ders., Kommunale Sozialpolitik, in. B. v. Maydell/F. Ruland (Hrsg.), SRH, 2. Aufl. 1996, S. 1257 (1261); ders. (Fn. 11), S. 32 f.

17 Gerhard Hofe, Die Krise der öffentlichen Haushalte: Chance für eine Justizreform, KJ 1997, S. 30 (33 f.); ders., Grundfragen zur Ökonomisierung von Verwaltungsverfahren und Verwaltungsprozess im schlanken Staat, Verwaltung und Management 4 (1998), S. 4 ff.; Pitschas (Fn. 11), S. 50 f., 60 ff.

neues Funktionsmodell verwaltungsgerichtlicher Kontrolle (III.). Schließlich konstituieren gegenwärtig die internen Arbeitsstrukturen der Verwaltungsgerichte spezifische Effizienzgrenzen richterlicher Entscheidungen. Die Rationalisierung der Rechtsprechungsorganisation sucht diese Grenzen hinauszuschieben (IV.).

## II. Funktionsadäquate Entscheidungsfindung als verfassungsrechtliche Rationalitätsgebot

Rechtsprechung als Streitentscheidung in spezifischen Verfahren fügt sich ein in das Grundgerüst des modernen Staates, der eine rationale Verfahrensordnung mit funktionaler Organstruktur darstellt.[18] In ihm gilt der verfassungsrechtliche Grundsatz, dass „Struktur, Zusammensetzung und Besetzung der Staatsorgane funktionsgerecht sein müssen".[19] Demzufolge bedarf das Parlament anderer Aufgabenübertragung und Verfahrensstruktur als ein Gericht; diesem wiederum müssen Aufgaben, Funktionen und eine Verfahrensordnung zuwachsen, die sich prinzipiell von denen der Verwaltungsbehörden unterscheiden.

Aus diesem Grundsatz erwächst zunächst eine prinzipielle Leistungsgrenze aller gerichtlichen Entscheidungen: Es widerspräche dem Verfassungsgebot der strukturellen Leistungsfähigkeit von Staatsorganen, wollte z. B. der Gesetzgeber Kernaufgaben oder Verfahrensgrundsätze der Exekutive auf Gerichte übertragen. Allerdings bleibt daran zu erinnern, dass die zu einem bestimmten Entwicklungszeitpunkt von Staat und Gesellschaft gegebene staatliche Funktionenverteilung entwicklungsoffen ist; die von daher auch veränderliche Grenzziehung zwischen Verwaltung und Verwaltungsgerichtsbarkeit orientiert sich u. a. am allgemeinen Wandel der Staatsfunktionen.[20] Deren Veränderung bedeutet „Ratio-

18 Pitschas (Fn. 10), S. 475 ff.; Reinhold Zippelius, Legitimation durch Verfahren?, in: FS K. Larenz, 1973, S. 293 (298 ff.); vgl. auch die Beiträge in Detlef Merten (Hrsg.), Der Staat am Ende des 20. Jahrhunderts - Forschungssymposium anlässlich der Emeritierung von Universitätsprofessor Dr. Helmut Quaritsch, 1998, dort vor allem Karl-Peter Sommermann, Der entgrenzte Verfassungsstaat, S. 19 (30 ff.); Herbert Krüger, Rechtsstaat, Sozialstaat, Staat - oder: Rechtsstaat und Sozialstaat ergeben noch keinen Staat, 1975, S. 19.

19 BVerfGE 68, 1 (86); kritisch dazu v. Danwitz (Fn. 8) S. 329 ff.; bejahend eingehend Pitschas (Fn. 9), S. 42 f.

20 Brohm (Fn. 4), 1984, S. 8 ff; ders. (Fn. 4), 1986, S. 326 ff.; zum Funktionenwandel der Verwaltungsgerichtsbarkeit vgl. Eberhardt Schmidt-Aßmann, in: Schoch u. a. (Fn. 2), Einl., Rdnr. 174 ff.; Paul Stelkens, in: Schoch u. a. (Fn. 2), § 1, Rdnr. 43 ff.; in Bezug auf die Exekutive vgl. Günter Gaentzsch, Aufgaben der öffentlichen Verwaltung, Bestandsaufnahme und Kritik, Speyerer Forschungsberichte, Bd. 113, 1992, S. 200 ff.

nalisierung", d. h. bewusste Anpassung der Leistung bzw. Leistungsfähigkeit eines Staatsorgans an gewandelte Verantwortungen im Verhältnis von Staat und Gesellschaft einerseits, an gegenseitige Verschiebungen im Beziehungsgefüge der Staatsfunktionen untereinander andererseits.

Hierauf bezogen, existieren keine auf Dauer gestellten normativ-rechtlichen („systemischen") Leistungsgrenzen der Verwaltungsrechtsprechung - solange diese eben nur „Streitentscheidung" bleibt. Veränderungen des Gerichtsverfahrens müssen sich im übrigen und jeweils ihrer rechts-, sozial- und demokratiestaatlichen Verträglichkeit mit den Geltungsvoraussetzungen des effizienten Rechts- und Rechtsprechungsstaates bewusst sein: Nur ein Verfahren und eine Organisation, die kommunikativ strukturiert sind, als legitim, „fair" und „neutral" gelten sowie in Bindung an gleiches Recht den gebotenen Konsens bzw. eine akzeptable autoritative Streitschlichtung bewirken, erfüllen die funktionalen Kriterien von Verwaltungsgerichtsbarkeit.[21] Andernfalls gilt: Verfahren, die nur schnell sind, führen nur schneller vor Gericht. Dieses wiederum erfüllt nur seine Aufgabe, wenn es dem verfassungsrechtlichen Rechtsprechungsauftrag verpflichtet bleibt, nicht aber, wenn es dem Grundsatz „Zeit ist Geld" huldigen muss oder die Grenzen zwischen Verwaltungsrechtsprechung und Verwaltungshandeln bzw. -entscheiden verwischt werden.

## III. Leistungsgrenzen externalisierender Perspektive

Auf diesem Fundament lassen sich weitere und konkrete Leistungsgrenzen verwaltungsgerichtlicher Entscheidungen ausmachen. Sie verlaufen einerseits entlang einer externalisierenden Perspektive, die verwaltungsgerichtliches Entscheidungshandeln zunächst als staatliche Systemfunktion in ihrem Anteil am allgemeinen Rechtsbildungsprozess - vermittelt durch das Netzwerk der Akteure (Richter, Hilfsdienste u. a. m.) - betrachten lässt.[22] In dessen Verlauf weist sich verwaltungsgerichtliche Entscheidungstätigkeit als unverzichtbarer Bestandteil des staatlichen Steuerungsprozesses aus; innerhalb dessen kommt der Verwaltungsrechtsprechung eine Kontrollfunktion zu.[23]

---

[21] Dies in Anlehnung an Niklas Luhmann, Legitimation durch Verfahren, 3. Aufl. 1978, S. 27 ff., 203 ff.; Pitschas (Fn. 11), S. 38.

[22] Rainer Pitschas, Gerichtsautonomes Sozialrecht?, VSSR 1990, S. 241 ff. (253 ff.) m. w. Nachw.; so auch Brohm (Fn. 4), 1984, S. 10 f.; Schmidt-Aßmann (Fn. 7), Einl., Rdnr. 175.

[23] Günter Püttner, Netzwerk der Verwaltungskontrolle, in: K. König/H. Siedentopf (Hrsg.), Öffentliche Verwaltung in Deutschland, 2. Aufl. 1997, S. 663 (665 ff.); siehe auch Hans

Bloße „Kontrolle" erfüllt allerdings im ergebnisbewussten und kommunikativen Staat nicht die Anforderungen der aktuellen Modernisierungsbewegung. Somit stellt sich die Frage nach den Leistungsgrenzen in einem neuen Licht: Unterliegt auch der verwaltungsgerichtliche Prozess einer „Verfahrensprivatisierung" oder offenbaren sich hier latente Leistungsgrenzen?[24] Es wundert nicht, dass vermittelnde Antworten die Verwaltungsrechtsprechung in den Kontext einer erneuerten Legitimation durch (Schlichtungs-)Verfahren rücken.[25]

## 1. Verwaltungsrechtsprechung im beweglichen System der Rechtserzeugung

a) Ausgangspunkt einschlägiger Überlegungen ist der Anteil der verwaltungsgerichtlichen Rechtsprechung am beweglichen Prozess der Rechtsbildung.[26] Die bisherige Diskussion hierzu ist breit und intensiv; sie wird allerdings von so gegensätzlichen Positionen wie etwa denen einer „Entfesselung der Dritten Gewalt" oder einer „Hypertrophie" des Rechtsstaates gegenüber den vermeintlichen Notwendigkeiten des Schutzes der „eigenständigen Verwaltung" vor den Gefahren ihrer „Subalternisierung" geprägt.[27] Hierbei wie auch insgesamt übersieht die überzeichnende Kritik an der mutmaßlichen oder auch tatsächlichen Ausdehnung verwaltungsgerichtlicher Kontrolle exekutivischer Maßnahmen („Kontrolldichte"), dass heute und zukünftig vor dem Hintergrund sich verändernder realer und normativer Handlungsbedingungen des modernen Staates seine rechtsförmige Gesamtsteuerung einem System dezentraler Rechtsbildung anvertraut werden muss, das auf die selbstreferenzielle Autonomie der

---

Joachim von Oertzen/Christoph Hauschild, Kontrolle der Verwaltung durch Verwaltungsgerichte, in: K. König/H. Siedentopf (a.a.O.), S. 675 (685 f., 691 f.).

24 Klaus König, Rückzug des Staates - Privatisierung der öffentlichen Verwaltung, DÖV 1998, S. 963 (965 f., 967 f.); ders., Markt und Wettbewerb als Staats- und Verwaltungsprinzipien, DVBl. 1997, S. 239 (243 f.); ders., Verwaltungsmodernisierung im internationalen Vergleich - Acht Thesen, DÖV 1997, S. 265 (266).

25 Rainer Pitschas, Der Kampf um Art. 19 IV GG, ZRP 1998, S. 96 (98 f.) m. w. Nachw.; vgl. ferner die Beiträge in W. Gottwald/D. Strempel (Hrsg.), Streitschlichtung. Rechtsvergleichende Beiträge zur außergerichtlichen Streitbeilegung, 1995; einen Vergleich zu Frankreich eröffnet Johannes Koch, Verwaltungsbeschwerden, Bürgerbeauftragter und Schlichtungsverfahren in Frankreich, DÖV 1998, S. 958 ff.

26 Zu dessen Verständnis Wolfgang Fikentscher, Methoden des Rechts in vergleichender Darstellung, Bd. IV, 1977, S. 176 ff., 198 ff. 202; Franz Bydlinski, Juristische Methodenlehre und Rechtsbegriff, 1982, S. 518 ff.; Gerhardt (Fn. 2), Vorb. § 113, Rdnr. 27.

27 Nachweise im einzelnen bei Scholz (Fn. 8), S. 147; Horst Sendler, Skeptisches zum unbestimmten Rechtsbegriff, in: FS C. H. Ule, 1987, S. 338 mit Fn. 11.

Staatsfunktionen als institutionalisierten Steuerungsinstanzen nicht mehr verzichten kann.[28]

Diese Erkenntnis zwingt dazu, jenen Auffassungen entgegenzutreten, denen zufolge der Umfang zulässiger Rechtserzeugung vor allem im Wege der Gesetzgebung bestimmt werden muss.[29] Darüber hinaus ist festzuhalten, dass innerhalb des offenen Rahmens der rechtlichen Steuerung von Staat und Gesellschaft die Verwaltung und die Verwaltungsrechtsprechung aufgaben- wie verantwortungsteilig in die Erzeugung verbindlichen Rechts einbezogen sind. Der jeweils zulässige Beitrag zur Gesamtsteuerung steht dabei aus funktionell-rechtlicher und systemtheoretischer Sicht in einer Wechselwirkung mit dem des Gesetzgebers, wobei in diesem Zusammenhang die öffentliche Verwaltung einerseits sowie die Verwaltungsrechtsprechung andererseits kraft der ihnen je eigenen Rechtsbildungsautonomien zur gemeinsamen Anstrengung für den Steuerungserfolg rechtsbildend miteinander verbunden sind. In der Konsequenz hieraus scheint es mir deshalb schon im Ansatz falsch, im Rahmen der „Beschleunigungsdebatte“[30] glauben machen zu wollen, die verwaltungsgerichtliche Kontrolle müsse im wesentlichen auf Verfahrensüberprüfung sowie auf die Einhaltung der Grenzen des Ermessens und von Beurteilungsspielräumen bei gleichzeitiger Rücknahme von Kontrollbreite und Kontrolldichte reduziert werden. In dieser strate-

---

28 Insofern zu einseitig Everhardt Franßen, Stabile Lage, DVBl. 1998, S. 311 (312 f.); ders., Verwaltung und Verwaltungsgerichtsbarkeit, in: K. Lüder (Hrsg.), Öffentliche Verwaltung der Zukunft, 1998, S. 31 ff.

29 Gunnar Folke Schuppert, Das Gesetz als zentrales Steuerungsinstrument des Rechtsstaates, in: ders. (Hrsg.), Das Gesetz als zentrales Steuerungsinstrument des Rechtsstaates, 1998, S. 105 (128 ff., 138 ff.); vgl. auch die Beiträge in Dieter Grimm (Hrsg.; unter Mitwirkung von Evelyn Hagenah), Wachsende Staatsaufgabe - sinkende Steuerungsfähigkeit des Rechts, 1990.

30 Hierzu letzthin Willi Blümel, in: B. Stüer (Hrsg.), Verfahrensbeschleunigung, 1997, S. 17 sowie die Beiträge in ders., (Hrsg.), Beschleunigung von Planungs- und Genehmigungsverfahren, 1998; Jan Ziekow, Die Beschleunigungsbeschwerde im Verwaltungsprozess, DÖV 1998, S. 941 ff; ders., Die Wirkung von Beschleunigungsgeboten im Verfahrensrecht, DVBl. 1998, S. 1101 ff.; vgl. ferner die Beiträge in H. W. Rengeling (Hrsg.), Beschleunigung von Planungs- und Genehmigungsverfahren - Deregulierung, Aktuelle Entwicklungen der Rechtsetzung in Deutschland und in der Europäischen Union, 1997; Bernhard Stüer, Die Beschleunigungsnovellen, DVBl. 1997, S. 326 ff.; Ralf Jahn, Beschleunigung von Verwaltungsverfahren und Straffung des verwaltungsgerichtlichen Rechtsschutzes, GewArch. 1997, S. 129 ff.; Fritz Behrens, Modernisierung der Justiz in Zeiten knapper Kassen, in: FS D. Posser, 1997, S. 419 (435 ff.).

gischen Rücknahme des Einsatzes von Verwaltungsgerichten offenbaren sich delegitimierende und deliberalisierende Wirkungen.[31]

b) Sie bleiben allerdings verborgen, wenn man - wie verbreitet - den komplexen Zusammenhang zwischen öffentlicher Verwaltung und Verwaltungsrechtsprechung nur mit dem Begriff der „Interdependenz" fasst.[32] Dieser Kennzeichnung des beidseitigen Verhältnisses fehlt es ebenso an Tiefenschärfe wie dem geläufigen Verständnis, das Verwaltungsverfahren primär unter dem Aspekt einer subjektiven Rechtsschutzfunktion zu sehen und deshalb wegen der Gleichheit dieser Funktion mit der Rechtsschutzleistung des verwaltungsgerichtlichen Verfahrens ein Verhältnis wechselseitiger Entlastung von Verwaltungs(vor)verfahren und verwaltungsgerichtlichem Prozess anzustreben (oder auszuhalten).[33] Diese Entlastung kann nur durch eine gewisse Ähnlichkeit der Verfahren herbeigeführt werden. Folgerichtig geht - wie auch bereits gerügt wird - mit der „Deregulierung" etwa das Planfeststellungsverfahrens und dem allgemein durch Wegfall des Verwaltungsvorverfahrens eintretenden Rechtsschutzverlust auf der Verwaltungsebene eine parallele Funktions- bzw. Rechtsschutzverschiebung in Richtung auf den Verwaltungsprozess einher.[34]

Dieser zeigt sich indessen durch die eintretende Intensivierung der Rechtsschutzbegehren als überfordert. Konsequent folgt nunmehr die Begrenzung auch des individuellen Rechtsschutzes im Verwaltungsprozess durch den Gesetzgeber.[35] Das Feld aktueller Reformen ließe sich noch ausweiten, so durch Hinwei-

---

31 A.A. Franßen (Fn. 28), S. 312 f. sowie manche Beiträge in Ziekow (Fn. 30); kritisch z.B. aber auch Willi Blümel, Begrüßung und Einführung, in: W. Blümel/R. Pitschas (Hrsg.), Verwaltungsverfahren und Verwaltungsprozess im Wandel der Staatsfunktionen, 1997, S. 9 (22 ff.).

32 So bspw. Heinrich Reiter, Interdependenzen zwischen sozialrechtlicher Judikatur und Verwaltung, SGb. 1987, S. 89 (92 f.).

33 Vgl. dazu bereits Rainer Pitschas, Der Verwaltungsstaat in der Krise: Vom Wandel des Verwaltungsverfahrens, in: H.-J. Konrad (Hrsg.), Grundrechtsschutz und Verwaltungsverfahren, 1985, S. 23 ff. (31 f., 34); sowie Rainer Wahl, Verwaltungsverfahren zwischen Verwaltungseffizienz und Rechtsschutzauftrag, VVDStRL 41 (1983), S. 151 (159 ff.); richtig differenzierend dagegen Heribert Schmitz, Fortentwicklung des Verwaltungsverfahrensrechts im Schlanken Staat, in: J. Ziekow (Fn. 30), S. 171 ff., 175 f.

34 Paul Stelkens, in. ders./J. Bonk/M. Sachs, Verwaltungsverfahrensgesetz, 5. Aufl. 1998, Einl., Rdnr. 25; Joachim Bonk, ebenda, § 71 a, Rdnr. 35 ff., beide m. w. Nachw.

35 Zu den Änderungen des verwaltungsgerichtlichen Rechtsschutzes durch den Gesetzgeber vgl. Hans-Peter Schmieszek, in: Pitschas (Fn. 6), i. Ersch.; ders., Sechstes Gesetz zur Änderung der Verwaltungsgerichtsordnung und anderer Gesetze (6. VwGOÄndG), NVwZ 1996, S. 1151 ff.; ders., Die Novelle zur Verwaltungsgerichtsordnung - ein Versuch, mit

se auf die Verkürzung des Instanzenzugs, die weitere „Ausdünnung" der Tatsacheninstanzen oder die Zusammenfassung der öffentlich-rechtlichen Gerichtszweige zu einer einheitlichen Gerichtsbarkeit.[36]

Die aus alledem hervorleuchtende Grundeinstellung gegenüber dem Verwaltungsprozess verkennt allerdings, dass zwischen diesem und dem Verwaltungsverfahren eben keine Funktionsidentität besteht. Im Gegenteil prägt die jeweilige Organfunktion samt Autonomiegewähr die rechtliche Steuerung des Gemeinwesens. Durch den Wechselbezug der Leistungen, die staatliche Organe zu erbringen haben, wird allerdings versucht, den Zerfall eines einheitlichen Rechtshorizonts aufzuhalten. Diese Wechselbezogenheit der Autonomieträger - eingebettet in ein gleichsam bewegliches Rechtsbildungssystem - konfrontiert dann jenseits bloßer Entlastungspostulate gesellschaftliche Möglichkeitsräume mit je eigener rechtlicher Maßstabsetzungskompetenz; sie kompatibilisiert das Rechtsverhalten insofern gegenseitig. Gerichtliche „Kontrolle" scheint auf diese Weise an die administrative „Binnensteuerung" anschlussfähig. Dies gilt im jeweiligen Politikfeld von Anfang bis Ende der erforderlichen Rechtskonkretisierung. Die Verwaltungsrechtsprechung bewegt sich dabei komplementär, aber teilweise auch in Konkurrenz zum jeweiligen Verwaltungshandeln bzw. -entscheiden, von diesem jedoch kompetenziell in funktionsdivergenten Verfahrensweisen gesondert. Deshalb wird die Beschränkung des Rechtsschutzes im Verwaltungsprozess kaum erfolgreich sein. Stattdessen laufen die Verwaltungsgerichte als Eingangsinstanz „voll"; der anhaltende Übergang zum Einzelrichter verringert Akzeptanz und Legitimationskraft der gerichtlichen Entscheidungen.[37]

---

den Mitteln des Verfahrensrechts die Ressource Mensch besser zu nutzen, NVwZ 1991, S. 522 ff.

36 Zu diesen Problemkreisen siehe Klaus G. Meyer-Teschendorf/Hans Hofmann, Eine neue Balance zwischen rechtsstaatlicher Sicherheit und Optimierung der Justiz, ZRP 1998, S. 132 (133 f.); Pitschas (Fn. 25), S. 99 f.; Gerhard Hofe/Andreas Müller, Wandel der Staatsfunktionen - Wandel in Verwaltungsverfahren und Verwaltungsprozess, BayVBl. 1995, S. 225 (226 ff.); Heitmann (Fn. 3), S. 1123 f.; Stefan Franke, Wie viele Gerichtsbarkeiten brauchen wir?, ZRP 1997, S. 333 ff.; Peter Marqua, Nichts Neues zur Justizentlastung, DRiZ 1997, S. 187 ff.; Berthold Clausing, Strukturänderungen in der Verwaltungsgerichtsbarkeit?, NVwZ 1992, S. 717 ff.; vgl. auch Hofe (Fn. 17).

37 Zur Klage darüber Klaus Weber, Vier Augen sehen mehr als zwei, ZRP 1997, S. 134 (135); Paul Stelkens, Verwaltungsgerichtsbarkeit in der Krise, DVBl. 1995, S. 1105 ff.; Egon Schneider, Entlastung der Gerichte - eine Sisyphusarbeit, MDR 1996, S. 865 ff.; Hofe (Fn. 17), 1997, S. 37 f., 41 ff.; Clausing (Fn. 36), S. 718 f.; Lothar Knopp, Novellierung der Verwaltungsgerichtsordnung - Verfahrensbeschleunigung durch Rechtsschutzverkürzung, BB 1997, S. 1001 ff.; Jörg-Dieter Oberrath/Oliver Hahn, Ende des effektiven Rechtsschutzes? - Die Änderungen der Verwaltungsgerichtsordnung und des Verwal-

c) In einem System kooperativer Rechtsbildung kann es im Verhältnis von Verwaltung und Verwaltungsgerichtsbarkeit auf „Vertretbarkeitslehren" oder ähnliche administrative Vorrangpostulate überhaupt nicht ankommen.[38] Auch Entscheidungen der Verwaltung, die sich im Rahmen einer „vertretbaren" Gesetzesauslegung halten, müssen von den Gerichten nicht eo ipso respektiert werden. Es gibt unter dem Grundgesetz kein Gebot richterlicher Zurückhaltung. Ganz im Gegenteil legitimieren die funktionell-rechtlichen Erfordernisse der Massenverwaltung im Sozialstaat ein „gerichtsautonomes" Verwaltungsrecht: Soweit es um massenweise auftretende Sachverhalte und Risikophänomene geht, die erst des durchaus generalisierenden Zuschnitts der allgemeinen Rechtsnormen auf praktikable Verfahrensweisen bedürfen, ist die Verwaltungsrechtsprechung berufen, durch kontrollspezifische Maßstabsdefinition einerseits und die Qualifizierung wie Quantifizierung unbestimmter Rechtsbegriffe andererseits steuerungsfähiges , praxisgerechtes und legitimes Verwaltungshandeln zu ermöglichen.[39] In diesem Sinne haben alle Bürokratien unter Rationalitätsgesichtspunkten einen unermesslichen Bedarf an richtungweisenden Rechtsprechungsentscheidungen.

d) Freilich ist für die Reichweite der skizzierten funktionalen Entscheidungsverantwortung der Rechtsprechung nach Handlungsformen der Verwaltung zu unterscheiden. In Bezug auf diese - man denke nur an Rechtsverordnun-

---

tungsverfahrensgesetzes, VBl.BW 1997, S. 241 ff.; Markus Wiebel, Effizienz und Gerichtsverfassung, ZRP 1998, S. 221 ff.; Siegfried Broß, Zu den Rahmenbedingungen einer Eindämmung der Prozessflut - Welchen Beitrag können hierzu Behörden und Gerichte leisten?, in FS K. Graßhof, 1998, S. 357 (361 ff.); vgl. auch die Beiträge in R. Pitschas (Fn. 6).

38 Wolfgang Clausen, in: H. J. Knack u. a., Verwaltungsverfahrensgesetz. Kommentar, 6. Aufl. 1998, Vor § 9, Rdnr. 5; Friedhelm Hufen, Fehler im Verwaltungsverfahren, 3. Aufl. 1998, Rdnrn. 586 ff., 592 ff.; Schmidt-Aßmann (Fn. 7), Einl., Rdnr. 196 ff., 211; Christian Starck, Das Verwaltungsermessen und dessen gerichtliche Kontrolle, in: FS H. Sendler, 1991, S. 167 (175 ff.); Gerhardt (Fn. 2), § 114, Rdnr. 18 ff., 28 ff.; Bettermann (Fn. 7), § 73, Rdnr. 31 ff.; Konrad Redeker, Legislative, Exekutive und Verwaltungsgerichtsbarkeit, NVwZ 1996, S. 126 ff.

39 Wolfgang Ewer, Beschränkung der verwaltungsgerichtlichen Kontrolldichte bei der Anwendung unbestimmter Rechtsbegriffe? - Zulässiges und geeignetes Mittel zur Beschleunigung behördlicher und gerichtlicher Verfahren?, NVwZ 1994, S. 140 ff.; zur Reichweite gerichtlicher Kontrolle bei Ermessensentscheidungen BVerwGE 16, 214 (218 f.) - st. Rspr.; Peter Badura, Gestaltungsfreiheit und Beurteilungsspielraum der Verwaltung bestehend aufgrund und nach Maßgabe des Gesetzes, in: FS O. Bachof, 1984, S. 169 ff.; ausführlich dazu Schmidt-Aßmann (Fn. 7), Einl., Rdnr. 181 ff.; Gerhardt (Fn. 2), Vorb. § 113, Rdnr. 17 ff., 30 und § 113, Rdnr. 11 ff., 31 ff., 73 ff. sowie § 114, Rdnr. 12 a ff., 18 ff., 55 ff.; Bettermann (Fn. 7), § 73, Rdnr. 49 ff.

gen, Verwaltungsrichtlinien oder Einzelfallentscheidungen - variieren die Leistungsgrenzen der verwaltungsgerichtlichen Entscheidungstätigkeit. Somit gilt es nach Kriterien zu suchen, die bezüglich der verwendeten Handlungsform eine administrative Rechtsbildungsprärogative rechtfertigen würden oder umgekehrt die generalisierte Bindungswirkung richterlicher Entscheidungen - etwa als Präjudizien - legitimieren könnten.[40]

In Literatur und Rechtsprechung werden solche Kriterien zwar eingehend diskutiert. Dennoch möchte ich der Einschätzung von Ossenbühl zustimmen, dass alle diese Kriterien und Begründungsansätze „relativ dürftig und nicht dogmatisierbar" seien und dass sie wenig für ein rechtlich-normatives sowie institutionelles Steuerungskonzept des modernen Staates taugten, das den Rechtsschutz einbezieht.[41] Dabei mag dahinstehen, ob - wie dies Ossenbühl meint -, die Gerichte eine Einschätzungsprärogative der Verwaltung konzedieren würden, weil „sie dies offenbar nicht aus rein dogmatischen Erwägungen (tun), sondern weil sie im Angesicht der Komplexität und Tragweite der jeweils zur Beurteilung stehenden Verwaltungsentscheidung ihre Unzuständigkeit funktionell-rechtlich eher intuitiv erfassen".[42] Richtig ist jedenfalls, dass sich Leistungsgrenzen der Verwaltungsrechtsprechung in der Einflussnahme auf die administrative Maßstabsbildung - umstandslos formuliert: im Richterrecht - dort ergeben, wo der öffentlichen Verwaltung durch den Gesetzgeber spezielle Konkretisierungsautonomien zugewiesen sind. Das ist etwa im Sozialversicherungsrecht der Fall, in welchem das Sozialgesetzbuch die Träger der Sozialversicherung mit Selbstverwaltung und daraus erfliessenden Handlungsautonomien ausgestattet hat. Hier besteht ein genuiner Verwaltungsvorbehalt für die verwaltungsseitige Maßstabssetzung in der Rechts- und Zweckkonkretisierung.[43]

---

40 Badura (Fn. 39), S. 169 ff.; Hans-Uwe Erichsen, Die so genannten unbestimmten Rechtsbegriffe als Steuerungs- und Kontrollmaßgaben im Verhältnis von Gesetzgebung, Verwaltung und Rechtsprechung, DVBl. 1985, S. 22 ff.; Brohm (Fn. 11), 1987, S. 270; Friedrich E. Schnapp, Der Verwaltungsvorbehalt, VVDStRL 43 (1985), S. 172 ff.; Hans-Jürgen Papier, Verwaltungsverantwortung und gerichtliche Kontrolle, in: FS C. H. Ule, 1987, S. 235 ff.

41 Fritz Ossenbühl, Die richterliche Kontrolle von Prognoseentscheidungen der Verwaltung, in: FS C.-F. Menger, 1985, S. 731 (743).

42 A.a.O. (Fn. 41), S. 743.

43 Schnapp (Fn. 40), S. 185 ff.; Reinhard Hendler, Selbstverwaltung als Ordnungsprinzip, 1984; ders., Organisation und Selbstverwaltung in der Sozialversicherung, in: SRH (Fn. 16), S. 207 ff.; vgl. auch die Beiträge in: B. Schulin (Red.), Selbstverwaltung in der Sozialversicherung, SDSRV 34 (1991); Markus Plantholz, Funktionelle Selbstverwaltung des Gesundheitswesens im Spiegel der Verfassung, 1998.

## 2. Von der autoritativen Streitentscheidung zur verwaltungsgerichtlichen Mediation?

a) Aus alledem folgt zunächst, dass keine „operative Geschlossenheit" des autonomen Rechtsprechungssystems bzw. des Gerichtssystems anzunehmen ist. Vielmehr entfaltet sich die verwaltungsrichterliche Rechtsprechungsverantwortung in einem Zusammenhang „operativer Koppelungen" mit den anderen Funktionen bzw. deren Verantwortungen über die Systemgrenzen von Verwaltung und Verwaltungsrechtsprechung hinweg. Dieser operative Zusammenhang folgt vor allem aus der verwaltungsgerichtlichen Kontrollfunktion im Rahmen des staatlichen Steuerungsprozesses gegenüber der öffentlichen Verwaltung.[44] Diese gilt es im Folgenden auszuloten. Dagegen kann weiteren Fragen im Rahmen einer polyzentrischen Rechts- und Staatstheorie nicht weiter nachgegangen werden. Dies gilt auch insoweit, als die Konzeption der kooperativen und reflexiven Rechtsbildung auf die neokorporatistische Problematik der Teilhabe Privater an der Rechtserzeugung zurückführt. In einer Vorstellungswelt der Zusammenarbeit kooperativer Rechtsbildungsinstanzen, die mit funktionalen Autonomien ausgestaltet sind, stellt sich nämlich sogleich das Problem des Einbezugs außerstaatlicher Normsetzungs- bzw. -bildungsautonomien, wie sie z. B. den Tarifpartnern durch Art. 9 Abs. 3 GG eingeräumt sind.[45]

Keine Schwierigkeiten mit verantwortungsteiliger, aber kooperativer Rechtsbildung dürfte dagegen derjenige haben, der - wie offenbar der Änderungsgesetzgeber im Verwaltungsprozessrecht - der (falschen) Devise folgt, die öffentliche Verwaltung und damit auch das Verwaltungsverfahren seien von jeglichen Rechtsschutz- oder auch legitimierenden Funktionen weitgehend zu entlasten „und die Verwaltungsarbeit funktional spezifisch auf die Ausarbeitung konsistenter Entscheidungen und Reduktion möglichst hoher Komplexität... zu konzentrieren".[46] Mit dieser Marschrichtung lässt sich zwar das Verwaltungsverfahren einschließlich des -vorverfahrens gehörig „abspecken" - wie dies derzeit im Hinblick auf bürgerschaftliche Verfahrensbeteiligung weithin geschieht -; doch liegt darin ein ahistorisches und im Verhältnis zur Steuerungseffizienz von

---

44 Walther Krebs, Verwaltungskontrolle durch Verwaltungsgerichte? - Zu den Grenzen der Verwendung der Verwaltungsgerichtsbarkeit als Instrument der Verwaltungskontrolle, DVerw. 21 (1988), S. 155 ff.; ders., Kontrolle in staatlichen Entscheidungsprozessen, 1984, S. 14 ff., 27 ff.; Pitschas (Fn. 9), S. 46 f., 50 f.; vgl. auch dic Beiträge von Brohm (Fn. 4).

45 Ferdinand Kirchhof, Private Rechtsetzung, 1987, S. 181 ff.; sowie die Kommentarliteratur zu Art. 9 Abs. 3 GG.

46 Luhmann (Fn. 21), S. 216.

Recht dysfunktionales Verständnis von der Leistungskraft verwaltungsgerichtlicher Entscheidungen.

b) In jedem Fall erfüllt sich die Rationalität der Verfahrensgestaltung und Geschäftsprozessorganisation von Verwaltungsrechtsprechung in der Maßgabe funktionsspezifischer Orientierung. Diese Feststellung zielt heute über die Kontrollfunktion der Verwaltungsgerichte hinaus. Schon mit dieser ist allerdings die Frage nach Funktion und Leistungsgrenzen der Verwaltungsgerichtsbarkeit unauflöslich verknüpft. Denn die Verwaltungsgerichte sind nach § 86 Abs. 1 VwGO gehalten, im Rahmen eines Klagebegehrens alle für die Entscheidung maßgeblichen tatsächlichen und rechtlichen Voraussetzungen des geltend gemachten Anspruchs in eigener Verantwortung festzustellen, d. h. „Spruchreife" herbeizuführen.[47] In diesem Verständnis offenbart sich Verwaltungsrechtsprechung als kompetenzielles Konkretisierungsverfahren, das in das Reich der administrativen Funktionen hineinragt. Verwaltungsrechtsprechung ist auf diese Weise zur Fremdkontrolle der öffentlichen Verwaltung berufen. Die arbeitsteilige Rechtsprechungsverantwortung umschließt somit zugleich eine spezifische Kontrollverantwortung.

c) In den letzten Jahren hat sich allerdings die funktionenspezifische und verfassungsfeste Struktur der verwaltungsgerichtlichen Kontrolle gewandelt. Die Verwaltungsgerichtsbarkeit steht nicht mehr in prinzipieller Distanz zum aktiven Verwaltungshandeln und -entscheiden. Stattdessen wird die Verwaltungsgerichtsbarkeit immer stärker zugunsten einer objektiven Verwaltungskontrolle in Anspruch genommen.[48] Diese ist nicht von Verfassungs wegen inhibiert. Zwar darf sich der Richter nicht als bloßer Kontrolleur missverstehen; Spruchkörper der Verwaltungsgerichtsbarkeit dürfen ein Verwaltungsproblem nicht nochmals und allein entscheiden.[49] Doch ändert sich die Lage bereits dann, wenn objektive Kontrollbedürfnisse der Verwaltung mit der Forderung des Bür-

---

[47] BVerwGE 69, 198 (201); Harald Geiger, in: E. Eyermann/L. Fröhler, Verwaltungsgerichtsordnung. Kommentar, 10. Aufl. 1998, § 86, Rdnr. 12; Jörg Schmidt, in: Eyermann/Fröhler (a.a.O.), § 113, Rdnr. 21; BVerwGE 44, 283; 91, 24 (41); BVerwG, DVBl. 1995, 858; Gerhardt (Fn. 2), § 113, Rdnr. 73; Ferdinand O. Kopp/Wolf-Rüdiger Schenke, Verwaltungsgerichtsordnung. Kommentar, 11. Aufl. 1998, § 86, Rdnr. 4 und § 113 Rdnrn. 193 ff.; Gregor Marx, Herbeiführen der Spruchreife im Verwaltungsprozess, 1996.

[48] Udo Steiner, Staats- und verfassungsrechtliche Bedeutung einer umfassenden Gerichtsbarkeit, BayVBl. 1997, S. 11 f.; Schmidt-Aßmann (Fn. 7), Einl., Rdnr. 174 ff, 183; Gerhardt (Fn. 2), Vorb. § 47, Rdnr. 14.

[49] Schmidt-Aßmann (Fn. 7), Einl. 181 ff.; Kopp/Schenke (Fn. 47), § 114 Rdnr. 4 ff.; und ferner die Literatur oben in Fn. 39.

gers nach individuellem Rechtsschutz verschmelzen. Das ist regelmäßig inzident, aber vor allem dann der Fall, wenn und soweit sich das subjektive öffentliche Recht in seiner Reichweite erst im Zuge des Verwaltungshandelns aus der Kommunikation und Interaktion zwischen Bürger und Verwaltung herausbildet. Die Verwaltungsgerichtsbarkeit vermittelt schon derzeit in diesem Kommunikationsprozess, wenn sich die Beteiligten vor den Schranken des Gerichts treffen;[50] sie würde auch i. S. des Art. 19 Abs. 4 GG „ineffizient" arbeiten, wenn sie sich in einer solchen Situation mehrpoliger Rechtsverhältnisse der abwägenden, ausgleichenden „Rechtsbildung" und damit einer objektiven Verwaltungskontrolle zumindest im Hinblick auf die Funktionsadäquanz und Sachgerechtigkeit der Verwaltungsverfahren versagen wollte. Denn darunter würde wiederum der Rechtsschutzauftrag leiden.

d) M. a. W. kommt es zu bereits gegenwärtig einer gewissen „Umwertung" des richterlichen Auftrags zur Verwaltungskontrolle.[51] Dringt nämlich auf die skizzierte Weise die gerichtliche Kontrolle auch in den Verwaltungsbereich hinein, so dehnt sich nicht nur die Kontrollbreite der verwaltungsgerichtlichen Rechtsprechung notwendig aus. Vielmehr wächst der Bedarf nach einem „neutralen" Schiedsrichter, der im Rechtskonflikt zu konsensualen Problemlösungen „im Schatten" autoritativer Streitentscheidungen hinführt. Der Verwaltungsprozess lässt solche mediativen Elemente in seiner rechtsförmigen Gestaltung erkennen.[52] Allerdings gilt für ihn anderes als für die Mediation im Verwaltungsverfahren[53]: Richterliche Verfahrensmittlung reagiert zwar auf die Veränderung

---

50 Michael Gerhardt, VwGO. Kommentar (Fn. 49), Vorbem. § 113 Rdnr. 17, 20, 25 ff.; Fritz Ossenbühl, Gedanken zur Kontrolldichte in der verwaltungsgerichtlichen Rechtsprechung, in: FS K. Redeker, 1993, S. 55 ff.; Walter Krebs, Subjektiver Rechtsschutz und objektive Rechtskontrolle, in: FS C.-F. Menger, 1985, S. 191 ff.

51 Schmidt-Aßmann (Fn. 7), Rdnr. 175.

52 Wolfgang Hoffmann-Riem, Konfliktbewältigung in einer angebotsorientierten Rechtsschutzordnung, ZRP 1997, S. 190 ff.; Hofe (Fn. 17), 1997, S. 38; Karl Eichele, Obligatorische vorgerichtliche Schlichtung?, ZRP 1997, S. 393 ff.; H. Gaßner/B. Holznagel/U. Lahl (Hrsg.), Mediation: Verhandlungen als Mittel der Konsensfindung bei Umweltstreitigkeiten, 1992, S. 33 ff.; Astrid Stadler, Außergerichtliche obligatorische Streitschlichtung - Chance oder Illusion?, NJW 1998, S. 2479 ff.; Dieter Strempel, Außergerichtliche Konfliktlösung (Mediation), ZRP 1998, S. 319 ff.; Zum SchiedsVfG vgl. Richard H. Kreindler/Thomas C. Mahlich, Das neue deutsche Schiedsverfahrensrecht aus ausländischer Sicht, NJW 1998, S. 563 ff.; Dagmar Nöh-Schüren, Justizielle schiedsgerichtliche Experimente - Chance oder Nullsummenspiel?, ZRP 1998, S. 448 ff.

53 Zu dieser die Beiträge in W. Hoffmann-Riem/E. Schmidt-Aßmann (Hrsg.), Konfliktbewältigung durch Verhandlungen - Konfliktmittlung in Verwaltungsverfahren, 1990; Wolfgang Hoffmann-Riem, Konfliktbewältigung in einer angebotsorientierten Rechtsschutzordnung, ZRP 1997, S. 190 (193 ff.); Bernd Holznagel, Konfliktlösung durch Ver-

der Koordinaten für eine funktionsadäquate Entscheidungsfindung, doch lässt sie sich nicht privatisieren. Sie bleibt auch als Schlichtung jenseits des herkömmlichen Prozessvergleichs immer noch verbindliche Rechts(-vor)entscheidung. Als solche offenbart sie eine Gesamtverantwortung von Gericht- und Verwaltung für die ergebnisorientierte Rechtskonkretisierung.

### 3. Steuerungspartnerschaft im Rechtsbildungsprozess

Die skizzierte Entwicklung kennzeichnet eine gewisse Parallelität zum europäisierten Verwaltungsprozess. Denn auch dieser offenbart eine veränderte Dichte der gerichtlichen Kontrolle des Verwaltungshandelns und -entscheidens. Zugleich drängt der Verwaltungsrechtsschutz auf europäischer Ebene zur objektiven Rechtskontrolle.[54] Aus deutscher und europäischer Sicht ist schon von daher aufgegeben, ein neues Funktionsmodell der verwaltungsrichterlichen Kontrolle zu entwickeln, in dessen Zusammenhang die Verwaltungsrechtsprechung ihr „Leistungsspektrum" zugleich verantwortungsteilig zurücknimmt, aber auch ausdehnt.

a) Eine spezifische „Leistungsgrenze" erreicht die verwaltungsgerichtliche Kontrolle im Hinblick auf die Kontrolldichte der administrativen Rechts- und Zweckkonkretisierung. Die verwaltungsbehördliche Entscheidungsverantwortung im Benehmen mit der exekutivischen Handlungsform erzwingt ein Modell begrenzter gerichtlicher Kontrolle insbesondere dort, wo die Exekutive unter Beteiligung der Öffentlichkeit generalisierende Entscheidungen in Rechtssatzform trifft („Rechtsverordnungen").[55] Doch ist bei dieser Rücknahme der Rechtsprechungsverantwortung Vorsicht geboten. Zwar lässt sich z. B. derzeit im technischen Sicherheits- und im Risikoverwaltungsrecht eine Tendenz beobach-

---

handlungen: Aushandlungsprozesse als Mittel der Konfliktverarbeitung bei der Ansiedlung von Entsorgungsanlagen für besonders überwachungsbedürftige Abfälle in den Vereinigten Staaten und der Bundesrepublik Deutschland, 1990; Winfried Brohm, Beschleunigung der Verwaltungsverfahren - Straffung oder konsensuales Verwaltungshandeln?, NVwZ 1991, S. 1025 ff.; ders., Verwaltungsverhandlungen mit Hilfe von Konfliktmittlern?, DVBl. 1990, S. 321 ff.; vgl. auch Gaßner u. a. (Fn. 52), S. 33 ff.

54 Dazu umfassen die Abhandlung von Claus Dieter Clausen, Die Europäisierung der Verwaltungsgerichtsbarkeit, 1996; Jürgen Schwarze, Der Beitrag des Europäischen Gerichtshofs zur Europäisierung des Verwaltungsrechts, Euer 1997, S. 419 ff.; Friedrich Schoch, Die Europäisierung des verwaltungsgerichtlichen vorläufigen Rechtsschutzes, DVBl. 1997, S. 289 ff.; Ulrich Hasche, VwGO ging Europe, DVerw. 30 (1997), S. 109 ff.

55 Vgl. dazu die Beiträge in Gunnar Folke Schuppert (Hrsg.), Das Gesetz als zentrales Steuerungsinstrument des Rechtsstaates, 1998; vgl. auch die Beiträge in Grimm (Fn. 29).

ten, Kontrollrestriktionen zu akzeptieren, soweit die gesetzlichen Vorgaben die Rolle der Verwaltungsverantwortung hervorheben;[56] gleiches gilt für das Informationsverwaltungsrecht.[57] Doch belegen zahlreiche Überlegungen in Politik und Gesellschaft zur Ausdehnung der objektiven Kontrollfunktion der Verwaltungsgerichte, wie stark im Gegenlicht die öffentlichen Kontrollbedürfnisse gegenüber den Behörden gewachsen sind. Nicht von ungefähr werden kommunale wie sozialversicherungsrechtliche Verbandsklagen ebenso gefordert[58] wie dem Normenkontrollverfahren in der Verwaltungsgerichtsbarkeit zukünftig bestimmte Verwaltungsvorschriften unterstellt werden sollen.[59] Auch die sog. Beschleunigungsbeschwerde trägt ihren Teil zu einer intensiveren Verwaltungskontrolle bei.[60]

b) Sie würde überdies die aktuelle Einbeziehung der Verwaltungsgerichte in den behördlichen Entscheidungsprozess noch verstärken. Denn gegenwärtig wird vor allem das Verwaltungsverfahren seiner Rechtsschutz-, Integrations- und Legitimationsfunktionen entkleidet.[61] Wo aber diese auf der Verwaltungsebene entfallen und auch die Zivilgesellschaft keinen kompensatorischen (Privat-)Schutz bietet, wird seitens des Bürgers jedenfalls um Rechtsschutz vor den Gerichten nachgesucht. So nimmt es nicht Wunder, dass auf diese Weise zwangsläufig Verwaltungshandeln und -entscheiden in den verwaltungsgericht-

---

56 Udo Di Fabio, Risikoentscheidungen im Rechtsstaat, 1994, S. 282 ff.; Rainer Pitschas, Staatliches Management für Risikoinformationen zwischen Recht auf informationelle Selbstbestimmung und gesetzlichem Kommunikationsvorbehalt, in: D. Hart (Hrsg.), Privatrecht im „Risikostaat", 1997, S. 225 ff., 238 ff.; ders., Öffentliche Risikokommunikation, in: Jahrbuch des Umwelt- und Technikrechts (UTR), Bd. 36 (1996), S. 175 ff.

57 BVerwGE 71, 183 ff.; Pitschas (Fn. 56), S. 238 ff.; Martin Schulte, Informales Verwaltungshandeln als Mittel staatlicher Umwelt- und Gesundheitspflege, DVBl. 1988, S. 512 (515 ff.); Wilfried Berg, Die behördliche Warnung - eine neue Handlungsform des Verwaltungsrechts?, ZLR 1990, S. 565 ff.; Markus Heintzen, Staatliche Warnungen als Grundrechtsproblem, VerwArch. 81 (1990), S. 532 ff.; Wolfgang Köck, Risiko-Information - Zur Diskussion um produktbezogene behördliche Informationstätigkeit im Umwelt- und Gesundheitsbereich, in: R. Damm/D. Hart, Rechtliche Regulierung von Gesundheitsrisiken, 1993, S. 215 (225 ff. m. w. N.); diese Problematik generell aufgreifend Udo Di Fabio, Verlust der Steuerungskraft klassischer Rechtsquellen, NZS 1998, S. 449 ff.

58 Rainer Wahl, in: Schoch u. a. (Fn. 2), § 42 Abs. 2 Rdnrn. 240 ff., 245 ff.; Püttner (Fn. 23), S. 671 f.

59 Gerhardt (Fn. 2), Vorb. § 47 Rdnr. 4 und § 47 Rdnrn. 24 ff.; Kopp/Schenke (Fn. 47), § 47 Rdnrn. 15 ff.; Jörg Schmidt, in: Eyermann/Fröhler (Fn. 47), § 47 Rdnrn. 28 ff.

60 Ziekow (Fn. 30), DÖV 1998, S. 941 ff.

61 Clausen (Fn. 38), Rdnr. 5; Walter Klappstein, in: H. J. Knack u. a., Verwaltungsverfahrensgesetz. Kommentar, 6. Aufl. 1998, Vor § 1 Rdnr. 4.5; Hufen (Fn. 38), Rdnrn. 535 f., 554, 584 ff.

lichen Rechtsschutz verlängert bzw. umgekehrt dieser phasenbezogen und präventiv in die verwaltungsautonome Rechts- und Zweckkonkretisierung durch richterliche „Verwaltungsberatung“ und „Entscheidungsteilhabe“ einbezogen wird.[62] In der Begegnung von „Verwaltungsautonomie“ und „Rechtsprechungsverantwortung“ entwickelt sich auf diese Weise ein bislang nicht gekanntes Potential gesamthänderischer Verfahrensverantwortung für den Rechtsbildungsprozess.[63] Zwar schlüpft der Richter dabei nicht in die Rolle eines Zweit-Entscheiders, sondern er wird von der Verwaltung in den allermeisten Fällen als Dialogpartner, als kooperative Steuerungsinstanz und ggf. als Schlichter allfälliger Konflikte mit dem Bürger akzeptiert, was auch für diesen gilt, wenn die Gerichte in gegebener Unabhängigkeit die Sachrichtigkeit der zu kontrollierenden Verwaltungsentscheidung in Bezug auf die Ermittlung der Tatsachen, deren Bewertung und daran anknüpfende Risikoanalysen prüfen.

Am weitesten ist diese Einbeziehung der Verwaltungsgerichtsbarkeit in den Entscheidungsprozess der Behörden im Zusammenhang des vorläufigen Rechtsschutzes gediehen. Soweit es dort um die Notwendigkeit geht, effektiven Rechtsschutz und wirksames behördliches Handeln in mehrpoligen Verwaltungsrechtsverhältnissen zu einem Ausgleich zu bringen, kann man in der Tat von einem „diskurs-orientierten Modell“ der gerichtlichen Kontrolle sprechen, in dem sich die hier betonte Gesamthands-Verantwortung widerspiegelt.[64] Allerdings sind auch die oben formulierten Bedenken nicht von der Hand zu weisen. Es fehlen noch empirische Erfahrungen mit der hier skizzierten Steuerungspartnerschaft von Verwaltungsrechtsprechung.

---

62 Eberhard Schmidt-Aßmann, Funktionen der Verwaltungsgerichtsbarkeit, in: FS C.-F. Menger, 1985, S. 107 (120 ff.); ders., in: T. Maunz/G. Dürig, Kommentar zum Grundgesetz, Art. 19 Abs. 4 Rdnrn. 184 ff.; Helmut Schulze-Fielitz, Neue Kriterien für die verwaltungsgerichtliche Kontrolldichte bei der Anwendung unbestimmter Rechtsbegriffe, JZ 1993, S. 772 ff.; Horst Sendler, Die neue Rechtsprechung des Bundesverfassungsgerichts zu den Anforderungen an die verwaltungsgerichtliche Kontrolle, DVBl. 1994, S. 1089 ff.; Ossenbühl (Fn. 50), S. 55 ff.; Wolfgang Ewer, Beschränkung der verwaltungsgerichtlichen Kontrolldichte bei der Anwendung unbestimmter Rechtsbegriffe - Zulässiges und geeignetes Mittel zur Beschleunigung behördlicher und gerichtlicher Verfahren?, NVwZ 1994, S. 140 ff.

63 Anknüpfend an Pitschas (Fn. 14), S. 143 ff.; ders. (Fn. 11), S. 54 f.

64 Schmidt-Aßmann, (Fn. 62), S. 120 ff.; ders. (Fn. 7), Einl., Rdnr. 191.

## IV. Effizienzgrenzen der Verwaltungsrechtsprechung

Zu einem neuen Funktionsmodell der richterlichen Verwaltungskontrolle trägt schließlich und andererseits die betriebswirtschaftliche Rationalisierungspraxis in der Verwaltungsgerichtsbarkeit bei. Denn Gerichte sind auch Arbeits- und Organisationsanalysen unterworfen. Sie erbringen Leistungen aufgrund von Kosten, was sie Leistungs- und Kostenrechnungen aussetzt. Insbesondere gewinnen „best-practice"-Analysen ihren Stellenwert.

### 1. Probleme der Binnenrationalisierung

Damit stellt sich die Frage nach den Leistungsgrenzen der Verwaltungsrechtsprechung auch aus der Sicht einer ökonomisch intendierten Staatsmodernisierung. In einer internalisierenden Perspektive bezieht sich nämlich das Leistungsvermögen der Verwaltungsgerichte auf die ihnen beigegebene Binnenstruktur. Zu klären bleibt also: Was kann ein Verwaltungsgericht mit den ihm unter Knappheitsbedingungen zugewiesenen Personal-, Organisations- und Verfahrensressourcen angesichts eines immer komplizierter werdenden Verfassungs- und Verwaltungsrechts überhaupt leisten?[65]

Gegenüber allzu großen Erwartungen an eine Erweiterung des Leistungsvermögens der Verwaltungsrechtsprechung scheint in diesem Punkt Skepsis angebracht. Zwar ist der „innere" Umbau der Verwaltungsgerichtsbarkeit unerlässlich. Hierzu gehört vor allem die Einführung eines entsprechenden Gerichtsmanagements. Diesem geht es um den reibungslosen Arbeitsablauf in den gemeinsam mit den Kammern/Richtern gebildeten „Serviceeinheiten" bzw. um das Zusammenwirken dieser in sternförmiger oder anderer Organisationsform mit dem

---

[65] Dieter Strempel/Christoph Rennig, Die Notwendigkeit von Struktur- und Organisationsänderungen in der Justiz, in: Justizministerium des Landes Nordrhein-Westfalen (Hrsg.), Tagungsbericht zur 3. Großen Juristenwoche - Das Gericht als modernes Dienstleistungsunternehmen, 1994, S. 9 ff.; Alfons Pieper, Justiz im Wandel, in: FS D. Posser, 1997, S. 479 ff.; Fritz Behrens, Kostencontrolling und Haushaltsflexibilisierung als Instrumente einer modernen Justiz und Verwaltung, ZRP 1998, S. 386 ff.; ders. (Fn. 30), S. 428 ff.; vgl. auch die Beiträge von Wolfgang Hoffmann-Riem, Rationalisierung der Aufbauorganisation und Geschäftsprozesse in der Verwaltungsgerichtsbarkeit am Beispiel der Freien und Hansestadt Hamburg; Ulrich Mäurer, Dezentrale Ressourcensteuerung in der Justiz und Reform der inneren Gerichtsorganisation unter Berücksichtigung der Verwaltungsgerichtsbarkeit am Beispiel der Freien und Hansestadt Bremen, und Axel G. Kötz, Die Rationalisierung der Büroorganisation und Geschäftsprozesse der Gerichtsbarkeit aus der Perspektive der Organisationsberatung, in: Pitschas (Fn. 6), i. Ersch.

Einzelrichter; auch und vor allem die Sicherung der Rechte und Pflichten eines Prozessbeteiligten im Gerichtsalltag steht zur Diskussion. Zu gewährleisten ist, dass nicht sachfremde Gestaltungsmerkmale in die künftige Aufbau- und Ablauforganisation der Verwaltungsgerichtsbarkeit und in die Informations- und Kommunikationsbahnen des Verwaltungsprozesses eingeführt werden.[66] Zu entsprechenden Bedenken gibt vor allem des angloamerikanische Modell eines „Court Managers“ Anlass.[67] Jedenfalls lassen sich die „Produkte“ der Verwaltungsrechtsprechung, also etwa deren „Urteile“, weder durch Quasi-Märkte noch durch Auferlegung eines virtuellen Wettbewerbs verfassungskonform steuern.[68]

## 2. Rationalisierungsgrenzen des Verwaltungsprozesses

Das bedeutet aber nicht, dass Verwaltungsrechtsprechung nichts kostet. Für sie gilt ebenso wie für andere staatliche Institutionen und Organisationen die Erfahrung knapper finanzieller Ressourcen. Das aber ist ebenso wenig neu; an der Rechtsprechung wird traditionell und bis heute energisch gespart. Gleichwohl ist eine unerwartete Situation eingetreten: Anders als in früheren Zeiten stehen nicht nur die Sachausstattung, die Infrastruktur, die Organisation, die Arbeitsabläufe und das Personal auf dem Prüfstand. Auch Prozessbudgets wären heute denkbar, etwa hinsichtlich Art und Umfang der richterlichen Sachaufklärung. So existiert ein richterliches Aufklärungsermessen, dessen Grenzen durch das materielle Recht vorgezeichnet werden.[69] Dies bedeutet einerseits und in allgemeiner Wendung zum Grundsatz der zweckmäßigen Verfahrensführung, dass die Sachermittlungen effizient zu gestalten sind. Auch der Justizstaat ist nicht effizienzblind; so darf für die Sachaufklärung auch auf die Unterstützung durch die Beteiligten gezählt werden (§ 87 b VwGO).

66 Martin Eifert, Das Neue Steuerungsmodell - Modell für die Modernisierung der Gerichtsverwaltung?, DVerw. 30 (1997), S. 75 (79 ff.); Wolfgang Hoffmann-Riem, Wahrheit, Gerechtigkeit, Unabhängigkeit und Effizienz - das Magische Viereck der Dritten Gewalt?, JZ 1997, S. 1 (5 f.); Pitschas (Fn. 25), S. 96 ff.

67 Zu diesem Problemkreis Hermann Leeb, Brauchen wir einen Gerichtsmanager?, DRiZ 1997, S. 287 ff.; Wolfgang Hoffmann-Riem, Für ein professionelles Gerichtsmanagement, DRiZ 1997, S. 290 ff.; ders. (Fn. 66), S. 7; Klaus F. Röhl, Gerichtsverwaltung und Court-Management in den USA, 1993; Krebs (Fn. 44), S. 155 ff.; dazu auch Pitschas (Fn. 6), i. Ersch.

68 So auch König (Fn. 24), DÖV 1998, S. 967 f.; ders. (Fn. 24), DVBl. 1997, S. 244 ff.

69 Kopp/Schenke (Fn. 47), § 86 Rdnrn. 1 ff.; Rainer Pitschas, Rehabilitation im Umbruch. Leistungsbeschränkungen in der Rentenversicherung durch Budgetierung, VSSR 1998, S. 163 ff., 173 ff.; Jan Ziekow, Die Pflicht der Behörden zur Gewährung von Informationen an die Verwaltungsgerichte, BayVBl. 1992, S. 132 ff.; Geiger (Fn. 47), § 86 Rdnrn. 2 ff.

Allerdings darf aus Sparsamkeitsgründen nicht generell auf sachgerechte Ermittlungen verzichtet werden.[70] Die rechtsstaatliche Effizienzverpflichtung der Verwaltungsrechtsprechung legitimiert keine solche Vorgehensweise. Auch Verfahrensbudgets lassen deshalb das Amtsermittlungsprinzip nicht etwa verkümmern; es könnte jedoch „kundengerechter" und verantwortungsteiliger eingesetzt werden. Immer aber verbleibt den Beteiligten das rechtsstaatliche Minimum: Dort wo Grundrechte betroffen sind, verschärft sich die richterliche Pflicht zur Sachaufklärung.[71] Ein Prozessbudget würde deshalb trotz der in ihm geronnenen Personal- und Sachkostenvorgaben keineswegs zu einer nur noch oberflächlichen Sachverhaltsermittlung berechtigen.

## V. Zusammenfassung

Systematische Wirkungsforschung zum Recht bezieht die Folgenanalyse von Gerichtsentscheidungen ein. Dabei offenbaren sich spezifische Leistungsgrenzen der Rechtsprechung, wie sich am Beispiel der Verwaltungsgerichtsbarkeit erweist. Denn in funktionaler Perspektive bleibt die Verwaltungsrechtsprechung an das Verfassungskonzept der autoritativen Streitentscheidung prinzipiell und in Wechselwirkung mit Gesetzgebung und öffentlicher Verwaltung gebunden. Das gerichtliche Vorgehen darf also nicht durch konsensuale Streitschlichtung ersetzt werden. Im polyzentrischen Rechtsbildungsprozess ergibt sich allerdings mit dem Verlust der „Systemfunktion" des subjektiven öffentlichen Rechts auf deutscher und europäischer Ebene ein neues Funktionsmodell der richterlichen Verwaltungskontrolle. Es wird durch eine gesamthänderischer Steuerungsverantwortung von Verwaltung und Rechtsprechung für die Rechts- und Zweckkonkretisierung geprägt. Dieser Wandel im Leistungsspektrum der Verwaltungsrechtsprechung erweitert die Möglichkeiten zum „strategischen Einsatz" der Verwaltungsgerichtsbarkeit unter Modernisierungs-, insbesondere Beschleuni-

---

70 Zu den Auswirkungen einer Budgetierung der Ausgaben auf den verwaltungsgerichtlichen Amtsermittlungs- bzw. Untersuchungsgrundsatz in der Gerichtspraxis vgl. den Diskussionsbericht von Christian Koch, in: Pitschas (Fn. 6), i. Ersch., sowie Kopp/Schenke (Fn. 47), § 86 Rdnrn. 6, 6a: Das Verwaltungsgericht darf auf Erkenntnismöglichkeiten nur dann verzichten, wenn ein Beweismittel unzulässig, schlechterdings ungeeignet, untauglich oder für die gerichtliche Entscheidung unerheblich ist; insbesondere darf es ein Beweismittel nicht als höchst unökonomisch ablehnen, vgl. BVerfGE 50, 35 ff.; Eyermann/Fröhler (Fn. 47), § 86 Rdnrn. 40 f.

71 BVerfG, Entscheidung vom 05.08.1998, 2 BvR 153/96, DVBl. 1998, S. 1178 ff., sowie BVerfG, Entscheidung vom 27.10.1998, 2 BvR 2662/95 (veröffentlicht in JURIS) - andernfalls droht Art. 19 Abs. 4 GG verletzt zu werden, vgl. Pitschas (Fn. 25); siehe aber auch Kopp/Schenke (Fn. 47), § 86 Rdnr. 5 („... bis an die Grenze der Zumutbarkeit ...").

gungs- und Partizipationsgesichtspunkten. Zugleich sind aber Akzeptanz- und Legitimationsprobleme mit diesem Funktionswandel der Verwaltungsgerichtsbarkeit verbunden. Auf Leistungsgrenzen neuer Art stößt die Verwaltungsrechtsprechung schließlich im Angesicht der betriebswirtschaftlichen Rationalisierungsanforderungen der Staatsmodernisierung.

## Kommunale Selbstverwaltung und Mediation – Zur Notwendigkeit neutraler Streitschlichtung in Konflikten mit der lokalen Zivilgesellschaft*

*Rainer Pitschas*

### I. Politische Dezentralisierung und kommunale Selbstverwaltung

### 1. Das Konzept der „politischen" Dezentralisierung

In dem durch kontinuierliche Staats- und Verwaltungsmodernisierung zu verwirklichenden „effizienten Staat" steht die politische Dezentralisierung als Motor wirtschaftlicher Entwicklung, alternative Organisationsform gegenüber zentralistisch-hierarchischen Strukturen, Abhilfe gegen Aufgabenverflechtung sowie als Ermöglichung von Partizipation und Bürgerengagement im Mittelpunkt der Reformanstrengungen. Nach herkömmlichem Verständnis bedeutet dabei Dezentralisierung die Verlagerung der Zuständigkeiten des Zentralstaats auf untergeordnete Ebenen der gebietskörperschaftlichen Staatsorganisation. Im Einzelnen sind nach tradierter Auffassung vier verschiedene Formen zu unterscheiden, nämlich die Dekonzentration, Delegation und Devolution sowie die Privatisierung[1].

Heute erweisen sich freilich unter den Bedingungen zunehmender Selbststeuerung der Gesellschaft und fortschreitender Demokratisierung die vorerwähnte begriffliche Reichweite und die darin geborgene Deutung von Dezentralisierung als viel zu eng. Abgesehen davon, dass aus der überkommenen Begrifflichkeit die „fiskalische Dezentralisierung" als Übertragung der Befugnis auf lokale Gebietskörperschaften heraus fällt, eigene Steuern und Gebühren zu erheben sowie einen autonomen Haushalt aufzustellen, fehlt es am Einbezug der „politischen" Dezentralisierung. Diese ist weder Gegenstand der Delegation noch der Privatisierung. Ebenso wenig bildet sie einen Unterfall der administrativen Dezentralisierung. Denn bei dieser werden lediglich Verwaltungsbefugnis-

---

* Erstveröffentlichung in: in: Ibler, Martin/Lorenz, Dieter (Hrsg.), Festschrift für Wolfgang Brohm, München 2002, 139 ff.

1 Böhret/Konzendorf, Verwaltung im gesellschaftlichen und ökonomischen Umfeld, in: König/Siedentopf (Hrsg.), Öffentliche Verwaltung in Deutschland, 1996/97, S.67, 88; Püttner, Verwaltungslehre, 3. Auflage 2000, S.75 f.; Thibaut, Dezentralisierung, in: Nohlen (Hrsg.), Lexikon der Politik, Band 7, Politische Begriffe, S.121.

se dorthin übertragen, wo die entsprechenden Aufgaben anfallen, um deren möglichst effektive Erledigung „vor Ort" zu gewährleisten. Dagegen meint die politische Dezentralisierung solche Verlagerung von Regelungskompetenzen und Ressourcen, die unteren gebietskörperschaftlichen Ebenen in einem Staat zu dem Zweck zugewiesen werden, im Rahmen eines definierten Bereichs von Selbstverwaltung ihre Angelegenheiten eigenständig zu regeln[2].

In diesem Verständnis erscheint Dezentralisierung nicht als eine vergängliche Modeerscheinung. Vielmehr erweist sie sich weltweit und namentlich innerhalb der Europäischen Union kraft ihrer Auswirkungen auf die wirtschaftlichen, administrativen und politischen Rahmenbedingungen der Staatsführung bzw. der Integration mehr und mehr als unverzichtbare Modernisierungsdirektive[3]. Maßgeblich hierfür ist letztlich die Eigenart der Entwicklung von Staaten als ein dynamischer Prozess, in dem zentralistisch-hierarchisch strukturierte Staatswesen über viel zu geringe situative Anpassungsfähigkeit und Flexibilität verfügen. Stattdessen muss, um die gebotene „Beweglichkeit" staatlicher Steuerung der Gesellschaft zu erreichen, diese „von unten" ansetzen. Im modernen Staat gilt es, die demokratiefördernde Selbstorganisationsfähigkeit der Bevölkerung gestärkt werden. Im Zuge des daran anknüpfenden Entwicklungsprozesses von Dezentralisierung reifen Bürgergesellschaften heran, in denen sich der einzelne als aktiv, innovativ, problemlösend, risikobereit, kooperativ etc. versteht und in Ausübung dieser Eigenschaften die Chance wahrnimmt, auf die politischen, wirtschaftlichen und sozialen Entwicklungsprozesse individuell wie als Akteur einer organisierten Zivilgesellschaft strukturell Einfluss zu nehmen[4].

---

2 Vgl. hierzu von Mutius, Kommunalrecht, 1996, Rz.43 ff; Wollmann, Politik- und Verwaltungsmodernisierung in den Kommunen: Zwischen Managementlehre und Demokratiegebot, Die Verwaltung 1999, S.345 f., speziell 356 ff.; ansonsten bereits explizit Pitschas, Kommunalverwaltung und Bürgerschaftliches Engagement, Der Städtetag 1997, S.538, 540.

3 Siehe nur Banner, Die internationalen Entwicklungen im kommunalen Management und ihre Rezeption in Deutschland, in: Banner/Reichard, Kommunale Managementkonzepte in Europa, 1993, S.185 ff.; Hesse/Ellwein, Das Regierungssystem der Bundesrepublik Deutschland, Band 1, 8. Auflage 1997, S.32; Naschold/Jann/Reichard, Internationale Erfahrungen zentralstaatlicher Verwaltungsreform, 1999, S.62 ff.; Pitschas, Wirkungen des Verwaltungshandelns im internationalen Vergleich, in: Hill/Hof (Hrsg.), Wirkungsforschungen zum Recht II, 2000, S.159, 162.

4 Zu Begriff und Reichweite der Bürgergesellschaft siehe u. a. Joas, Ungleichheit in der Bürgergesellschaft, Aus Politik und Zeitgeschichte B 25-26/2001, S.15, sowie Zimmer/Nährlich, Zur Standortbestimmung bürgerschaftlichen Engagements, in: Dies. (Hrsg.), Engagierte Bürgerschaft, 2000, S.15.

## 2. Kommunale Selbstverwaltung als Modell

Die in Deutschland seit der Mitte des 19. Jahrhunderts geschaffene kommunale Selbstverwaltung verkörpert ein strukturiertes Modell solcher politischen Dezentralisierung[5]. An seinem Grundkonzept im Sinne einer Kompetenz zur Befassung mit jeder Angelegenheit der örtlichen Gemeinschaft – sog. Allzuständigkeit oder Universalität des Wirkungskreises[6] – hat sich bis heute kaum etwas verändert. Mag auch das, was ehedem eine Angelegenheit der örtlichen Gemeinschaft war, im modernen Leistungs- und Risikostaat vielfach den lokalen Bezug eingebüßt haben und zur staatlichen oder staatlich mitbestimmten Aufgabe geworden sein, so bleibt doch das Grundmodell erhalten. Es gewinnt in Wechselwirkung mit den Globalisierungsprozessen eine neue Attraktivität: Kommunen (Gemeinden) sind von Verfassungs wegen mit einem eigenen, vom Staat getrennten Legitimationssystem und Aufgabenbereich ausgestattet, mit dem sich Bürgernähe, Überschaubarkeit der Aufgabenbewältigung, Mitwirkung an der politischen Beschlussfassung hierüber, Flexibilität und Spontaneität verbinden. Die Kommunen, also Gemeinden und Kreise, werden dadurch zu Organisations- und Handlungsebenen einer „gegliederten" Demokratie, d.h. eines demokratischen Staatsaufbaus von unten nach oben[7].

### a) Verwaltungsdezentralisierung

In dem beschriebenen Sinne hat kommunale Selbstverwaltung einerseits und wesentlich eine administrativ-organisatorische Funktion. Dezentralisierung soll dazu dienen, die Effizienz und Effektivität der öffentlichen Verwaltung bei der Bereitstellung öffentlicher Güter erheblich zu steigern. Denn die Zentralregie-

---

5 Die Entwicklung des politischen Begriffs der Selbstverwaltung greift Ronellenfitsch, Staat und Markt: Rechtliche Grenzen einer Privatisierung kommunaler Abgaben, DÖV 1999, S.707, speziell in Fn. 28 auf, wobei er als Entwickler auf von Gneist und Rosin zurückgreift. Im Gegensatz dazu stellt Gönnenwein, Kommunalrecht, 1963, S.5 Freiherrn von Stein als den Schöpfer der kommunalen Selbstverwaltung dar. Zur Geschichte der kommunalen Selbstverwaltung ausführlich von Saldern, Rückblicke. Zur Geschichte der kommunalen Selbstverwaltung in Deutschland, in: Wollmann/Roth (Hrsg.), Kommunalpolitik, 1999, S.23 ff.

6 Siehe dazu beispielhaft BVerfGE 79, 127, 146 sowie die ständige Rechtsprechung; auch Tettinger, Besonderes Verwaltungsrecht/1, 6. Auflage 2001, Rz.32.

7 Burger, Kommunen zwischen Staat und Selbstverwaltung, in: König/Schnapauff (Hrsg.), Die deutsche Verwaltung unter 50 Jahren Grundgesetz, 2000, S.75; Hesse/Ellwein (Fn.3), S. 129, 339 ff.; Stern, Das Staatsrecht der Bundesrepublik Deutschland, Band 1, 2.Auflage 1984, S.403; Wagener/Blümel, Staatsaufbau und Verwaltungsterritorien, in: König/Siedentopf (Fn.1), S.109, 114.

rung darf sich auf Kernaufgaben konzentrieren und von solchen Aufgaben entlasten, die besser und kostengünstiger von kleinen dezentralen Einheiten (oder von Privaten) wahrgenommen werden[8].

Verwaltungsdezentralisierung als Ergebnis bedeutet freilich mehr als nur die Verlagerung von Aufgaben und Ressourcen auf untere Ebenen einer staatlichen Verwaltung. Sie meint vielmehr und darüber prinzipiell hinausgehend die lokale Institutionalisierung autonomer, d.h. von der staatlichen Verwaltungsebene abgeteilter Befugnisse zur eigenverantwortlichen Aufgabenschöpfung und –durchführung. Diese umfasst dann auch unter Belassung eines rechts- wie fachaufsichtlich kontrollierten Ermessensspielraums die Bewältigung gesamtstaatlich den Kommunen durch Gesetz aufgetragener Aufgabenbündel („Selbstverwaltung“). Dazu gehören kooperative, durch Verwaltungsverträge, Arrangements, Agreements oder sonst wie ausgestaltete Beziehungen zwischen der zentralen und lokalen Ebene[9]. Darin liegt ein zentraler Gegenstandsbereich interner Verwaltungskooperation.

### b) Demokratisch-politische Funktion

Neben die Verwaltungsdezentralisierung tritt seit jeher die Ausgestaltung der kommunalen Selbstverwaltung als Plattform für die Artikulation und mehrheitliche Umsetzung politischen Willens in Gestalt der „Erfindung“ eigener kommunaler Aufgaben bzw. der Durchführung staatlich aufgetragener Aufgaben nach Maßgabe demokratisch-repräsentativ auf kommunaler Ebene gewonnener Einsichten in die Zweckmäßigkeit. Hierzu sind Wahlen auf gemeindlicher Ebene und spezifische bürgerschaftliche Einwirkungsmöglichkeiten auf die politische Beschlussfassung im konkret gestaltbaren gemeindlichen Bereich unverzichtbar[10].

---

8 Bauer, Private Aufgabenerfüllung unter staatlicher Gewährleistung im Abwassersektor, in: Hill/Hof (Fn. 3), S.303 ff.; Engelhardt, Großstadtregionen und ihre Verwaltung: Problemkonzentration und Katalysatoren öffentlichen Aufgabenwandels, in: Budäus/ Engelhardt, Großstädtische Aufgabenerfüllung im Wandel, 1996, S.34 ff.; Schmidt-Preuss, Verwaltung und Verwaltungsrecht zwischen gesellschaftlicher Selbstregulierung und staatlicher Steuerung, VVDStRL 56 (1997), S.160 ff., 185 ff.; Schuppert, Verwaltungswissenschaft, 2000, S.102 ff., 277 ff., 917 ff.

9 Benz, Verhandlungssysteme und Mehrebenen-Verflechtung im kooperativen Staat, in: Seibel/Benz (Hrsg.), Regierungssystem und Verwaltungspolitik, 1995, S.83 ff.; Hill, 25 Thesen zu einer Verfahrensordnung für öffentliche-private Kooperationen (Verwaltungskooperationsrecht), Verwaltung und Management 2001, S.10 f.

10 Wehling, Kommunalpolitik und Regierungslehre, in: von Bandemer/Wewer (Hrsg.), Regierungssystem und Regierungslehre, 1989, S.193 ff.

Kommunale Selbstverwaltung ist in dieser ihrer demokratisch-politischen Funktion in Deutschland nicht nur verfassungsrechtlich geschützt (Art. 28 Abs. 2 S. 2 GG)[11]. Sie bleibt auch realpolitisch als Bestandteil des Systems der Gewaltenteilung und Gewaltenkontrolle unverzichtbar. Denn sie hemmt einseitige Machtausübung, zu der zentral organisierte Staatswesen stets neigen. Sie verwirklicht die Individualität individueller und kollektiver Akteure im Raum einer Gebietskörperschaft, und sie kreiert Kommunen als einen Freiraum für bürgerschaftliche Selbstorganisation und Selbststeuerung. Darüber hinaus dient die staatliche Aufgabendelegation an untergeordnete, aber innerhalb ihres Wirkungskreises selbständige Gebietskörperschaften der größeren Sachnähe und inhaltlichen Richtigkeitsgewähr von Problemlösungen sowie der staatlichen Aufgabenentlastung („Staatsentlastung")[12].

## 3. Defizite der Selbstverwaltungsidee

Die Beziehungen zwischen Dezentralisierung und demokratischer Staatsführung bzw. effizienter Verwaltung sind seit langem bekannt. Schon die Schriften von J.-J. Rousseau und seine Bemerkungen über den Stellenwert der Schweizer Kantone enthalten Überlegungen zum funktionalen Zusammenhang von Demokratie, Staatsführung und Dezentralisierung. Gleiches gilt für die Arbeiten von A. de Tocqueville sowie für seine Äußerungen über die Bedeutung der Kommunalverwaltung und der Bürgergesellschaft für den Bestand und die Entwicklung demokratischer Institutionen[13].

Von jeher waren freilich auch gewisse Gefahren dieser Entwicklung nicht zu übersehen. Dazu zählen unübersichtliche Zuständigkeiten bei der Verwendung bzw. Kontrolle von Ressourcen oder auch die Schwäche, zentral gesetzte Zielvorgaben bei der Ausführung durch die lokale Ebene zu verfehlen. Ebenso ist die Verschwendung von Steuereinnahmen und Finanzzuweisungen in kommunalen Gebietskörperschaften in der Vergangenheit immer wieder hervorgehoben worden. Nicht zuletzt daher mag es kommen, dass wir in Deutschland eine in-

---

11 Dazu jüngst ausführlich Knemeyer/Wehr, Die Garantie der kommunalen Selbstverwaltung nach Art.28 Abs.2 GG in der Rechtsprechung des Bundesverfassungsgerichts, VerwArch 92 (2001), S.317 ff.; Schoch, Verfassungsrechtlicher Schutz kommunaler Selbstverwaltung, Jura 2001, S.121, 123.

12 Dazu auch Schneider, Politische Folgen von Globalisierung und Dezentralisierung im kommunalen Sektor, in: Kilian/Kneissler (Hrsg.), Demokratische und partizipative Verwaltung, 1999, S.299 ff.

13 Rosenbaum, Gouvernance et décentralisation –Leçons de l'experience, en: Revue francaise d'administration publique 1998, p. 507 ff.

tensive rechtliche Überformung der kommunalen Selbstverwaltung durch das Kommunalverfassungsrecht vorfinden[14]. Dieses selbst ist jedoch nicht frei von Gestaltungsdefiziten. Noch gewichtiger scheint allerdings die in unserem Staat zunehmende Zentralisierung und Aufgabenverpflichtung nach Maßgabe der grundgesetzlichen Zielvorstellung von den „einheitlichen Lebensverhältnissen". Dadurch droht sich die eigenständige Ebene von Gemeinden ebenso aufzulösen, wie die kommunale Entscheidungsebene unter unzureichender Finanzausstattung leidet. Im Ergebnis kommt es zu einer sich verstärkenden Diskrepanz zwischen Aufgabenentwicklung und -prägung einerseits, fehlenden Einnahmemöglichkeiten andererseits[15]. Immer mehr staatliche Aufgaben, die den Kommunen zur Erledigung übertragen werden, vergrößern diese Gefahr. Zugleich entsteht durch die zunehmende Regelungsfülle eine Situation, in der sich die sog. Selbstverwaltungsaufgaben der Sache nach als Weisungs- bzw. Auftragsangelegenheiten darstellen. Den Kommunen bleibt entweder nur der Vollzug fremddeterminierter Gesetze oder aber der Verlust kommunaler Verwaltungsspielräume, aus dem die Entmündigung der Gemeindebürger resultiert[16].

## 4. Neue Leitidee: Bürgerschaftliche Verantwortung in zivilgesellschaftlicher Selbstorganisation

Von daher wird verständlich, dass dem überkommenen traditionellen Leitbild der kommunalen Selbstverwaltung neben dem Plädoyer für Subsidiarität und institutionellem Wettbewerb eine weitere neue Idee an die Seite gestellt wird. Die Rede ist von der Ausformung des Bürgerschaftlichen Engagements in

---

14 Thränhardt/Uppendahl, Alternativen lokaler Demokratie. Kommunalverfassungen als politisches Problem, 1981; Kleinfeld/Nendza, Die Reform der deutschen Gemeindeverfassungen unter besonderer Berücksichtigung der Entwicklung in NRW und in den neuen Bundesländern, in: Kleinfeld (Hrsg.), Kommunalpolitik, 1996, S.73 ff., speziell 75 ff.

15 Henneke, Begrenzt die finanzielle Leistungsfähigkeit des Landes den Anspruch der Kommunen auf eine aufgabenangemessene Finanzausstattung?, DÖV 1998, S.330 ff.; Hill, Das nächste Jahrhundert – Ein Jahrhundert der Kommunen. Resignation vor der Problemflut oder neue intelligente Lösungen?, in: Budäus/Hill, Kommunen für Deutschland – Fit für Europa?, 1996, S.29 f.; Meyer, Mit Recht steuern: Das „Was" und „Wie" im kommunalen Kompetenzgefüge und im Haushaltsrecht, DÖV 2000, S.449, 450 m.w.Nachw.; Wieland, Staatliche Finanzkontrolle im Bereich kommunaler Selbstverwaltung, DVBl. 1999, S.1470, 1471.

16 Dazu beispielhaft Hesse/Ellwein (Fn.3), S.82 ff. m.w.Nachw.; Schmidt-Eichstaedt, Die Kommunen zwischen Autonomie und (Über-)Regelung durch EG-Normen, in: Roth/Wollmann (Fn.5), S.95 ff.

der Kommunalentwicklung[17]. Dessen Existenz und Aufschwung in den letzten Jahren setzt dem kommunalen Korporatismus als bisheriger Organisationsform bürgerschaftlicher Partizipation an der kommunalen Selbstverwaltung ein Zeichen entgegen. Nicht die innere Bindung an die Rathausparteien soll von Bedeutung sein, sondern die Interessenvertretung durch bürgerschaftliches Engagement, d.h. durch die Innovationspotentiale kleinerer Organisationen in Kommunen und die Verfügbarkeit eigener lokaler Ressourcen für Bürger, um eigenverantwortliche Programmimplementation zu erreichen.

Die umfassende politische Dezentralisierung erfährt dadurch einen weiteren Schub. Freilich werden dadurch und zugleich die Konflikte deutlicher, die im Feld der kommunalen Selbstverwaltung seit jeher existieren[18].

## II. Kommunale Selbstverwaltung als Konfliktfeld

### 1. Wandel der kommunalverfassungsrechtlichen Grundlagen

Die Festlegung der Strukturen, Organisationsprinzipien und Zuständigkeitsregelungen für die kommunale Selbstverwaltung ist eine landesrechtliche Angelegenheit. Freilich ist diese Vielfalt landesrechtlicher Regelungen heute ins Wanken geraten. So sind zahlreiche Gemeinsamkeiten der verfassten kommunalen Selbstverwaltung erkennbar. Man mag von einem „allgemeinen" oder „gemeindeutschen" Kommunalrecht sprechen[19]. Nicht von ungefähr sind wir denn auch in den letzten Jahren in Deutschland mit einer prinzipiellen Vereinheitlichung der bislang nach „Verfassungstypen" unterscheidbaren Gemeinde- und Kreisverfassungen bedacht worden. Die ursprüngliche (vereinfachende) Unterscheidung der Kommunalverfassungen in die Typen der Norddeutschen Ratsverfassung, der Süddeutschen Ratsverfassung und (unechten) Magistratsverfassung

---

[17] Zum Bürgerschaftlichen Engagement siehe ausführlich Braun, Bürgerschaftliches Engagement im politischen Diskurs, Aus Politik und Zeitgeschichte B 25-26/2001, S.3 ff.; Gensicke, Freiwilliges Engagement in den neuen und alten Bundesländern, Aus Politik und Zeitgeschichte B 25-26/2001, S.24 ff.; Klie, Neues Steuerungsmodell und Bürgerschaftliches Engagement, DÖV 1998, S.452 ff.; Pitschas (Fn.1), S.538 ff.; Sinnig, Auf dem Weg zur Stärkung der lokalen Demokratie – Anforderungen an bürgerorientierte Kommunen, in: Langfeld/Wezel/Wolf, Bürgergesellschaft konkret, 2001, S.29 ff.

[18] Für einige Felder siehe beispielhaft Pitschas, Kommunale Sozialpolitik, in: v.Maydell (Hrsg.), Sozialrechtshandbuch, 2. Auflage 1996, S.1011 ff.; Ruffert, Kommunalwirtschaft und Landes-Wirtschaftsverfassung, NVwZ 2000, S.763 ff.

[19] Sehr früh dazu bereits Gönnenwein (Fn.5), S.8 f.; eher die Unterschiede betonend von Mutius (Fn.2), Rz.7.

sowie der Rheinischen Bürgermeisterverfassung ist heute nicht mehr realitätsnah. Im Wettbewerb der Kommunalsysteme ist die Norddeutsche Ratsverfassung weitgehend untergegangen. Alle Bundesländer bekennen sich heute zu einer dualistischen Verteilung der Gemeindeaufgaben zwischen Gemeinderat und Bürgermeister unter Aufgabe einer Doppelspitze. Kennzeichnend hierfür war die Existenz des Bürgermeisters als Ratsvorsitzendem und Repräsentanten der Gemeinde einerseits sowie des Gemeindedirektors als Hauptverwaltungsbeamter andererseits[20].

An die Stelle der Doppelspitze ist weithin der grundsätzlich durch Urwahl zu wählende hauptamtliche Bürgermeister getreten, der die Ämter des ehrenamtlichen Bürgermeisters und des Gemeindedirektors als Verwaltungschef im Wesentlichen auf sich vereint. Diese Konstruktion entspricht der sog. Süddeutschen Ratsverfassung vor allem Bayerns und Baden-Württembergs, die seit langem die Urwahl des Bürgermeisters kennen. Freilich verursacht diese Veränderung der kommunalverfassungsrechtlichen Grundlagen auch neue Probleme[21]. Als Verwaltungschef leitet der Bürgermeister die hauptamtliche Verwaltung und verteilt die Geschäfte. Den Geschäftskreis der Beigeordneten aber kann häufig der Rat festlegen.

## 2. Brennpunkt Kommunalpolitik: Probleme der lokalen Selbstverwaltung

In der Realität der kommunalen Verwaltung und Politik offenbaren sich allerdings ungeachtet der vorhandenen Mitwirkungsrechte und –möglichkeiten schonungslos die Grenzen einer demokratisch-funktionalen Einflussnahme der Bürgerschaft. Empirisch auffällig wird ein Widerspruch zwischen dem normativen Verständnis der kommunalen Selbstverwaltung, wie es voraufgehend dargelegt wurde, der Gestaltung von Bürgerbeteiligung und der partizipationspolitischen Praxis. Es zeigt sich, dass die formalisierten bürgerschaftlichen Mitwirkungsrechte bzw. -möglichkeiten und die starke bürokratische Präsenz der ko-

---

20 Zur Unterscheidung der einzelnen Kommunalverfassungen siehe ausführlich Stober, Kommunalrecht in der Bundesrepublik Deutschland, 3. Auflage 1996, § 2 II; Tettinger (Fn.5), Rn. 66 ff.; zum Untergang der Norddeutschen Ratsverfassung und den Gründen für den Vorzug der Süddeutschen Ratsverfassung siehe ausführlich Knemeyer, Verfassung der kommunalen Selbstverwaltung, in: König/Siedentopf (Fn.1), S.203, 212.

21 Banner, Vor- und Nachteile der Gemeindeordnungen der Bundesrepublik Deutschland, in: Mombauer (Hrsg.), Neue Kommunalverfassung für Nordrhein-Westfalen, 1988, S.26 ff.; Knemeyer, Erfahrungen mit der süddeutschen Gemeindeverfassung, in: Ipsen (Hrsg.), Kontinuität oder Reform, Die Kommunalverfassungen auf dem Prüfstand, 1990, S.37 ff.

operativen Kommunalverwaltung heute weithin die Struktur und Arbeitsweise der lokalen Demokratie bestimmen[22].

Der Verbund von Kommunalverwaltung und Selbstverwaltung i. S. politischer Repräsentation und Verwaltungspartizipation schöpft deshalb die fortwirkende Idee der Selbstverwaltungsautonomie nicht aus. Diese meint, gesellschaftliche Kräfte für staatliche Zwecke zu nutzen, während Selbstverwaltung demgegenüber staatliches Handeln i. w. S. durch öffentliche Verwaltungsträger meint[23]. Vor dem Hintergrund dieser Unterscheidung vermag die aktuelle Beziehung zwischen der durch „Selbstverwaltung" institutionalisierten Bürgerrepräsentation auf kommunaler Ebene und der Gesamtheit der Bürger bzw. deren Bereitschaft, sich für Belange des Gemeinwesens einzubringen, noch nicht zu befriedigen. Dies belegt das anhaltende Wachstum zahlreicher gesellschaftspolitischer und Sachkonflikte in der lokalen Demokratie. Insbesondere die soziale, ökonomische und ökologische Entwicklung führt im kommunalen Sektor zu einer Verschärfung politischer Konflikte, in deren Verlauf Interessengruppen versuchen, wachsenden Druck auszuüben und ihre Anliegen politisch durchzusetzen.

### a) Wachstum gesellschaftspolitischer und Sachkonflikte

Solche Konflikte sind in erster Linie in umweltrelevanten Bau- und Planungsverfahren aufgetreten. Sie resultieren vor allem aus Störungen einer am nachhaltigen Schutz der Lebensgrundlagen orientierten Umweltkommunikation[24]. Auch bei der Ansiedlung von Gemeinden, wie überhaupt im Rahmen der kommunalen Wirtschaftsförderung, kommt es immer wieder zu Konflikten mit der Bürgerschaft, wenn es um den Ankauf bzw. Verkauf von Gemeinde-

---

22 Zu empirischen Belegen für die lokale Demokratie siehe beispielhaft Klie/Roß/Frenz/Mohrlok/Trübenbach-Klie, Bürgerschaftliches Engagement in Baden Württemberg, 3. Wissenschaftlicher Jahresbericht 1998/99; Schneider, Stadtentwicklungspolitik und lokale Demokratie in vier Großstädten, Aus Politik und Zeitgeschichte B 17/97, S.20 ff.

23 di Fabio, Verwaltung und Verwaltungsrecht zwischen gesellschaftlicher Selbstregulierung und staatlicher Steuerung, in: VVDStRL 56 (1997), S.235 ff.; Langfeld/Wezel/Wolf, Bürgerschaftliches Engagement als Kultur der Teilhabe, in: Dies. (Hrsg.), Bürgergesellschaft konkret, 2001, S.83 ff.; Schmidt-Preuss, Verwaltung und Verwaltungsrecht zwischen gesellschaftlicher Selbstregulierung und staatlicher Steuerung, VVDStRL 56 (1997), S.160 ff.

24 Hill, Kommunikative Problembewältigung bei umweltrelevanten Großvorhaben, in: Fisch/Beck, Entsorgungsnotstand und Verwaltungshandeln, 1997, S.235 ff.; Schuppert (Fn.3), S.722 ff.

grundstücken und um die Erteilung von Anlagen- bzw. Baugenehmigungen geht. Die sog. Beschleunigungsdebatte verkennt diesen wahren Kern kommunaler Konflikte.

Darüber hinaus stellt die soziale Gemeinde- bzw. Stadtentwicklung ein Feld reicher Problemarbeit dar. Häufig sind in diesem Feld die Kommunen nicht bereit, neuartige Problemlagen unter Beachtung der Bedarfe und Bedürfnisse ihrer (jungen und alten) Bürger mit diesen gemeinsam und vor allem durch deren Eigentätigkeit innovativ zu bewältigen. Kommunale Sozialpolitik verweist deshalb häufig auf Auseinandersetzungen im Bereich der Sozialhilfe, Kinder- und Jugendhilfe sowie im öffentlichen Gesundheitswesen als kommunalen Handlungspotentialen. Häufig treten Schulkonflikte hinzu, wenn Kommunen dazu übergehen, Schulen zu schließen bzw. deren qualitative Entwicklung vernachlässigen[25].

### b) Konflikte mit der Verwaltungsmodernisierung

Auch das in Deutschland weithin propagierte und inzwischen mit mehr oder weniger Erfolg erprobte „Neue Steuerungsmodell“ in der Kommunalverwaltung hat mit den Forderungen eines qualitativen öffentlichen Dienstleistungsmanagements seinen Frieden noch nicht geschlossen[26]. Wie mehr Wirtschaftlichkeit des Handelns der Kommunalverwaltung und zugleich Sparsamkeit mit höherer Qualität, ausgreifender Selbstverantwortung des Bürgers bei gleichzeitiger Mitwirkung in der Kommunalpolitik und dessen sinkendem Vertrauen in die kommunalen Dienstleistungen auf einen Nenner zu bringen sind, kann uns weder der neu eingerichtete Steuerungsdienst einer Stadt bzw. Gemeinde noch das auf verwaltungsseitiges Produktmanagement zugeschnittene Leistungsangebot „schlanker“ Sozialleistungsverwaltungen verraten[27]. Gleichzeitig aber nehmen die sozi-

---

25 Berthelmann/Niehaus, Selber lenken – Das NStM aus der Sicht der Jugendverbands- und Jugendringarbeit, in: Merchel/Schrapper (Hrsg.), Neue Steuerung, 1996, S.276 ff.; Bossong, Der Sozialstaat am Runden Tisch, Die Verwaltung 2001 (Bd.34), S.145 ff.; Pitschas, Kommunale Sozialpolitik (Fn.18); Spiegel, Verhandlungslösungen in benachteiligten Stadtteilen?, in: Budäus/Engelhardt (Fn.8), S.140 ff. zur Schulmediation speziell siehe Simsa, Strafe muss sein? Zum Verhältnis von Schulordnungsrecht und Schulmediation, RdJB 1999, S.140 ff.

26 König/Füchtner, „Schlanker Staat“ – eine Agenda der Verwaltungsmodernisierung im Bund, 2000, S.326 ff.; Pitschas, Die Jugendverwaltung im marktwirtschaftlichen Wettbewerb, DÖV 1994, S.973 ff.; Plamper, Verbessert das Neue Steuerungsmodell die Wirkungen des Verwaltungshandelns?, in: Hill/Hof (Fn.3), S.413 ff.

27 Zu dieser Problematik siehe auch Backhaus-Maul, Kommunale Sozialpolitik, in: Wollmann/Roth (Fn.5), S.689, 696 ff. Ausführlich für die gesamte Verwaltung Naschold/

alen Konflikte durch die anhaltende Arbeitslosigkeit und steigende Ehescheidungsrate ebenso zu, wie die Bereitschaft und Fähigkeit der Lehrer an den Schulen sinkt, innerfamiliäre Erziehungsdefizite im Unterricht zu kompensieren. Wenn im Zuge der Auseinandersetzung um die effiziente Gestaltung der Kommunalpolitik eine Schwächung der kommunalen Vertretungen (Gemeinde- bzw. Stadt- oder Kreisrat) auftreten und bevorzugte Organisationen bürgerschaftlicher Mitverantwortung nach wie vor parteipolitische Ableger bilden sollten, dann lassen sich auch die aus der Verwaltungsmodernisierung resultierenden Konfliktlinien nicht begradigen.

## III. Personell-rechtliche Bewältigung der Konflikte in der kommunalen Selbstverwaltung

### 1. Leitung der kommunalen Verwaltung

Die Lösung kommunaler Konflikte ist in den Kommunen vor allem der kommunalen Leitungsebene, also im Regelfall dem Bürgermeister als hauptamtlichem Chef der Verwaltung im Zusammenwirken mit dem Gemeinderat übertragen. Dabei nimmt in mittleren und kleineren Gemeinden der Bürgermeister häufig selbst ein Dezernat wahr. Ihm zur Seite stehen Beigeordnete, die für weitere Dezernate zuständig sind. In den Geschäften der laufenden Verwaltung hat der Bürgermeister zumeist das Weisungsrecht. Freilich versucht häufig die gemeindliche Hauptsatzung, das Entscheidungsrecht des Bürgermeisters in Personal- und Sachangelegenheiten einzuschränken[28].

Alles in allem empfiehlt sich für die Wahrnehmung dieser Aufgaben juristischer Sachverstand. Nicht von ungefähr verfügen zahlreiche Oberbürgermeister in deutschen Großstädten schon selbst darüber; ergänzend dazu steht die juristische Beratung durch das Rechtsamt bzw. das Direktorium (in der bayerischen Kommunalverwaltung)[29].

---

Jann/Reichard (Fn.3); Trube, Handlungsspielräume kommunaler Sozialpolitik – oder: Der Sozialstaat von unten am Ende?, in: Bellers/Frey/Rosenthal, Einführung in die Kommunalpolitik, 2000, S.177 ff.; Wallerath, Verwaltungsreform in der Rationalitätenfalle?, in: ders. (Hrsg.), Verwaltungserneuerung, 2001, S.41 ff.

28 Zu den Kompetenzen der gemeindlichen Verwaltungsspitze siehe Tettinger (Fn. 5), Rz.100 ff., zu dem Konflikt speziell Rn. 103. Ausführlicher Lange, Der hauptamtliche Bürgermeister, 1999; beispielhaft sei auf die Bayerische Gemeindeordnung verwiesen, siehe Bauer/Böhle/ Masson/Samper, Bayerische Kommunalgesetze, Loseblatt – Stand Januar 2001, Art.37 GO, speziell Rn. 4 ff.

29 Siehe zum Aufbau der Kommunalverwaltung beispielhaft Vogelgesang/Lübking/Jahn, Kommunale Selbstverwaltung, 1991, S.55 ff.

## 2. Juristische Vorbildung der Amtsinhaber

Die Leitungsfunktionen in mittleren und größeren Kommunen in Deutschland obliegen Angehörigen des höheren Dienstes. Dabei muss es sich nicht unbedingt um Juristen handeln. Zwar hat in Deutschland traditionell die Juristenausbildung einen besonderen Stellenwert für die Einstellung in den höheren allgemeinen Verwaltungsdienst[30]. Für diese Laufbahn kommt jedoch nicht nur ein mit einer Prüfung abgeschlossenes Studium der Rechtswissenschaft an einer Hochschule in Betracht. Vielmehr werden auch die in entsprechender Weise abgeschlossenen Studien der Wirtschafts-, Finanz- und Sozialwissenschaften als gleichwertig anerkannt. Andere Fachrichtungen mit Hochschulabschluss können in den jeweiligen Fachdiensten (Jugendamt, Umweltamt u.a.m.) hinzutreten.

Davon abgesehen gilt auch für den öffentlichen Dienst in den Kommunen der Grundsatz, dass die gestellten Aufgaben nur mit professionellen Mitarbeiterinnen und Mitarbeitern bewältigt werden können, deren Anforderungsprofil auf die mit der jeweiligen Tätigkeit verbundenen Qualifikationsbedarfe ausgerichtet ist. Die öffentliche Amts- und Dienstverfassung in den Kommunen unterscheidet sich daher nicht prinzipiell von der in den Bundesländern und auf Bundesebene. Hinzuweisen ist allerdings darauf, dass die Kommunen über Personalautonomie verfügen[31]. Sie dürfen in ihren „öffentlichen Dienst" nach eigenem pflichtgemäßen Dafürhalten einstellen. So gibt es kommunale Beamte ebenso, wie Bedienstete in privatrechtlichen Dienstverhältnissen dem kommunalen öffentlichen Dienst angehören und einem „Angestelltenrecht" unterliegen, das gleichermaßen auf Länder- und Bundesebene gilt. Zusätzlich gibt es in den Kommunen immer noch zahlreiche Arbeitnehmer, die nach Maßgabe des privaten Arbeitsrechts vom kommunalen Arbeitgeber beschäftigt werden.

Allerdings vermögen die Kommunen in Ausübung ihrer Personalautonomie den höheren Dienst mit entsprechend höherer Bezahlung nicht nach eigenem Gutdünken auszuweiten. Sie unterliegen den spezifischen Grenzen von Stellenobergrenzen-Verordnungen, die in den Bundesländern als Landesrecht gelten[32].

---

30 Zum Juristenmonopol siehe u. a. Mehde, Neues Steuerungsmodell in der Verwaltung – „Juristenprivileg" in der Kritik, ZRP 1998, S.394 ff.; Pappermann, Juristen in der Kommunalverwaltung, Archiv für Kommunalwissenschaft 1982, S.1 ff.; Püttner (Fn.1), S.202 f.; Schuppert (Fn.3), S.689 ff.

31 BVerfGE 1, 167, (175 ff.); 17, 172, (182); Tettinger (Fn.5); Rn. 33.

32 Budäus, Neues Führungsmanagement in der Erprobung. Reformbilanz auf kommunaler Ebene, in: Budäus/Hill, Kommunen in Deutschland – Fit für Europa?, 1996, S.21; Scholz/Pitschas, Gemeindewirtschaft zwischen Verwaltungs- und Unternehmensstruktur, 1982, S.101 ff.

Die Zahl der Mitarbeiterinnen und Mitarbeiter richtet sich im Übrigen, wie auch sonst im öffentlichen Dienst, nach den bewilligten Haushaltsmitteln bzw. Personalbudget.

Im Übrigen wird in Deutschland mit Recht der gehobene Verwaltungsdienst als das Rückgrat der Verwaltung angesehen[33]. Dies gilt vor allem für die Kommunalverwaltung. Deshalb kommt gerade bei dieser Laufbahn den Rechtskenntnissen der Bewerber noch immer eine besondere Bedeutung zu, wenn auch mittlerweile der Einfluss der Verwaltungsmodernisierung zu einem höheren Anteil an „Public Management"-Kenntnissen geführt hat. In rechtlicher Hinsicht wird überdies der „Europäisierung" der öffentlichen Verwaltung Rechnung getragen[34]. Die Ausbildung für den mittleren allgemeinen Verwaltungsdienst ist ebenfalls verwaltungsintern ausgelegt. Wie bei der Fachhochschulausbildung für den gehobenen Dienst wird die praktische Unterweisung am Arbeitsplatz in der Einstellungsbehörde mit einer fachtheoretischen Ausbildung an Verwaltungsschulen bzw. (kommunalen) Studieninstituten verbunden[35].

## 3. Zur Rolle der Rechtsanwälte: Aufbereitung von Konflikten und Konfliktlösungen

Die empirische Wahrnehmung der Rolle des Verwaltungspersonals belehrt indes darüber, dass es mit der Schlichtung kommunaler Konflikte überfordert ist. Ähnliches gilt für Kommunalpolitiker. Kraft ihrer juristischen Sachkunde und juristisch-fachlichen Spezialisierung in den voraufgehend erwähnten Konfliktfeldern

---

33 Battis, Entwicklungstendenzen und Probleme der Einführung des Dienstrechts in den neuen Ländern, in: Pitschas (Hrsg.), Rechtsvereinheitlichung und Verwaltungsreform in den neuen Ländern der Bundesrepublik Deutschland, 1991, S.104 ff.; Ellwein/Hesse, Der überforderte Staat, 1994, S.154 f.; Püttner (Fn.1), S.189 ff.

34 Zu dieser Entwicklung siehe ausführlich Schily, Die Europäisierung der Innenpolitik, NVwZ 2000, S.883 ff.; Schoch, Die Europäisierung des allgemeinen Verwaltungsrechts, JZ 1995, S.109 ff.; Stüer/David Hermanns, Wirtschaft und Verwaltung vor den Herausforderungen der Zukunft, DVBl. 2000, S.108 ff.; Suerbaum, Die Europäisierung des nationalen Verwaltungsverfahrensrechts am Beispiel der Rückabwicklung gemeinschaftsrechtswidriger Beihilfen, VerwArch 2000, S.169 ff.

35 Zu den Inhalten der Ausbildung siehe die Kurz-Beschreibung des Arbeitsamtes unter www.arbeitsamt.de/hst1/serv...biz/biz_online/bkb/bkb_b/78114.htm sowie das Ausbildungsprogramm des Kommunalen Studieninstituts Trier unter www.trier.de/dezernat/studieninstitut.htm. Zu den Entwicklungen innerhalb der Ausbildungsfragen siehe beispielhaft Brunner, Handlungsorientierte Ausbildung und Prüfung in der öffentlichen Verwaltung, DVP 2000, S.47 ff.; Sowitzki, Plädoyer für eine veränderte Fachhochschulausbildung, DVP 2001, S.183 ff.

der kommunalen Politik spielen deshalb schon heute die Rechtsanwälte im Bezugsfeld der kommunalen Selbstverwaltung auf Seiten der Bürgerschaft eine wachsende Rolle[36]. In dem Maße, in dem Eigenverantwortung und Selbstbewusstsein der Bürgergesellschaft steigen, werden sie zu juristischen Beratern und Vertretern im Falle des Rechtschutzes berufen. Ihre Aufgabe ist dann die Aufbereitung des Konfliktstoffs sowie die streitbeilegende Konfliktlösung. Diese enthält vor Gericht auch Versuche zur Schlichtung und zur Vermittlung. Allerdings verdient ein Rechtsanwalt bei der Bewältigung kommunaler Konflikte in Rechtschutzverfahren sein Geld nicht vorrangig mit Schlichtungs- und Vermittlungsversuchen. Seine Aufgabe ist es, im Falle des Rechtschutzes seine Mandanten zu vertreten und eine prononcierte Position vor Gericht darzulegen[37]. Ob auf diese Weise in Konflikten der Kommunen mit der lokalen Zivilgesellschaft Streitschlichtung durch Anwälte wirklich erfolgreich sein kann, ist zumindest fraglich[38].

## IV. Mediation in kommunalen Konflikten als anwaltliche Aufgabe

### 1. Mediation als Modell der Konfliktbearbeitung

Nicht von ungefähr ist deshalb in Juristenkreisen und vornehmlich unter Anwälten in den letzten Jahren das Thema der Mediation immer stärker diskutiert worden[39]. Der Begriff der „Mediation" stammt aus der lateinischen Sprache; er bedeutet schlicht „Vermittlung". Diese hat zum Gegenstand, die unterschiedlichen Positionen streitender Parteien in einem Konflikt aufeinander zuzu-

---

36 Dazu ausführlich Henssler, Anwaltliches Berufsrecht und Mediation, in: Breidenbach/Henssler, Mediation für Juristen, 1997, S.75 ff.; Künast, Bürger-Mitwirkungsrecht in der Beratung von Rechtsanwältinnen und Rechtsanwälten, insbesondere im Umweltbereich, AnwBl. 1999, S.450 ff.; Monßen, Mediation – nur noch Anwaltssache?, AnwBl. 2001, S.169 f.; Wassermann, Neue Streitkultur?, NJW 1998, S.1685 f.

37 Zur Rolle des Rechtanwaltes bei der Mediation siehe ausführlich Ponschab, Mediation in der anwaltlichen Tätigkeit, in: Breidenbach/Henssler (Fn.36), S.93 ff. Insgesamt zur Rolle des Anwalts vor Gericht siehe Busse/Linke, Die anwaltliche Praxis in Verwaltungssachen I, 1984.

38 Zur Begrifflichkeit der Bürgergesellschaft in partieller Abgrenzung zur Zivilgesellschaft siehe auch Schuppert (Fn.8), S.920 ff.

39 Siehe hierzu nur beispielhaft; Henssler/Schwackenberg, Der Rechtsanwalt als Mediator, MDR 1997, S.409 ff.; Mengel, Tagungsbericht zum Kongreß „Mediation für Juristen" am 27./28. September 1996 in Köln, JZ 1997, S.195; Meins, Verhandeln und Mediation, NJW 1998, S.125 f.; Plüger-Demann, Mediation für Juristen, NJW 1997, S.1296; Schulz, Mediation aus richterlicher Sicht, FamRZ 2000, S.860 ff.; Stüer/Rude, Neue Aufgabenfelder für Rechtsanwälte? – Mediation im öffentlichen Baurecht, DVBl. 1998, S.630 ff.

führen. Sie geschieht mit dem Ziel, sich in einem mehr oder weniger formalisierten Verfahren zu einigen. Hierbei ist Vertraulichkeit oberstes Gebot, weil sonst die Angst, beim Scheitern des Verfahrens seine Position verschlechtert zu haben, jede Vermittlung verhindern würde[40].

Ähnlich wie in den USA, in denen Mediation weit verbreitet und sich als Alternative zur gerichtlichen Streitentscheidung entwickelt hat („alternative dispute resolution")[41], nimmt auch in Deutschland die Bereitschaft zu, sich der außergerichtlichen Streitschlichtung in unterschiedlichen Anwendungsbereichen zu bedienen. Dabei handelt es sich nicht etwa nur um Instrumente der Justizreform[42]. Gerade in Bezug auf gesellschaftspolitische Konflikte bietet sich der Rückgriff auf Verfahren einer konfliktlösenden Streitschlichtung neben der Verwaltungsberatung und ergänzend zur Einschaltung des Ombudsmanns auf Landesebene an. Dementsprechend sind auch in Deutschland allgemein anerkannte Grundsätze von Mediationsverfahren entstanden, nämlich die Teilnahme eines allparteilichen Dritten, die Einbeziehung möglichst aller von einem Problem betroffener Parteien, die weitgehende Freiwilligkeit der Teilnahme, die Ergebnisoffenheit der Verhandlungen und die Selbstbestimmung der Konfliktparteien[43].

---

40 Groth/v. Bubnoff, Gibt es gerichtsfeste Vertraulichkeit bei der Mediation?, NJW 2001, S.338 ff. m. zahlr. w. Nachw.

41 Siehe zur Streitschlichtung in den USA u. a. Breßler, Mediation und Negotiation an einer US-amerikanischen Law School, JuS 2000, S.1141 ff.; Risse, Neue Wege der Konfliktbewältigung: Last-Offer-Schiedsverfahren, High/Low-Arbitration und Michigan-Mediation, Beilage 2 zu Heft 16/2001, Betriebs-Berater, S.16 ff.; Sünderhauf, Mediation bei der außergerichtlichen Lösung von Umweltkonflikten in Deutschland, 1997, S.31 ff.; Zilleßen, Institutionalisierung von Mediation in den USA und in anderen Ländern, in: Ders. (Hrsg.), Mediation – Kooperatives Konfliktmanagement in der Umweltpolitik, 1998, S.39 ff.

42 Dazu beispielhaft Alm-Merk, Das Verhältnis zwischen Exekutive und der Verwaltungsgerichtsbarkeit sowie zu Inhalt und Grenzen der Mediation im Verwaltungs- und Verwaltungsgerichtsverfahren, NdsVBl. 1997, S.245 ff.; Sobota/Kracht/Michaelis, Mediation – alternative Konfliktmittlung, JA 1999, S.261 f.; Wassermann, Neue Streitkultur?, NJW 1998, S.1685 f.

43 Zu den Prinzipien des Mediationsverfahrens siehe ausführlich Prütting, Verfahrensrecht und Mediation, in: Breidenbach/Henssler (Fn.36), S.57 ff.; Roschmann, Verwaltung und Mediation, DVP 2001, S.148 ff.; Wagner/Engelhardt, Mediation im Umwelt- und Planungsrecht als Alternative zur behördlichen oder gerichtlichen Streitschlichtung, NVwZ 2000, S.370 ff.; Zilleßen, Mediation als kooperatives Konfliktmanagement, in: Ders. (Fn.41), S.17, 22 ff.

## 2. Mediation als Weg aus der Sackgasse des kommunalen Korporatismus

Das ansteigende Interesse in der Öffentlichkeit und vor allem bei den Juristen an dieser Form der Mediation macht sich folgerichtig in den Kommunen bemerkbar. Denn ihr Einsatz scheint überall dort sinnvoll, wo die Beteiligten nach Beendigung des Konflikts noch in irgendeiner Form miteinander umgehen müssen. Nicht zuletzt deshalb hat die Umweltmediation eine große Rolle in den letzten Jahren gespielt[44]. Im Zusammenhang mit umweltrelevanten Bau- und Planungsvorhaben sind im Gegensatz zu hoheitlichen kommunalen Entscheidungen die Umweltmediationsverfahren vor allem dadurch gekennzeichnet, dass in der Regel die Vertreter verschiedener Interessengruppen und auch die Öffentlichkeit mit ihrem Bedürfnis, über den Fortgang der Verfahren informiert zu werden, in den Versuch der einvernehmlichen Konfliktlösung eingebunden werden. Bürgerengagement kann auf diesem Wege bei der Kommunalverwaltung mehr erreichen als etwa Rechtschutzbegehren, in deren zeitlichen Verlauf sich die Fronten der Auseinandersetzung nur verhärten. Statt dessen etabliert sich Mediation als Instrument einer ergebnisorientierten Umweltkommunikation zwischen unterschiedlichen gesellschaftlichen Gruppierungen und der Verwaltung, wie z. B. zwischen Bürgerinitiativen, Umweltverbänden, Verwaltungsbereichen, Politik auf verschiedenen Ebenen.

Gleiches gilt für die Wirtschaftsmediation[45]. Sie findet Anwendung bei Auseinandersetzungen zwischen (fremden) Unternehmen bzw. Konzernmutter und verbundenen Unternehmen oder innerhalb eines Unternehmens zwischen Unternehmensbereichen. Bei Streitigkeiten innerhalb von Betrieben findet die noch konkretere Arbeits- bzw. Personalmediation Anwendung, beispielsweise bei Streitigkeiten zwischen Geschäftsführung und Personalrat oder auch in Fällen

---

[44] Breuer, Verhandlungslösungen aus der Sicht des deutschen Umweltschutzrechts, in: Hoffmann-Riem/Schmidt-Aßmann (Hrsg.), Konfliktbewältigung durch Verhandlungen, Band 1, 1990, S.231 ff.; Fiedler, Das Mediationsverfahren als Konfliktregelung im Umweltschutz, der städtetag 1998, S.686 ff.; Holznagel, Mediation im Umwelt- und Planungsrecht, Jura 1999, S.71 ff.; Sünderhauf (Fn.41) m. zahlr. w. Nachw.; Wiedemann/Karger, Risikowahrnehmung und Mediation bei entsorgungswirtschaftlichen Anlagen, in: Rudolf Fisch/Dieter Beck (Fn.24), S.251 ff.; Zilleßen, Das politische, gesellschaftliche und rechtliche Umfeld für Umweltmediation in Deutschland, in: Ders. (Fn.41), S.48 ff.

[45] Siehe dazu beispielhaft Risse, Wirtschaftsmediation, NJW 2000, S.1614 ff.; Stubbe, Wirtschaftsmediation und Claim Management, BB 2001, S.685 ff. m.zahlr.w.Nachw.

von Mobbing[46]. Zum anderen sind aber auch Probleme, wie sie bei Abschluss von Verträgen zwischen Unternehmen und der Verwaltung bzw. bei der Abwicklung von Verträgen zwischen beiden Partnern auftreten können, ein Anwendungsfeld für Mediation. Es bedarf weniger Worte, dass im übrigen die Schulmediation[47] von Bedeutung ist. Sie bietet allerdings für Juristen kaum ein Arbeitsfeld, sind hier doch vor allem Sozialpädagogen tätig. Zu nennen ist ferner die Familienmediation im Bereich der Kinder- und Jugendhilfe[48].

## 3. Kommunale Mediation durch Rechtsanwälte

Die Beschäftigung mit dem Thema der kommunalen Mediation bietet also den Juristen in der lokalen Zivilgesellschaft ein reichhaltiges Tätigkeitsfeld, ohne dass sie obligatorisch sein müsste. Freilich ist es mit der juristischen Ausbildung alleine nicht getan. Als notwendig erweist sich der Erwerb von Kenntnissen anderer Disziplinen, der die juristische Vorbildung erweitert und ergänzt. Umgekehrt geht es freilich nicht ohne juristische Kenntnisse, wie sich aus den bisher in Deutschland angebotenen Ausbildungsprogrammen zur Mediation zeigt. Weiterbildende Studiengänge vermitteln stets in einem ihrer Schwerpunkte zivilrechtliche, öffentlich-rechtliche und strafrechtliche Kenntnisse, um die Familienmediation, Mediation in Wirtschafts- und Arbeitswelt, Umweltmediation und (im Strafrecht) einen Täter-Opfer-Ausgleich zu ermöglichen[49].

---

46 Ponschab/Dendorfer, Mediation in der Arbeitswelt – eine ökonomisch sinnvolle Perspektive, in: Mediation und Recht, Beilage 2 zu Heft 16/2001 Betriebs-Berater, S.1 ff.; Schäfer, Wenn zwei sich streiten, schlichtet der Dritte, FTD vom 25.6.2000, S.38.

47 Hehn/Rüssel, Institutionen im Bereich der Mediation in Deutschland, NJW 2001, S:347 ff.; Simsa (Fn.25), S.140 ff.

48 Dazu beispielhaft Bergschneider, Mediation in Familiensachen, FamRZ 2000, S:77 ff.; Hölzenbein, Familienmediation, MDR 1997, S.415 ff.; Motz, Mediation – Vermittlung – als Alternative zum gerichtlichen Verfahren – dargestellt anhand der Familienmediation, FamRZ 2000, S.854 ff.; Ripke, Bundesarbeitsgemeinschaft für Familienmediation, FamRZ 1999, S.493 f.

49 Zur Weiterbildung siehe beispielhaft das Angebot der Fernuniversität Hagen, die ein weiterbildendes Studium Mediation anbietet, www.fernuni-hagen.de/OERV/Mediation/ mediationallgemein.html. Zum Gedanken des Täter-Opfer-Ausgleichs in diesem Zusammenhang siehe beispielhaft Walter/Hassemer/Netzig/Petzold, Täter-Opfer-Ausgleich, in: Breidenbach/Henssler (Fn.36), S.201 ff.

Der Rechtsanwalt, der sich diese Kenntnisse zusätzlich erworben hat, findet in der kommunalen Mediation ein neues Berufsfeld[50]. In diesem lässt sich seine juristische Ausbildung zur Ergebnisorientierung von Konfliktlösungen mit den Bedarfen nach Verhandlungsführung und geschickter Schlichtung zusammenführen. Zudem setzt die wirksame Vermittlung zwischen Konfliktbeteiligten ein großes Maß an Offenheit voraus. Denn allein die Offenlegung von Tatsachen bildet eine geeignete Grundlage für die Schlichtung. Und nur gemeinsame Überzeugungen hinsichtlich der Richtigkeit bestimmter Sachverhalte sind geeignet, als Verhandlungsgrundlage zu dienen und das Gespräch darüber zu einer „Verhandlungsgerechtigkeit" zu bringen. Freilich muss ein Rechtsanwalt, der sich im Feld der Mediation betätigt, auf die Verwertung der erfahrenen Sachkenntnisse in einem eventuell anschließenden Gerichtsverfahren verzichten.

Denn Bedingung des ihm für die Mediation geschenkten Vertrauens ist neben persönlichen und fachlichen Fähigkeiten insbesondere, dass die von den Streitparteien offen gelegten Tatsachen nicht in einem anschließenden Gerichtsverfahren gegen sie verwendet werden. Kommunale Mediation vermittelt von daher dem Rechtsanwalt im Kommunalsektor neue Berufschancen, zwingt ihn allerdings auch und andererseits dazu, einen Teilbereich seiner hergebrachten Tätigkeit – die Rechtschutzvertretung - einzuschränken[51].

## V. Zusammenfassung

Die politische Dezentralisierung gehört heute zu den zentralen Wirksamkeitsvoraussetzungen des effizienten Staates. Kommunale Selbstverwaltung in dem hier dargelegten Verständnis kann als ein Modell der Dezentralisierung betrachtet werden. Es umfasst sowohl Verwaltungsdezentralisierung wie eine demokratisch-politische Funktion. Jeweils und in funktionalem Verbund wird es der Zivilgesellschaft möglich, in lokalen bzw. regionalen Zusammenhängen durch Selbstorganisation und Selbststeuerung eigene Angelegenheiten verwaltend wahrzunehmen.

---

[50] Henssler/Schwackenberg (Fn.39), S.409 f.; Ponschab, Fördern statt fordern – Ein Paradigmenwechsel der anwaltlichen Konfliktbehandlung?, MDR 1997, S.413 f.; Stüer/Rude (Fn.39), S.630 ff.

[51] Das schließt an die Konsequenz an, dass der „Konfliktmittler eine Instanz dezentral-kooperativer Entscheidungsfindung zu sein (scheint), die (auch) Schwächen der gesetzlichen Determinationskraft ausgleichen soll", so Schulze-Fielitz, Der Konfliktmittler als verwaltungsverfahrensrechtliches Problem, in: Hoffmann-Riem/Schmidt-Aßmann (Fn.44), Band 2, S.55, 57.

Freilich sind heute große Defizite der Selbstverwaltungsidee festzustellen. Dazu rechnen der Wandel der kommunalverfassungsrechtlichen Grundlagen in den letzten Jahren in allen Bundesländern ebenso wie der kommunale Korporatismus bei der Verwaltungspartizipation. Überdies dominiert die kommunale Fachverwaltung die bürgerschaftliche Mitwirkung weithin. Mangelhafte Bürgerbeteiligung, zunehmende Zentralisierung und Aufgabenverflechtung, die unzureichende Finanzausstattung der Kommunen sowie die gesetzliche Normierungsdichte und Fremdbestimmung der Kommunen bilden deshalb heute die Quelle großer Gefahren für den Bestand des Modells der kommunalen Selbstverwaltung im Rahmen politischer Dezentralisierung. Nicht von ungefähr entwickelt sich daher als neue Leitidee und partiell kontrastierend zur Selbstverwaltungsidee die bürgerschaftliche Verantwortung in zivilgesellschaftlicher Selbstorganisation.

Es verwundert nicht, dass vor diesem Hintergrund ein anhaltendes Wachstum gesellschaftspolitischer und Sachkonflikte in den Kommunen festzustellen ist. Die Verwaltungsmodernisierung und insbesondere das „Neue Steuerungsmodell" vermögen hierbei kaum Abhilfe zu schaffen. Im Gegenteil drohen sie durch den Qualitätsverfall kommunaler Dienstleistungen das Misstrauen der Bürger in die Wirkkraft der kommunalen Selbstverwaltung zu erhöhen. Folgerichtig nehmen auch Rechtschutzstreitigkeiten zwischen Bürgern und Kommunen auf mancherlei Gebieten zu. Dies scheint zugleich die Stunde der Rechtsanwaltschaft inmitten der juristischen Berufe zu sein, die in der kommunalen Selbstverwaltung und in Auseinandersetzung mit deren Politik und Sacharbeit das Feld der streitigen Auseinandersetzung bislang bestellt haben. Die Bereitschaft der Konfliktparteien wächst jedenfalls, jenseits von Rechtschutzstreitigkeiten nach anderen Formen einer Konsenssuche, der Vermittlung und Streitschlichtung in Konflikten zu streben. Dazu bietet sich die Idee der Mediation verstärkt an. Möglicherweise trägt auch die verbreitete Aufhebung des Widerspruchsverfahrens im Verwaltungsprozessrecht zu dem bevorstehenden Siegeszug der Mediation bei.

So oder so scheint für die Rechtsanwaltschaft ein neues Feld beruflicher Tätigkeit zu entstehen. Denn zahlreiche Konflikte, und zumal solche in der Kommunalpolitik und kommunalen Selbstverwaltung, sind juristisch gefärbt bzw. durchwirkt. Kommunale Mediation, die einen Weg aus der Sackgasse des kommunalen Korporatismus und der „Herrschaftlichkeit" kommunaler Verwaltungen darstellen könnte, scheint somit vorrangig der Rechtsanwaltschaft offen zu liegen. Freilich gewinnen und verlieren Rechtsanwälte zugleich, wenn sie sich als Mediatoren betätigen: Soweit hier der Verhandlungsgegenstand reicht, kann er in einem ggf. bedachten anschließenden Rechtschutzverfahren nicht Streitgegenstand sein.

## Neues Steuerungsmodell in der Verwaltungsgerichtsbarkeit: Qualitätsmanagement im richterlichen Bereich bei gegebenem Prozessrecht*

*Rainer Pitschas*

Die „Modernisierung" der Verwaltungsgerichtsbarkeit hat bei gegebenem Prozessrecht längst begonnen. Zahlreiche Organisationsschritte in einzelnen Bundesländern wie die Einführung sog. Serviceeinheiten und die Informatisierung des Verwaltungsprozesses durch forcierte Nutzung der EDV-Technik sind ein Beleg dafür. Doch bleibt nach wie vor und einerseits die Frage offen, wie sehr dem „Neuen Steuerungsmodell" für die Verwaltung gefolgt werden sollte. Andererseits müsste die Richterschaft selbst Managementaufgaben übernehmen; dabei stellt sich das Problem der Qualitätssicherung. Der Vortrag setzt sich mit diesen Fragen unter Einbezug der Mediation als Alternative zur hoheitlichen Streitschlichtung auseinander.

### 1. Modernisierung der Verwaltungsgerichtsbarkeit und „Neues Steuerungsmodell"

Wie alle anderen Staatsfunktionen auch, muss sich heute die „Dritte Gewalt" im Zeichen staatlicher Modernisierung fragen lassen, ob „ihre Organisationsstrukturen und –abläufe angemessen funktionieren, ob das Betriebsklima, ob die Motivationen stimmen, ob ihre Arbeit effektiv und effizient abläuft, kurz, ob die Justizgewährung optimal vor sich geht".[1] Ganz so selbstverständlich ist diese Nachfrage freilich nicht: Zwar mag in der Bevölkerung Deutschlands das Image der Verwaltungsgerichtsbarkeit schlecht sein; „mit schäbig ausgerüsteter Justiz kann man (eben) keinen Staat machen", schreibt spitz ein bekannter Münchener Journalist und Justizfreund.[2] Doch blickt man aus anderen Ländern der Europäi-

---

* Erstveröffentlichung in: Dokumentation zum 13. Deutschen Verwaltungsrichtertag 2001, Boorberg 2003, S. 175 ff.; Für die Hilfe bei der Vorbereitung dieses Beitrags danke ich meiner Wissenschaftlichen Mitarbeiterin Frau Ass. iur. St. Gille. Den Vortragsausführungen im Arbeitskreis "Justizmanagement und richterliche Unabhängigkeit" des 13. Deutschen Verwaltungsrichtertags lag ein entsprechendes Thesenpapier zugrunde.

1 W. Hoffmann-Riem, Modernisierung von Recht und Justiz. Eine Herausforderung des Gewährleistungsstaates, Frankfurt a. M. 2000, S. 222.

2 H. Prantl, Mit schäbig ausgerüsteter Justiz kann man keinen Staat machen, Süddt. Zeitung v. 27.03.2000.

schen Union (EU) und in Übersee durchaus mit einer gewissen Hochachtung auf unser Rechtsschutzsystem, dem ein außerordentlich hoher Standard attestiert wird. Die durch dieses System vermittelte Rechtssicherheit hat nicht zuletzt die Weltbank als einen Beitrag zur Stabilität der Volkswirtschaft positiv beurteilt.[3]

Vor diesem Hintergrund liegt die tiefer bohrende, im hiesigen Zusammenhang aber nicht weiter zu verfolgende Frage nahe, ob es der eingeleiteten Modernisierungsoffensive denn wirklich nur um Qualitätsprobleme der Justiz oder nicht eher - und zugleich im Zeichen finanzwirtschaftlicher Konsolidierungspolitik - um den latenten Versuch geht, unter Zuhilfenahme primär ökonomisch geprägter Modelle der Staatsreform die überkomme Balance der Staatsfunktionen neu zu justieren – etwa im Wege einer gewissen „Gouvernementalisierung“ des modernen Regierungsstaates zu Lasten der Dritten Gewalt.[4] Zu einem solchen Verdacht trägt nicht zuletzt bei, dass selbst unter dem Gesichtspunkt der Sparsamkeit ein Kostenproblem der Justiz nur bedingt existiert, weil sie nahezu kostendeckend arbeitet und die für sie aufgewendeten Steuermittel im Verhältnis zu anderen Staatsaufgaben sehr gering sind: Im Durchschnitt aller Bundesländer betrug der Anteil der Kosten für die Justiz einschließlich des Strafvollzugs 3,4 Prozent im Jahr 1999, also ca. 200,- DM je Bundesbürger.[5] „Justiz“ sei dabei im hiesigen Verständnis als verfassungsrechtlich besonders geschützte spruchrichterliche Tätigkeit einerseits, als Verwaltung der Rechtsprechung – Justizverwaltung – andererseits verstanden. Inmitten dieser Entgegensetzung kommt der Tätigkeit der gerichtlichen Geschäftsstellen eine Zwitterfunktion zu.

---

3 K. König, Rückzug des Staates – Privatisierung der öffentlichen Verwaltung, DÖV 1998, 963 (967).

4 R. Voss, Kostencontrolling und richterliche Unabhängigkeit oder Neues Steuerungsmodell contra unabhängige Rechtsprechung? DRiZ 1998, 379; demgegenüber aber nunmehr U. Berlit, Richterliche Unabhängigkeit und Organisation effektiven Rechtsschutzes im "ökonomisierten" Staat, in: H. Schulze-Fielitz/C. Schütz (Hrsg.), Justiz und Justizverwaltung zwischen Ökonomisierungsdruck und Unabhängigkeit, Die Verwaltung/Beih. 5, Berlin 2002, S. 135 (141 m. Anm. 41).

5 Vgl. Prantl, a. a. O. (Fn. 2).

Jenseits dieser Grundfragen zur Reform der Verwaltungsgerichtsbarkeit[6] bleibt selbstverständlich dem Veränderungs- und Qualitätsthema als solchem nachzugehen. Denn grundsätzlich ist jede Organisation verbesserungsfähig und zahlreiche Strukturuntersuchungen zur Funktionsfähigkeit der Justiz – freilich nicht unbedingt zu jener der Verwaltungsgerichtsbarkeit – belegen heute die Notwendigkeit, ihre Leistungsfähigkeit und namentlich die der Gerichtsverwaltungen stärken zu müssen.[7] In diesem Sinne hatte ich schon vor einiger Zeit darauf hingewiesen, dass „an einer Justizreform und damit an der internen Rationalisierung der Organisation und Geschäftsprozesse der Verwaltungsgerichtsbarkeit ... kein Weg vorbeiführt“.[8]

## 1.1 Divergierende Leitbilder der Modernisierung

Soweit man also nicht überhaupt den Reformbedarf abstreitet, stellt sich für geeignete Schritte einer justiziellen Organisations- und Personalentwicklung vor allem die Aufgabe zu klären, welchen Zielen diese zu folgen hätte und was durch sie erreicht werden soll. Alle staatliche Modernisierung braucht zur Antwort hierauf Leitbilder, in denen sich die Reformziele prinzipiell, gegenständlich und bildhaft verkörpern. Dies gilt auch für die Weiterentwicklung der Verwaltungsgerichtsbarkeit, will deren Modernisierung mehr als ein Modethema sein.

In diesem Sinne und durchaus leitbildhaft wird der Veränderungsprozess gegenwärtig von interessierter Seite der Herausforderung des sog. Gewährleistungsstaates unterworfen. In diesem, so heißt es, „konkurriert Gerechtigkeit über

6 Sie sind aus öffentlich-rechtlicher, rechtssoziologischer und verwaltungswissenschaftlicher Perspektive zusammengestellt bei R. Pitschas (Hrsg.), Die Reform der Verwaltungsgerichtsbarkeit, Berlin 1999; weitere Nachw. bei R. Pitschas, Leistungsgrenzen gerichtlicher Entscheidungen – am Beispiel der Verwaltungsgerichtsbarkeit, in: H. Hof/M. Schulte (Hrsg.), Wirkungsforschung zum Recht III. Folgen von Gerichtsentscheidungen, Baden-Baden 2001, S. 129 ff. sowie in den jüngeren Publikationen von Berlit, a. a. O. (Fn. 4), S. 135 ff. und H.- J. Papier, Die richterliche Unabhängigkeit und ihre Schranken, NJW 2001, 1089 ff.; A. Vosskuhle, Das "Produkt" der Justiz, in: Schulze-Fielitz/Schütz (Fn. 4), S. 35 ff.

7 Ebenso aus jüngerer Zeit Th. Groß, Die Verwaltung 34 (2001), S. 371 ff.; G. F. Schuppert, Optimierung von Gerichtsorganisation und Arbeitsabläufen: Herausforderung für die richterliche Unabhängigkeit, in: W. Hoffmann-Riem (Hrsg.), Reform der Justizverwaltung als Beitrag zum modernen Rechtsstaat, Baden-Baden 1998, S. 215 ff.

8 R. Pitschas, Verwaltung und Verwaltungsgerichtsbarkeit im staatlichen Modernisierungsprozess, in: W. Blümel/R. Pitschas (Hrsg.), Verwaltungsverfahren und Verwaltungsprozess im Wandel der Staatsfunktionen, Berlin 1997, S. 27 (62).

die Rechtsprechung stärker als früher mit der Vorsorge für einen Arbeitsplatz in anderen gesellschaftlichen Bereichen, mit dem Anspruch auf eine angemessene Ausbildung oder mit der Sicherung der Altersversorgung".[9] Hieran schließe sich die Frage an, ob nicht die von den Gerichten verwaltete Gerechtigkeit so umdefiniert werden müsse, dass es um das Ziel gehe, ein gerechtes Ergebnis mit dem geringst möglichen Einsatz von Mitteln zu erreichen („Effizienz"), weil sonst andere wichtige Staatsaufgaben zu kurz kämen und weitere Ziele verfehlt würden. Die Überlegung endet mit der Bemerkung, „für solche Fragen müssen die inhaltlichen Leitbilder der Justiz neu überdacht und so konkretisiert werden, dass sie die Lücke zwischen den hohen Zielwerten und den ‚praktischen' Verwaltungsmaßnahmen ausfüllen helfen. Das Profil, die spezifische Qualität der gerichtlichen Leistung wird neu zu beschreiben sein".[10]

Das ist in der Tat richtig, auf andere Weise aber als gedacht. Namentlich das zugleich postulierte Leitbild für die Modernisierung der Verwaltungsgerichtsbarkeit stößt auf prinzipielle Bedenken. Einen „Gewährleistungsstaat" kennt das Grundgesetz nicht, wohl aber die „Kompetenz-Kompetenz" des demokratischen und sozialen Rechtsstaates, Aufgaben an sich zu ziehen oder frei zu geben – jeweils in dem Bewusstsein, dass sich die aktuelle Verantwortungsverteilung zwischen Staat und Gesellschaft[11] dynamisch verändern darf und keine auf unabänderlich gestellten Teilsphären der Verantwortung auf Seiten des Staates und auf Seiten der Gesellschaft bestehen.[12] Gewisse staatliche Kernaufgaben erklärt indes unsere Verfassung für unverzichtbar; zu ihnen zählt die Rechtsprechung als Verfassungsfunktion.

Ihr inhaltsschwerer Auftrag, den nicht die verfassungspolitische Formel des „Gewährleistungsstaates", sondern Art. 19 Abs. 4 GG als formelles Hauptgrundrecht sowie die Art. 92, 97, 98 und 101 GG als zentrale Normen des Grundgesetzes für die Rechtsschutz- und Gerichtsorganisation formulieren[13], prägt somit

---

9 Hoffmann-Riem (Fn. 1), S. 217.

10 Hoffmann-Riem (Fn. 1), S. 217.

11 Zu dieser siehe nur R. Pitschas, Verwaltungsverantwortung und Verwaltungsverfahren, Berlin 1990, S. 275 ff.; es geht also nicht um eine in der Verfassung strikt vorgegebene (Ab-)Teilung der Verantwortung. Kritisch gegenüber der Begrifflichkeit des "Gewährleistungsstaates" siehe im Übrigen auch Th. Vesting, Zwischen Gewährleistungsstaat und Minimalstaat, in: W. Hoffmann-Riem/E. Schmidt-Aßmann (Hrsg.), Verwaltungsrecht in der Informationsgesellschaft, Baden-Baden 2000, S. 101 (113 ff.).

12 R. Scholz, Sozialstaat und Globalisierung, in: FS für H. Steinberger, Berlin u. a. 2002, S. 611 (616 ff.); für den Bereich der Justiz siehe wie hier Berlit (Fn. 4), S. 139 f.

13 R. Pitschas, Reform der Verwaltungsgerichtsbarkeit als "Ökonomisierung" des Rechtsstaates? Verfassungsrechtliche und verwaltungswissenschaftliche Eckwerte der Moderni-

ein verbindliches Leitbild und die Zielgesamtheit gegenwärtiger und zukünftiger Struktur der Verwaltungsgerichtsbarkeit aus. Neue institutionelle Arrangements für die Justizverwaltung und fortgeschriebene Anforderungsprofile spruchrichterlicher Tätigkeit bzw. der Personalrekrutierung im richterlichen Dienst haben sich hieran, nicht jedoch an diffusen Effizienz- und Abwägungsüberlegungen im Verbund mit Spekulationen über die Reichweite von Staatsaufgaben zu orientieren. Solche Ansätze führen in eine gewisse Abwägungsbeliebigkeit, die der Garantiefunktion des grundgesetzlichen Rechtsschutzsystems zuwiderläuft. Der verschiedentlich gezogene Vergleich der Reformbedürftigkeit richterlicher Tätigkeit mit den Fortschrittsanstrengungen des Qualitätsmanagements in der Rechtsanwaltschaft hilft ebenso wenig weiter. Die rechtlichen und tatsächlichen Ausgangsvoraussetzungen sind unterschiedlich.[14]

## 1.2 Qualitätsorientierung als Unterscheidungsmerkmal

Das angedeutete Verfassungsfundament spruchrichterlicher Tätigkeit und Gerichtsorganisation sowie das hier vor Augen geführte alternative Leitbild einer an den spezifischen Funktionen und Grundgarantien wie -pflichten der Verwaltungsrechtsprechung orientierten Modernisierung schließt keineswegs Bemühungen aus, die Leistungsfähigkeit der Verwaltungsgerichtsbarkeit zu verbessern und sich hierzu einiger Grundelemente des "Neuen Steuerungsmodells" in der öffentlichen Verwaltung zu bedienen. Dies geschieht zu dem Zweck, die Funktionstüchtigkeit der Verwaltungsgerichte im nichtrichterlichen Dienst zu steigern sowie zugleich an den Schnittstellen der Restrukturierung von Geschäftsprozessen und Aufbauorganisation mit der Rechtsprechungsfunktion nach der Qualität der in diesem Zusammenhang geleisteten richterlichen und nichtrichterlichen Arbeit zu fragen – wie das auch bisher schon in Ansätzen („Pensenschlüssel“, „Restantenliste“ u. a. m.) der Fall gewesen ist. Denn „Effizienz“ ist dem Rechtsstaat ein vertrautes Ziel und auch die Zweckmäßigkeit des richterlich verantworteten Rechtsschutzsystems erscheint als ein im Art. 92 ff., 101 GG geborgenes Anliegen.[15]

---

sierungsdiskussion, in: Ders. Reform der Verwaltungsgerichtsbarkeit (Fn. 6), S. 59 (81 ff., 86 ff.); vgl. nunmehr zu den hier festgestellten Schutzgehalten der richterlichen Unabhängigkeit auch Th. Groß, Selbstverwaltung der Gerichte als Voraussetzung ihrer Unabhängigkeit?, in: Schulze-Fielitz/Schütz (Fn. 4), S. 217 (218 ff.).

14 G. Hofe, in: R. Pitschas (Hrsg.), Reform der Verwaltungsgerichtsbarkeit, Berlin 1999.

15 Siehe auch Hoffmann-Riem (Fn. 1), S. 216 f. 228 ff.

Für dessen Verwirklichung wird allerdings der Unterschied zwischen den voraufgehend erörterten Leitbildern bedeutsam. Er liegt im jeweiligen Effizienzverständnis. Diesem geht es unter dem Grundgesetz nicht, wie etwa der Einbezug der staatlichen Haushaltsprobleme in die Reformüberlegungen suggerieren möchte, um „forciertes Sparen" i. S. der bloßen Leistungssteigerung richterlicher Spruchtätigkeit und des nichtrichterlichen Dienstes bei gleich bleibender Ressourcenausstattung.[16] Vielmehr bezieht der komplexe Funktionsauftrag der Verwaltungsgerichtsbarkeit die im Effizienzbegriff auch ausgedrückte Kosten-Nutzen-Relation stets auf die gesollte Qualitätsvorstellung von Richterspruch und Gerichtsverwaltung. Diese wiederum zu optimieren bedeutet, mehr für das gleiche Geld bei gleichzeitig fortbestehender bzw. zu erhöhender Rechtsprechungsqualität zu leisten. Das ist nicht von vorneherein ausgeschlossen, scheint aber manchmal der Quadratur des Kreises zu gleichen:, Qualität kostet eben Geld! Das macht deutlich, dass erfolgreiche Modernisierung erst einmal höhere Investitionen in "soziale Effizienz", d. h. in eine angemessene Sach- und Personalausstattung sowie in verbesserte Kommunikationsstrukturen („Informatisierung") erfordert. Diese Mittel werden jedoch selten für Modernisierungsmaßnahmen bewilligt. Deshalb dürfte auch die umfassende Verwirklichung der Neuen Verwaltungssteuerung auf kommunaler Ebene inzwischen weitgehend gescheitert sein.

Doch was bedeutet „Qualität"? In der einschlägigen Literatur wird sie gefordert, um vorrangig „die normativen Zielwerte der Gerichtsbarkeit möglichst weitgehend erfüllen zu können".[17] M. a. W. soll sich Qualität im richterlichen Bereich aus der Übereinstimmung zwischen den (rechtlich fundierten) Erwartungen der Beteiligten am Verwaltungsprozess hinsichtlich der Zielverwirklichung durch den Verwaltungsrichter und seine tatsächlich erbrachte „Dienstleistung" ergeben. Die daraus resultierende Erkenntnis, dass für derartige Qualitätsbeschreibungen zunächst die Zielstruktur operationalisiert, die Ausgangserwartungen identifiziert und gebotene Vergleichskriterien bzw. Beurteilungsstandards definiert werden müssen, verweist zugleich auf die crux jedweden Qualitätsmanagements im richterlichen Bereich. Denn nicht zu bestreiten ist, dass bei diesem Unterfangen häufig unterschiedliche Ansichten existieren und deshalb

---

[16] Dagegen auch Hoffmann-Riem (Fn. 1), S. 214 f.; H. Klein, Qualitätssicherung im Prozess der Modernisierung der Justiz, in: Schulze-Fielitz/Schütz (Fn. 4), S. 55 (56 f.); anders freilich F. Behrens, Kostencontrolling und Haushaltsflexibilisierung als Instrumente einer modernen Justiz und Verwaltung, ZRP 1998, 186 ff.

[17] Hoffmann-Riem (Fn. 1), S. 216; zur daraus folgenden Komplexität des Qualitätsbegriffs in der "Justiz" siehe nunmehr Klein (Fn. 16), S. 59; als ein "gradualisierbares Maß" bezeichnet K. F. Röhl, Fehler in Gerichtsentscheidungen, in: Schulze-Fielitz/Schütz (Fn. 4), S. 67 (72) die Qualität von Gerichtsentscheidungen.

ein Spannungsverhältnis zur richterlichen Unabhängigkeit auftreten muss. Dies gilt für alle mit der Forderung nach einer Qualitätsdiskussion angesprochenen Fragen wie z. B. jenen nach der Qualitätssicherung richterlicher Arbeit einschließlich der Qualitätsdefinition, der Messung von Qualität, der Rekrutierung, Sozialisation und Weiterbildung des Richterpersonals, der Kommunikationskultur „im Gericht" wie mit den Verfahrensbeteiligten, der Serviceorientierung gegenüber den rechtsuchenden Bürgern, der Verzahnung gerichtlicher Streitbewältigung mit anderen Möglichkeiten der Konfliktlösung u. a. m.[18]

Dem noch vorgelagert ist die präzise Fixierung der vorgenannten Ausgangserwartungen. Sie sind trotz der inzwischen vorgeschlagenen "Kundenbefragungen" vor und nach einem Gerichtsprozess (soll "die Straße" über Gerechtigkeit befinden?) nur schwer auf einen Nenner zu bringen, wenn man den verfassungsrechtlichen Funktionsauftrag und die Eigenständigkeit der Justiz bzw. Verwaltungsgerichtsbarkeit näher betrachtet. Auch der insoweit häufiger anzutreffende Verweis, maßgeblich sei der Anspruch des Bürgers auf Justizgewährleistung, vermittelt dabei nur eine Leitlinie spruchrichterlicher Tätigkeit neben anderen.[19] Zwar hat Verwaltungsgerichtsbarkeit in Deutschland vorrangig auf der Grundlage streitbefangener subjektiv-öffentlicher Rechte sowie nach Maßgabe des demokratischen und sozialen Rechtsstaats, wie ihn das Grundgesetz und das europäische Gemeinschaftsrecht verfassen, durch Streitschlichtung zwischen Bürger und Staat individualiter den Rechtsfrieden zu sichern. Dazu bedarf es eines effektiven und effizienten Rechtsschutzverfahrens („Individualrechtsschutz"). In diesem haben jedoch die verwaltungsgerichtlichen Streitentscheidungen auch eine objektive Funktion[20]; sie müssen überdies den funktionalen Zusammenhang zwischen Verwaltungszweck, Verwaltungsverfahren und Verwaltungsprozess beachten. Dabei sind sie in ihrer Herstellung und Funktion einer genuinen Distanz im Vergleich zum "Verwaltungsprodukt" unterworfen. Hinzu tritt die Auf-

---

18 Zur Qualitätsdiskussion siehe ebenfalls Berlit (Fn. 4), S. 153 f., 153 f., 160; Klein (Fn. 16), S. 59 ff.; vergleichend auch K. F. Röhl, Qualitätskontrolle in der Justiz – Eine neue Entwicklung in der Justizverwaltung der USA, DRiZ 1993, 301 ff.; ferner Fr.- J. Mehmel, Qualitätssicherung und –verbesserung gerichtlichen Handelns, als word-document bei Fr.- J. Mehmel@t-online.de.

19 Dazu K. Redeker, Justizgewährungspflicht des Staates versus richterliche Unabhängigkeit?, NJW 2000, 2796 ff.

20 Vgl. näher noch und m. w. Nachw. W. Krebs, Subjektiver Rechtsschutz und objektive Rechtskontrolle, in: FS C.- F. Menger, 1985, S. 191 ff.; ders., Verwaltungskontrolle durch Verwaltungsgerichte?, in: DVerw 21 (1988), S. 155 (163 ff.); w. Nachw. bei Pitschas (Fn. 8), S. 46 f., 54 ff.; E. Schmidt-Aßmann, Aufgaben- und Funktionswandel der Verwaltungsgerichtsbarkeit vor dem Hintergrund der Verwaltungsentwicklung, VBlBW 2000, 45 ff.

gabe, mit der Streitschlichtung neben der individuellen auch gesellschaftliche Akzeptanz zu finden. Es gilt in der „szenischen Phase richterlichen Handelns“ (Hassemer), den Streit über die Sache und das „richtige“ Recht mit Blick auf die gesellschaftliche Einordnung zu führen. An dieser komplexen Eigenrationalität orientieren sich sowohl das Verfahren und die Entscheidung des Gerichts als auch das Qualitätsmanagement im richterlichen Bereich.

Erforderlich wird sonach eine dieser Eigenrationalität von Verwaltungsrechtsprechung entsprechende Qualitätssicherung in der Verwaltungsgerichtsbarkeit. Zu den diesbezüglich zu berücksichtigenden Faktoren rechnet auch die Verfahrensbeschleunigung, die schnellen und damit effektiven Rechtsschutzes durch Stärkung des Einzelrichterprinzips verwirklichen will; ebenso gehören hierher Kontrollrestriktionen gegenüber lässlichen Fehlern im Verwaltungsverfahren, die Beschränkung auf eine Tatsacheninstanz im Regelfall und die Umgestaltung des Rechtsmittelzuges. Dem noch voraus liegende weitere Anforderungen, die auf die verwaltungsgerichtliche Qualitätsdiskussion durchschlagen, sind zusätzlich zu bedenken. Sie resultieren aus dem Wandel der Beziehungen zwischen Staat und Bürgergesellschaft: Auch die Verwaltungsrechtsprechung wird zukünftig darauf achten müssen, dass die gegenwärtige Umverteilung der Verantwortung zwischen Staat und Gesellschaft („Public Private Partnership“) die Freiheit des einzelnen durch vertragliche Kooperation zwischen öffentlichen Einheiten und Privaten zu Lasten Dritter nicht weiter einschränken darf, als die Gesetze und das (europäische) Recht dies zulassen. Verwaltungsgerichte müssen also auf eine neue Weise „bürgernah“, d. h. freiheitssichernd judizieren. Die dafür sensibilisierte Verwaltungsgerichtsbarkeit sichert dadurch zugleich das Vertrauen der Bürgerinnen und Bürger in die nachhaltige Neutralität und Gleichheit des Gerichtshandelns trotz aller "Gesamtverantwortung" von Verwaltungsgericht und Verwaltungsbehörde.[21] Dies gilt umso mehr, als sich derzeit in der Bürgergesellschaft, wie die Modellprojekte zur "gerichtsverbundenen Mediation" belegen[22], neue Wege der Ausgestaltung von Streitschlichtung öffnen. Für die Verwaltungsgerichte muss darüber hinaus der „Laienrichter“ eine wieder gesteigerte Bedeutung erlangen[23] und überhaupt der Gedanke vom bürgernahen „Schlichten statt Richten“ in den Vordergrund treten. Mit Art. 101 Abs. 1 S. 2

---

21 Dazu näher noch Pitschas (Fn. 8), S. 54 ff.

22 Vgl. vor allem K.- M. Ortloff, Mediation und Verwaltungsprozess, in: F. Haft/K. Gräfin von Schlieffen (Hrsg.), Handbuch Mediation, München 2002, § 29 Rdnrn. 81 ff.; siehe ferner Pitschas, Leistungsgrenzen (Fn. 6), S. 130, 136 ff.

23 Eine andere und gegenläufige Tendenz lässt demgegenüber die Änderungsgesetzgebung zur VwGO erkennen, vgl. P. Stelkens, in: F. Schoch/E. Schmidt-Aßmann/R. Pietzner (Hrsg.), VwGO Kommentar, Stand: Januar 2002, § 5 Rdnrn. 10 ff., 14, 17; § 19 Rdnrn. 2, 12.

GG vereinbar wäre jedenfalls eine richterliche Mediation, die auf dem Einverständnis aller Prozessbeteiligten beruht.

### 1.3 Wechselbezüglichkeit von Qualitätssicherung und Prozessrechtsreform

Die präzise Beschreibung der Merkmale und Messkriterien einer auf diese Ziel- und Erwartungsvielfalt reagierenden „Qualität" verwaltungsrichterlicher Streitschlichtung fällt im Übrigen außerordentlich schwer. Ein ganzheitliches Qualitätsleitbild der justiziellen Modernisierung lässt sich deshalb mit Blick auf die differenzierte Eigenrationalität des Verwaltungsprozesses m. E. nicht formulieren. Schon gar nicht scheint dies bei gegebenem Prozessrecht möglich, wie das vorgegebene Thema des Verwaltungsrichtertags suggeriert. Denn prozessrechtliche Reformen und der gesteuerte Wandel der Gerichtsorganisation unter Optimierung bzw. Sicherung der Qualität richterlichen Handelns stehen in Wechselwirkung miteinander. Sie tragen stets gemeinsam dazu bei, die vorgenannten Ziele zu verwirklichen oder zu verfehlen. Es gibt keine von der Prozessrechtsentwicklung unabhängige Organisationsveränderung und Qualitätssicherung. Auf der Grundlage dieser Verknüpfung sollten daher allfällige Prozessrechtsreformen[24] auch ihre Auswirkungen auf die Binnenstruktur der Verwaltungsrechtsprechung im Auge behalten. Vorschläge, die z. B. auf eine „Entlastung" der Verwaltungsgerichtsbarkeit bzw. deren „Verschlankung" durch Prozessrechts- und Organisationsveränderungen gerichtet sind, müssen sich vor diesem Hintergrund auch am Grad ihres Beitrags zur Verwirklichung des hier ansatzweise entfalteten Leitbilds messen lassen.

Gleiches gilt für das Beschleunigungsgebot, das in das richterliche Qualitätsmanagement hineinwirkt.[25] Letzteres darf sich unter dem Diktat leerer Kassen nicht zu einer autonomen betriebswirtschaftlichen Effizienzdirektive der Justiz verselbständigen. Stattdessen bleibt es Teil des qualitativen Anspruchs aller Prozessbeteiligten auf einen wirksamen Rechtsbehelf, der in einem rechtsstaatlichen und fairen Verfahren vor einem unparteiischen Gericht unter größtmöglicher Achtung der (Grund-)Rechte von Beteiligten verhandelt wird (Art. 47

---

[24] Sie sind unverzichtbar; so spricht z. B. W.-R.Schenke, Verwaltungsprozessrecht, 8. Aufl., Heidelberg 2002, Rn. 12a, von "Erosionsprozessen" im Rahmen der Verwaltungsgerichtsbarkeit; zu der oben im Text erörterten Verknüpfung von Organisations- und Prozessrechtsreform vgl. nunmehr auch A. Vosskuhle, Das "Produkt" der Justiz, in: Schulze-Fielitz/Schütz (Fn. 4), S. 35 (51 f.).

[25] J. Ziekow, Zügige Verwaltungsverfahren, in: Ders. (Hrsg.), Beschleunigung von Planungs- und Genehmigungsverfahren, Berlin 1998, S. 51 (66 f., 93 f.).

Grundrechte-Charta der EU).[26] Zu sichern ist deshalb neben der Verfahrens- auch eine entsprechende Strukturqualität der gerichtlichen Entscheidung. Die Mündlichkeit des Verfahrens und seine Öffentlichkeit gehören als Verfahrensprinzipien dazu.

### 1.4 Dysfunktionalität des „Neuen Steuerungsmodells“

Mit Blick auf die vorgenannten Zielfunktionen eines Qualitätsmanagements im richterlichen Bereich ist das die derzeitige Verwaltungsmodernisierung vornehmlich in den deutschen Kommunen anleitende „Neue Steuerungsmodell“[27] als Modernisierungskonzept für die Verwaltungsrechtsprechung bzw. Gerichtsverwaltung nicht in toto verwendbar. Die „Funktionstüchtigkeit“ der Verwaltungsrechtsprechung lässt sich weder mit den produktbezogenen Gestaltungsparametern eines Wirtschaftsunternehmens noch mit den Effizienzmaßgaben einer serviceorientierten Dienstleistungsverwaltung sichern[28]. Anzustreben sind vielmehr und ohne strikte Adaption von funktionsspezifischen Modellen limitierte Strukturveränderungen, als deren Bezugsgrundlage die Eigenrationalität richterlicher Spruchtätigkeit dient und die in ein richterliches Selbstmanagement bei begrenzter Selbstverwaltung der Justiz einmünden. Diese ist eben nicht "Verwaltung" sondern "Rechtsprechung", für die das Grundgesetz eine funktionsadäquate Organstruktur betont.[29]

Solche Einsichten schließen freilich nicht aus, einzelne Schlüsselvariablen der Verwaltungsmodernisierung bzw. Funktionselemente wie die dezentrale Budgetverantwortung u. a. m. auf ihre Anwendbarkeit im Modernisierungsprozess der Verwaltungsgerichtsbarkeit zu prüfen, nachdem sie funktional auf die

---

26 Charta der Grundrechte der Europäischen Union, proklamiert vom Europäischen Rat am 07.12.2000 (ABl. Nr. C 364/1).

27 Hierzu siehe statt vieler J.- P. Schneider, Das Neue Steuerungsmodell als Innovationsimpuls für Verwaltungsorganisation und Verwaltungsrecht, in: E. Schmidt-Aßmann/W. Hoffmann-Riem (Hrsg.), Verwaltungsorganisationsrecht als Steuerungsressource, Baden-Baden 1997, S. 103 (111 ff.).

28 Dem zustimmend aus der jüngeren Literatur und m. zahlr. Nachw. Berlit (Fn. 4), S. 143, 144 f.; B. Kramer, Modernisierung der Justiz: Das Neue Steuerungsmodell, NJW 2001, 3449 (3451 ff.); Vosskuhle (Fn. 24), S. 37 ff. m. Fn. 16, 46 ff., 49 ff.; gegenläufige Tendenz bei M. Eifert, Das Neue Steuerungsmodell – Modell für die Modernisierung der Gerichtsverwaltung?, in: DVerw. 30 (1997), S. 75 ff.; dem zuneigend letztlich aber wohl auch im hiesigen Sinne Hoffmann-Riem (Fn. 1), S. 232 ff., 235 ff.

29 BVerfGE 68, 1 (86); w. Nachw. bei Pitschas (Fn. 11), S. 226 f., 268 f., 304 ff., 538 ff., 546 ff., 553 f.,556.

komplexen Zielvorgaben der Verwaltungsrechtsprechung ausgerichtet worden sind. Demgegenüber findet sich freilich immer wieder die Behauptung, nur unter Rückgriff auf das für die Rationalisierung der öffentlichen Verwaltungen entwickelten „Neue Steuerungsmodell" ließe sich gleichermaßen in der Justiz eine Reform wagen und ein richterliches Qualitätsmanagement einrichten.[30] Ich halte dies für eine Illusion. Die Entwicklung der Neuen Verwaltungssteuerung dient der Angleichung öffentlicher Verwaltungen an den Charakter privater Unternehmen. Dem liegt die Idee der „Kommune als Dienstleistungsunternehmen" und damit eine spezifische Vorstellung von der Rolle der Exekutive gegenüber dem Bürger zugrunde. Um diese zu verwirklichen, werden einzelne Elemente aus der Betriebswirtschaft, z. B. das Controlling, die Budgetierung und die Kosten-Leistung-Rechnung, die Dezentralisierung der Steuerungsverantwortung und manches andere mehr zu einem Gesamtkonzept für die Verwaltungsmodernisierung zusammengefügt.

Ein zentraler Ansatzpunkt der dadurch intendierten Veränderung der Geschäftsprozesse im Verwaltungssektor ist das Denken in Produktkategorien. Verwaltungsabläufe werden als Wertschöpfungskette betrachtet, die in die Erstellung eines Produkts, z. B. des Verwaltungsakts, einmündet. "Rechtsprechung" scheint mir indes diesem Produktdenken nicht zugänglich. Denn was sollte das Produkt sein? Wollte man sich allein auf das Urteil konzentrieren, so würden der Prozess und der Verlauf der Verhandlung sowie die dazu notwendigen Verfahrensschritte als Entscheidungsprämissen und eigenständige Legitimation ausgeblendet. Andererseits ist auch der gesamte Einzelprozess noch nicht das Produkt, auf das es bei der Rechtsprechung ankommt. Vielmehr ist es deren Ziel, einen Streit zwischen den Beteiligten beizulegen – sei es durch Urteil, Vergleich, Erledigung oder in anderer Weise. Falls man also zur produktorientierten Betrachtung übergehen wollte, könnte nur die „Streitschlichtung" als Produkt zur Erwägung stehen. Im Übrigen begegnet auch in der öffentlichen Verwaltung die Entwicklung der Produkte erheblichen Schwierigkeiten.[31]

Andere Elemente des neuen Steuerungsmodells lassen sich ebenso wenig ohne weiteres auf die Verwaltungsrechtsprechung übertragen. Nur begrenzt kann etwa die spruchrichterliche Tätigkeit als eine „Dienstleistung" (für wen?) angesehen werden. Der „Kunde" der Gerichte ist auch kein klassischer Verbraucher, der mit dem Richter eine Leistung aushandelt. Ganz im Gegenteil hat die-

30 Eifert, a. a. O. (Fn. 28).

31 M. Wallerath, Der ökonomisierte Staat, JZ 2001, 209 ff. m. w. Nachw.

ser unter der Geltung von „Gesetz und Recht“ (Art. 20 Abs. 3 GG) neutrale Distanz zu wahren.[32]

Besondere Schwierigkeiten werfen darüber hinaus im "Neuen Steuerungsmodell" der Begriff der „Steuerung“ und die damit verbundene Vorstellung der Einflussnahme auf ein Geschehen oder Personen für die Anwendung in der Gerichtsbarkeit auf. Denn Steuerung darf gerade nicht als sachliche Einflussnahme auf die Rechtsprechung verstanden werden. Allenfalls im Segment der „Aufsicht“ lassen sich verfassungsrechtlich zulässige Möglichkeiten der Einwirkung auf die Richtertätigkeit erkennen.[33] Doch darf durch die Wahl eines finalisierten Steuerungsbegriffs nicht darüber hinausgehend und gleichsam „durch die Hintertür“ die Aufsicht intensiviert bzw. ausgedehnt werden.

Bildet auf diese Weise und einerseits die richterliche Unabhängigkeit trotz aller gegen sie ins Feld geführten Schelte das fortbestehende Gegenmoment zum Eigenkontroll- und Steuerungsverständnis, wie es der öffentlichen Verwaltung aufgrund deren hierarchischer Konstruktion geläufig ist, so trifft darüber hinaus und andererseits jeder Steuerungsversuch gegenüber der Rechtsprechung auf die "Systemfunktion" (R. Scholz) des subjektiv-öffentlichen Rechts: Dessen Verteidigung durch den einzelnen Bürger im Wege des Rechtsschutzes darf nur begrenzt durch justizielle "Binnensteuerung" prädeterminiert werden. Von daher dürfte bereits der Ansatz, vom Modellbild der „Neuen Steuerung“ aus die Reform der Justiz voranzutreiben, dem Grunde nach verfehlt sein. Das „Neue Steuerungsmodell“ ist eben für eine andere Staatsfunktion – die "Verwaltung" - und deren Gegebenheiten entwickelt worden. Konsequenterweise will denn auch das BVerfG die staatliche Funktionengliederung als Gebot differenzierter Aufbau- und Ablauforganisation verstanden wissen („Organadäquanz“).[34] Nur wenn man die Rechtsprechungsfunktion in ihrer Kontrollperspektive wieder der Verwaltung annähern wollte, ließe sich das Modell der Neuen Verwaltungssteuerung bruchlos übernehmen. Ich hielte diesen Schritt indes für verfassungswidrig.

Im Ergebnis lässt sich daher die Verwaltungsrechtsprechung weder mit den produktbezogenen Gestaltungsparametern eines Wirtschaftsunternehmens noch mit Hilfe der Effizienzmaßstäbe einer serviceorientierten Dienstleistungsverwaltung „optimieren“. Stattdessen bildet die Verwaltungsgerichtsbarkeit einen Son-

---

32 E. Schmidt-Aßmann, Einleitung, in: Schoch/Schmidt-Aßmann/Pietzner (Fn. 23), Rdnrn. 43 ("Distanzschutz"); R. Pitschas, Der Kampf um Art. 19 IV, ZRP 1998, 96 (101).

33 Zurückhaltend wie hier auch Berlit (Fn. 4), S. 169 ff.; vgl. ferner Hoffmann-Riem (Fn. 1), S. 306.

34 A. a. O. (Fn. 29).

derfall, für den eigenrational veranlasste limitierte Strukturveränderungen im Rahmen der richterlichen Unabhängigkeit zu prüfen bleiben. Für entsprechende Problemlösungen ist es also nicht mit einem bloßen Plädoyer gegen die "Dogmatisierung der Gewaltenteilung" oder mit einer Empfehlung für mehr Eigenverantwortung der Justiz getan.

## 2. Modernisierungsoffensive in der Verwaltungsgerichtsbarkeit

Dem voraufgehend skizzierten komplexen Leitbild für die Reform der Verwaltungsgerichtsbarkeit entspricht in keiner Weise der zurückhaltende Zuschnitt der Modernisierungsstrategien in allen deutschen Bundesländern. Im Großen und Ganzen lassen sich **drei prinzipielle Veränderungskonzepte** unterscheiden; in den Reformanstrengungen gibt es damit ein deutliches „Nord-Süd-Gefälle".

### 2.1 Ausgewählte Modernisierungsprojekte

#### 2.1.1 Freie und Hansestadt Hamburg

Unter den Modernisierungsansätzen ragt zunächst das Projekt „Justiz 2000" der Freien und Hansestadt Hamburg heraus, das bereits im Jahr 1995 ins Leben gerufen wurde. Ihm lag die Vorstellung zugrunde, eine „leistungsfähige Justiz zu sichern, die ihre Aufgaben – Rechtssicherheit garantieren und Rechtsfrieden schaffen – auch in Zukunft auf hohem Niveau erfüllen kann".[35] Zu den Eckpunkten der darauf gegründeten Binnenreform der hamburgischen Verwaltungsgerichtsbarkeit zählen die Reorganisation der Zusammenarbeit von Geschäftsstelle und Richter, die Verlagerung budgetrelevanter Entscheidungen in dezentrale Ressourcenverantwortung, die Einrichtung eines gerichtsinternen Controllings sowie die Stärkung von Koordination und Kooperation durch die Gerichtspräsidien.[36]

Als ein unverzichtbares Strukturelement entsprechender Reformpolitik hat sich einerseits mit Blick auf das sog. AKV-Prinzip („Aufgabe-Kompetenz-

35 Projekt "Justiz 2000", http://hamburg.de/Behoerden/JB/j2000/J2000.htm.

36 M. Bertram/B. Daum/E. Graf von Schlieffen/G. Wagner, Das Neue Steuerungsmodell am Verwaltungsgericht Hamburg – Möglichkeiten und Grenzen – September 1998, www.richterverein.de ("Reformen"/Arbeitsgruppe); W. Hoffmann-Riem, Justiz 2000 – Reform der Gerichtsverwaltung am Beispiel Hamburg, DRiZ, 109 ff.

Verantwortung") der Ausbau von Autonomie und dezentraler Verantwortung der Gerichte für die administrative Bewältigung der Rechtsprechungsaufgaben erwiesen. Dieser Weg führt auch über das Budget. Trotz prinzipiell verfehlter Anknüpfung an das Neue Steuerungsmodell der Verwaltung entwickelte dazu das „Hamburger Modell" ein Muster regulierter Selbststeuerung, das die Bindung richterlichen Handelns an Formen individueller und kollegialer Selbstverantwortung für Effektivität und Effizienz (einschließlich Qualität) des gerichtlichen Handelns sichern soll. Auf der anderen Seite steht der in der Erprobung befindliche Übergang zu einem spezifischen Gerichtsmanagement.[37] Bezogen hierauf, wird die Einrichtung einer „unechten Doppelspitze" in der Führung von Gerichten erprobt, was bedeutet, dass neben dem Gerichtspräsidenten noch ein (weiteres) Leitungsorgan für die Verwaltung des Gerichts geschaffen ist. Diesem "externen Gerichtsmanager" obliegen die verwaltungsmäßige Steuerung der Geschäftsprozesse sowie deren Koordination. Er verfügt hierzu über die Kenntnis moderner Management- und Steuerungsmethoden, die auf die Justizverwaltung zu übertragen sind. Die Aufgabe des Gerichtsmanagers liegt überdies in der Dienstaufsicht über den nichtrichterlichen Bereich.[38]

### 2.1.2 Nordrhein-Westfalen und Hessen

Im Mittelpunkt der Reformentwicklung in Nordrhein-Westfalen steht die Ausrichtung der Verwaltungsjustiz auf die Ziele der Leistungsoptimierung und Bürgerfreundlichkeit. Dem dient vorrangig die angestrebte flächendeckende Informatisierung aller Zweige der Gerichtsbarkeit bis zum Jahre 2003.[39] Gleichzeitig werden moderne Führungs- und Managementkonzepte in der Justiz eingeführt, so dass in jedem Gericht eine ganzheitliche Arbeitsweise von richterlichem und nichtrichterlichem Dienst mit Verlagerung der dezentralen Aufgabenverantwortung ermöglicht werden soll. Die EDV-Ausstattung verbindet alle Arbeitsplätze im Gericht in einem einheitlichen Arbeitskonzept, das in hohem Maße die Interessen der Richterinnen und Richter, des ihnen zugeordneten weiteren Gerichtspersonals sowie die der Bürgerinnen/Bürger und der beteiligten Behörden verbinden will. Verfahrens- und Beteiligtendaten stehen allen Arbeitsplätzen zur Verfügung; sie können auf vielfältige Weise automatisiert genutzt wer-

---

37 Siehe etwa H. Leeb, Brauchen wir einen Gerichtsmanager?, DRiZ 1997, 287 ff.; Reformprojekt "Justiz 2000" – 4. Bericht zum Stand der Umsetzung – Bürgerschaft der Freien und Hansestadt Hamburg, Drs. Nr. 16/3259 v. 02.11.1999, Analage, S. 11 ff.

38 Dazu auch die Angaben bei Hoffmann-Riem (Fn. 1), S. 247 f.

39 J. Dieckmann, "Justiz 2003", in: Verwaltung und Management 2000, 132 (133).

den. Hierdurch soll es gelingen, auf Dauer die Qualität der Rechtsprechung zu gewährleisten und das Vertrauen der Bürger in den Rechtsstaat zu stärken.

Freilich steht bei alledem eine mehr operativ-informationstechnische und organisatorische Seite der Reform im Vordergrund. Gleiches gilt inzwischen für das Bundesland Hessen und weitere deutsche Bundesländer. Doch kommt in einer solchen technizistischen Variante der Justizmodernisierung die Bedeutung der perspektivischen Qualitätsdiskussion richterlicher Arbeit nicht hinreichend zur Sprache.[40]

### 2.1.3 Rheinland-Pfalz

Eigenen Überlegungen folgt schließlich das Bundesland Rheinland-Pfalz. Selbstverständlich werden auch hier die Verwaltungsgerichte sukzessive informatisiert und die Servicefunktion der Geschäftsstellen wie überhaupt die Geschäftsprozesse bei allen Gerichtsbarkeiten verbessert.[41] Darüber hinaus wurde allerdings schon frühzeitig besonderer Wert auf das gerichtliche Qualitätsmanagement und in diesem Zusammenhang auf die handelnden Personen unter Einbezug der Richterschaft gelegt. Auswahl, Ausbildung und Anleitung der Richter sowie des nichtrichterlichen Personals boten den Ansatzpunkt für eine personalbezogene Strategie der Qualitätssicherung. Darin ebenfalls eingeflochtene (anfängliche) Überlegungen zur „Personalentwicklung in der Justiz", die ohne Schaden für die richterliche Unabhängigkeit (Art. 97 ff.) Qualifizierungsangebote und –schritte für Richterinnen und Richter bereithalten wollte[42], sind dann aber nicht genügend verfolgt worden.

Weniger gelungen mutet der Umgang der Politik mit der Rechtspflegefunktion des gerichtlichen Vorverfahrens an. Es steht (auch) in Rheinland-Pfalz zur Disposition, wovon nach Ansicht der Richterschaft der Verwaltungsrechtsschutz nachhaltig betroffen sein dürfte. Denn Widerspruchsverfahren und gerichtliches Verfahren haben zwar „etwas unterschiedliche Funktionen", doch bilden beide nach ihrem Verständnis einen zusammengehörigen „Bestandteil der Rechtspflege".[43] Dies gilt in der Tat vor allem deshalb, weil Rheinland-Pfalz die Bearbei-

---

40 Diese hebt zutr. nunmehr auch Berlit hervor, vgl. a. a. O. (Fn. 4), S. 141 ff., 149 ff.

41 Vgl. W. Dury, in: R. Pitschas (Hrsg.), Reform der Verwaltungsgerichtsbarkeit, Berlin 1999, S. 165 f.

42 G. Hofe, Personalentwicklung in der Justiz, DÖV 1994, 373 ff.

43 K.- F. Meyer, Das Widerspruchsverfahren aus Sicht der Rechtspflege, in: J. Ziekow (Hrsg.), Das Widerspruchsverfahren in Rheinland-Pfalz, Speyer 2001, S. 46.

tung der Verwaltungswidersprüche speziell dazu eingerichteten Ausschüssen überantwortet hat, die in ihrer Befriedungsfunktion eine erhebliche Ähnlichkeit mit Schlichtungsstellen aufweisen. Diese Streitschlichtungsfunktion der Widerspruchsausschüsse ließe sich überdies mit der künftigen Funktionsentwicklung der Verwaltungsgerichte zu Mediationsstellen in einem gestuften Mediationsverfahren verbinden.[44]

## 2.2 Einzelelemente der Modernisierungsoffensive

Elemente der voraufgehend skizzierten Veränderungskonzeptionen aufnehmend, sind in den letzten Jahren weitere Bundesländer dazu übergegangen, unter den Bedingungen der wachsenden finanziellen Ressourcenknappheit eine "unechte" Selbstverwaltung ihrer Verwaltungsgerichte zu kreieren. Die vorfindlichen Reformüberlegungen setzen insoweit zwar unterschiedlich an, doch konzentrieren sie sich übereinstimmend auf die Umstrukturierung der Gerichtsverwaltungen als ein organisatorisches "Rahmenwerk" der richterlichen Rechtsprechungsfunktion, das infolge der sukzessive zu bewirkenden Verschmelzung des richterlichen Spruchkörpers mit den Servicestellen namentlich die Vorsitzenden Richter in eine anwachsende Managementfunktion drängt. Entsprechende Veränderungen der persönlichen und sächlichen Infrastruktur der Geschäftsprozesse im Verwaltungsbereich der Gerichte werden durch die parallel dazu verlaufende Informatisierung unterstützt.

Das Instrumentarium dieser „Modernisierungen" wird trotz manchmal gegenteiliger Beteuerungen dem sog. Neuen Steuerungsmodell der Verwaltung umstandslos entlehnt. Im einzelnen kommt es deshalb auch in der Verwaltungsgerichtsbarkeit der genannten Bundesländer wie auch in anderen Gerichtsbezirken zu einer Dezentralisierung der Ressourcenverantwortung für Gebäudeverwaltung, Materialbeschaffung, Personaleinsatz, EDV-Ausstattung und Geschäftsstellenorganisation bei partieller Abkoppelung von der ministeriellen Justizverwaltung. Ferner dürfen Verwaltungsgerichte immer häufiger über die Verwendung von Personal- und Sachmitteln im Rahmen zugewiesener Budgets entscheiden.[45] Kaum ausgeprägt scheint mir dagegen die Diskussion über das Leitbild dieser funktionalen Verselbständigung mit ihren Zielen, Maßnahmen,

44 Von einer "Parallelität" von Rechtsschutz – und Mediationsverfahren geht Ortloff (Fn. 22), Rdnr. 51 aus.

45 U. Mäurer, Dezentrale Ressourcensteuerung in der Justiz und Reform der inneren Gerichtsorganisation der Freien Hansestadt Bremen, in: R. Pitschas (Hrsg.), Reform der Verwaltungsgerichtsbarkeit, Berlin 1999, S. 117 ff.

Wertungen und Maßstäben zu sein. So ist etwa in Schleswig-Holstein an den Anfang des Reformprozesses eine letztlich ergebnislose Leitbilddiskussion gestellt worden[46], während z. B. in Hamburg am Beginn der Reform auf eine solche Diskussion verzichtet wurde, weil man die Pragmatik konkreter Umsetzungsschritte zugleich als Katalysator der Selbstverständigung über die Reformziele ansah.[47] Ein Beispiel für die Verwirklichung eines Leitbildes mit anschließender Konkretisierung der Reformschritte bildet demgegenüber die Verwaltungsgerichtsbarkeit Nordrhein-Westfalen. Hier wie auch andernorts fehlt allerdings die Verständigung über die Einbettung der dezentralisierten Ressourcenverantwortung in ein geeignetes "Gehäuse" richterlicher Selbstverwaltung. Wie sollen künftig die Rollen von Justiz und Politik ineinander verschränkt und voneinander abgegrenzt sein; das ist die Frage.

In dem Maße, in dem schließlich die Koordination und „Steuerung“ spruchrichterlicher Tätigkeit auf der Grundlage präziser Auslastungsanalysen nach Maßgabe zuvor entwickelter Kennzahlen sowie in Kenntnis der finanziellen Rahmenbedingungen (Besetzung der Spruchkörper, Geschäftsverteilung u. a. m.) überprüfbar gemacht werden sollen, rücken auch Versuche zur Produktbeschreibung und zur Einführung einer Kosten-Leistungs-Rechnung in den Vordergrund verwaltungsgerichtlicher Modernisierung. Insbesondere die Entwicklung von Kosten-Leistungs-Aussagen sowie ein gerichtsinternes Berichtswesen ermöglichen dann die Einführung eines Controllings in der Justiz. Diese Funktionselemente sind zugleich Vorbedingungen eines wirkungssicheren Qualitätsmanagements im richterlichen Bereich.

## 3. Qualitätssicherung der Verwaltungsrechtsprechung

### 3.1 Qualitätsdimensionen

Die entscheidende Vor-Frage bleibt allerdings, was unter der "Qualität" der Verwaltungsrechtsprechung zu verstehen ist. Die Antwort hierauf hat zahlreiche Facetten.[48] Um diese zu systematisieren, orientieren sich viele Institutionen außerhalb der Justiz an einem Trennungsmuster von festzulegenden Standards und

---

46 Hierzu näher Die Ministerpräsidentin des Landes Schleswig-Holstein (Hrsg.), Leitbild für einen modernen öffentlichen Sektor in Schleswig-Holstein, Kiel 1995.

47 W. Hoffmann-Riem, Justiz 2000 – Reform der Gerichtsverwaltung am Beispiel Hamburgs, DRiZ 1998, 109 (110).

48 Siehe auch K. F. Röhl, Justiz als Wirtschaftunternehmen, DRiZ 2000, 220 ff.; ebenso nunmehr Klein (Fn. 16), S. 57 ff.

Kriterien im Sinne einer Prozessqualität, der Ergebnisqualität und der Strukturqualität. Dem soll hier im Folgenden Rechnung getragen werden.[49]

## 3.2 Prozessqualität

### 3.2.1 Verfahrensfehler

Die Verfahrensqualität der Verwaltungsrechtsprechung wird maßgeblich durch die Bindung gerichtlicher Entscheidungen an "Recht und Gesetz" bestimmt. In sie ist das gegebene Prozessrecht einzubeziehen, dessen Normierungen den Ablauf eines Gerichtsverfahrens determinieren. Hierauf bezogene Qualitätsmessung muss dann als spezifisch prozessrechtliche Qualitätsbeurteilung verstanden werden, nämlich als Feststellung einer Abweichung in der Herstellung gerichtlicher Entscheidungen von dem geltenden Prozessrecht. Es geht somit um verfahrensrechtliche Fehlerkontrolle und -bewertung.[50]

Freilich greift eine Sichtweise zu kurz, die ausschließlich von der prozessrechtlichen Betrachtung her die Qualität eines Gerichtsverfahrens zu beurteilen sucht. Die Effizienzorientierung allen staatlichen Handelns verweist vielmehr darauf, dass sich zu den Merkmalen der Prozessqualität auch die Dauer und Kosten eines Verfahrens hinzugesellen. Übersteigen diese ein vernünftiges Maß, so werden aus verfassungsrechtlicher Sicht nicht nur Prozessgrundrechte der Beteiligten verletzt, sondern auch das prozedurale Effizienzgebot des Art. 19 Abs. 4 GG in Verbindung mit dem Rechtsstaatsprinzip.[51]

### 3.2.2 "Kundenorientierung" im Verwaltungsprozess

Die Bindung an das Prozessrecht einerseits und die verfassungsrechtliche Verpflichtung auf das prozedurale Effizienzgebot andererseits sind allerdings nur zwei der für die Prozessqualität der Verwaltungsrechtsprechung insgesamt maßgeblichen Determinanten. Die Herstellung gerichtlicher Entscheidungen hat im Gerichtsalltag die einzelnen Elemente des justiziellen Arbeitsablaufs einzubeziehen. Diese können mehr oder weniger und vom Inhalt der gerichtlichen

49 Zu eng der Ansatz von Klein (Fn. 16), S. 59; wie hier dagegen Berlit (Fn. 4), S. 156; Röhl (Fn. 17), S. 69 ff.

50 Vgl. auch Berlit (Fn. 4), S. 152, 160; Röhl (Fn. 17), S. 69 ff., 73 ff.

51 Eher skeptisch zuletzt M. Reinhardt, Richterliche Unabhängigkeit im "ökonomisierten Staat", in: Schulze-Fielitz/Schütz (Fn. 4), S. 188 ff.

Entscheidung abgelöst unter dem Gesichtspunkt der "Kundenorientierung" gerichtlicher Verfahren und der Serviceorientierung des Gerichtsstabs (Servicestellen, richterliches Management, EDV-Vernetzung mit Verfahrensbeteiligten u. a.) bewertet werden. Hierzu rechnen auch Gesichtspunkte wie z. B. die Zugänglichkeit der Gerichtsräumlichkeiten, Hilfestellungen durch das Personal, aber auch – an der Schnittstelle zum Prozessrecht – die Zügigkeit der Urteilsabsetzung oder die Entkomplizierung des Zustellungsverfahrens. [52]

## 3.3 Ergebnis- bzw. Entscheidungsqualität

### 3.3.1 "Richtigkeit" gerichtlicher Entscheidungen?

Qualität darf aber nicht nur als prozessrechtlich und prozedural determinierte "Qualität" verstanden werden; gewichtiger noch scheinen die inhaltliche Richtigkeit bzw. Vertretbarkeit, die "Akzeptanz" und die Legitimität einer gerichtlichen Entscheidung zu sein. Freilich sind die Antworten auf die Fragen nach dem Maßstab für die "Richtigkeit" einer Entscheidung Legion und zahlreichen methodischen Problemen ausgesetzt.[53] Gleiches gilt für die Verständlichkeit einer Entscheidung: Diese mag für ihre Adressaten einen Maßstab der Qualität unter anderen bilden, doch kann man immer wieder mit guten Gründen über dessen Reichweite streiten.

### 3.3.2 Internalisierung der Qualitätsmessung

Darüber jedenfalls, was ein "gutes" Urteil ausmacht, lässt sich schwer Einigkeit erzielen. Primär sieht sich ein Verwaltungsrichter mit seiner Entscheidung dem Bestand und der Reichweite subjektiver Rechte der Verfahrensbeteiligten verpflichtet, wobei seine qualitative Arbeitsleistung in nur engen Grenzen an Kennzahlen oder am "Produktausstoß" festgemacht werden sollte. Sie wäre vor allem an der Wirkung seiner Entscheidungen zu messen. Es kommt jedenfalls für die Beteiligten am Verwaltungsprozess darauf an, ob die Streitschlichtung gelungen ist, die getroffene Entscheidung sinnhaft und nachvollziehbar erscheint und ob in einer angemessenen Form auf die Belange der Entscheidungsbetroffenen eingegangen worden ist ("Beteiligtenzufriedenheit"). Selbstverständlich ist

---

[52] Derartige "Serviceelemente" spielen deshalb eine tragende Rolle in sog. "Kundenbefragungen", vgl. Röhl (Fn. 17), S. 67 m. Anm. 3; w. Nachw. bei Berlit (Fn. 4), S. 142.

[53] Röhl (Fn. 17), S. 82 f.; R. Christensen/H. Kudlich, Theorie richterlichen Begründens, Berlin 2001, S. 127 ff.

den Anordnungen des materiellen Rechts auch dabei zu folgen, obschon sie dem finalen und intentionalen Gesetzes- und Verordnungsrecht immer schwerer zu entnehmen sind.

Will man darüber hinaus die inhaltliche Qualität richterlicher Entscheidungen ermitteln, so sollte dies unter Beachtung der richterlichen Unabhängigkeit vor allem auf der Grundlage einer Klärung durch "gerichtsinterne Konsensarbeit" geschehen. Diese wiederum setzt auf die Verbindung von Verfahren und Inhalten i. S. der Institutionalisierung gerichtsinterner Foren zur Diskussion und Bestimmung des Qualitätsniveaus von Service und Entscheidungen der Verwaltungsgerichtsbarkeit.[54] Einzelne Elemente eines solchen professionellen Diskurses sind z. T. bereits erprobt, wie z. B. Qualitätszirkel oder auch die Evaluation gerichtlichen Handelns durch externe Sachverständige. Die Verwaltungsrichterschaft sollte derartige Qualitätssicherungen nicht abwehren, sondern auf deren Ein- und Durchführung bestehen und die Überwachung dann selbst beschlossener Qualitätsmaßstäbe zur eigenen Sache machen. Dabei ist aber wegen Art. 97 Abs. 1 GG am Freiwilligkeitsprinzip für die Teilnahme an "Supervisionen" und anderen Qualitätssicherungsmaßnahmen festzuhalten.[55]

Für die Steigerung der Qualität verwaltungsgerichtlicher Entscheidungen kann auch insofern, wie schon angemerkt, der Rückgriff auf Elemente des "Neuen Steuerungsmodells" durchaus hilfreich sein, kennt es doch verschiedene Verfahren zur Implementierung von Qualitätsmessung. Darüber hinaus wäre es in Anlehnung an Zertifizierungsverfahren gem. ISO 9000 ff. möglich, einen Katalog von Qualitätskennziffern zu entwerfen und diesen als Orientierungsrahmen neben das Prozessrecht zu stellen. Auch das Instrument des "Total Quality Management" ließe sich einsetzen. Dabei handelt es sich um ein prospektiv ausgerichtetes, die künftige Arbeit verbesserndes Verfahren mit dem Ziel der kontinuierlichen Verbesserung der Servicedienstleistungen und der Herstellung gerichtlicher Entscheidungen. Dessen tieferer Sinn liegt in der Grundeinsicht, dass die Entscheidungsqualität nicht ein einmal vorzugebender Zustand ist, der dann lau-

---

54 Vgl. näher neuerdings Berlit (Fn. 4), S. 161, 173 ff.

55 In der Tendenz aber anders Berlit (Fn. 4), S. 161 m. Anm. 120; die Frage wurde während des Verwaltungsrichtertags intensiv und streitig diskutiert, vgl. auch die These Nr. 7 a. E. aus meinem dort vorgelegten Thesenpapier. In die hiesige Richtung scheint auch Kramer (Fn. 28), 3453 zu gehen; die Wirkungen einer Neuorganisation des äußeren Verfahrensablaufs unterschätzt dagegen H. Schulze-Fielitz, in: Dreier (Hrsg.), GG, Bd. III, Tübingen 2000, Art. 97 Rn. 35; sensibel demgegenüber G.- H. Kemper, in: Pitschas (Fn. 45), S. 167.

fend ermittelt werden kann; vielmehr muss inhaltliche Qualität immer wieder in jeweils eigengestalteten Prozessen hergestellt werden.[56]

Die voraufgegangenen Überlegungen erweisen zu guter Letzt, dass die Frage nach der Entscheidungsqualität nicht nur an der Fortsetzung oder Nichtfortsetzung eines Verwaltungsrechtsstreits im Rechtsmittelverfahren gemessen werden darf.[57] Diese ist nicht die einzig zulässige Qualitätskontrolle.

### 3.4 Strukturqualität

Immer wieder in den Hintergrund tritt schließlich die Frage nach der Strukturqualität des verwaltungsgerichtlichen Entscheidens. Hierbei geht es darum, jene Merkmale der gerichtlichen Tätigkeit zu bewerten, die über den Einzelfall hinaus ein breitenwirksames Einflussgefüge für die Entscheidungsherstellung entfalten. Dazu zählen neben der strukturellen Sicherung richterlicher Neutralität im Parteienstaat – z. B. bei der Besetzung von Richterpositionen – oder der "Bürgernähe" durch eine entsprechende Serviceorientierung der Verwaltungsgerichte auch die Gewährleistung der Effizienz richterlichen Handelns.

#### 3.4.1 Strukturelle Entscheidungseffizienz als Qualitätsmerkmal

Darauf, dass der Rechtsstaat auch die Rechtsprechungseffizienz zu seinen wesentlichen Funktionskriterien zählt, ist bereits oben hingewiesen worden. Bezieht man sie nicht allein auf die individualisierte Spruchtätigkeit des einzelnen Richters, sondern sieht in ihr auch ein generalisierbares Wirtschaftlichkeitsurteil – z. B. über die Bewältigung des Klagezugangs durch einzelne Instanzgerichte in einem Bundesland -, so erfasst das Effizienzangebot auch die Gestaltung der Aufbauorganisation und der Geschäftsprozesse in der Verwaltungsgerichtsbarkeit.[58] Freilich muss auch dann das Effizienzurteil darauf Rücksicht nehmen, dass "Richten" keiner ausschließlichen Effizienzbindung unterliegen darf.

Gleichwohl lassen sich Gerichtsstrukturen auf ihre tendenzielle Effizienz überprüfen. Dies kann u. a. anhand des sog. Benchmarking geschehen, d. h.

---

56 Zur Qualitätssteuerung durch "Total Quality Management" siehe St. v. Bandemer, Art. "Qualitätsmanagement", in: Ders./B. Blanke/F. Nullmeier/G. Wewer (Hrsg.), Handbuch zur Verwaltungsreform, Opladen 1998, S. 369 (371 ff.).

57 In diese Richtung freilich Röhl (Fn. 17), S. 73 ff.

58 Ähnlich Hoffmann-Riem (Fn. 1), S. 229.

durch eine Vergleichsanalyse der Entscheidungspraxis, Prozessabläufe, Methoden etc. in einzelnen Gerichten mit dem Ziel, festzustellen welche Unterschiede bestehen, warum sie existieren und welche Verbesserungen denkbar sind.[59] So bietet sich bspw. der Vergleich der Erledigungsquote einer Kammer mit der einer anderen in demselben Gericht oder der eines Verwaltungsgerichts mit der eines anderen Verwaltungsgerichts an.

Ein solcher Vergleich ist prinzipiell auch dort möglich, wo keine Marktbedingungen herrschen. Allerdings sind die Probleme des "Wettbewerbs der Gerichte" nicht zu verkennen: Man muss die Vergleichbarkeit der Arbeits- und Rahmenbedingungen feststellen können und Gerichte bzw. einzelne Richter dürfen auch nicht direkt in eine Art Wettbewerb um möglichst hohe Zahlen erledigter Fälle getrieben werden. Damit würde mittelbar – gleichsam mit der Methode "offener" Koordination - auf die Unabhängigkeit der Richter eingewirkt. Diese sähen sich zu einer Debatte um die Vergleichbarkeit der zu bewältigenden Fälle und um ihre individuelle Fähigkeit auf Mengenbewältigung sowie zur Rechtfertigung von Abweichungen gezwungen.

Der Mangel objektivierbarer Messkriterien stellt dabei ein weiteres zentrales Problem dar. Fehl geht bei alledem auch die jüngst vertretene Auffassung, es handele sich bei dem Benchmarking lediglich um ein "Management-Informations-System", dessen Nutzung keinerlei Druck auf die wirkliche "Richterpersönlichkeit" ausüben könne.[60]

### 3.4.2 Insbesondere: Die Personalstruktur

Wie für die Arbeit aller Organisationen gilt auch für die Verwaltungsgerichte, dass die Qualität der Verwaltungsrechtsprechung maßgeblich durch das richterliche Personal bestimmt wird. Persönlichkeit, Kenntnisse und Fähigkeiten des Richters prägen die Streitschlichtung und lassen sie im günstigsten Fall zu dem werden, was sie im Kern ausmacht. Daher muss sich alle Aufmerksamkeit zu-

---

59 Allgemein dazu St. v. Bandemer, Art. "Benchmarking", a. a. O. (Fn. 56), S. 362 (363 f.).

60 J. Brand, Benchmarking in der nordrhein-westfälischen Sozialgerichtsbarkeit, in: Schulze-Fielitz (Fn. 4), S. 99 (118, 120 m. Anm. 21); nicht unkrit. zuvor bereits P. Bilsdorfer, Benchmarking in der Justiz – Aufbruch zu neuen Ufern oder bedenkliche Entwicklung?, NJW 1999, 309 ff.

vorderst der Personalrekrutierung, dem Personalmanagement und der Personalführung sowie der Personalentwicklung zuwenden.[61]

Vor diesem Hintergrund gilt es zuerst, bei den Richtern das Bewusstsein für die eigene Beteiligung an der Personalarbeit im (Verwaltungs-)Gericht zu schärfen und sie zu aktivieren, sich in das Personalmanagement einzubringen und es mitzugestalten. In ihrem Bewusstsein muss namentlich die Kommunikation mit dem nichtrichterlichen Personal und dessen Motivation als Beitrag zur Betätigung der eigenen Unabhängigkeit begriffen werden.

## 4. Übergang zu einem ganzheitlichen Gerichtsmanagement

### 4.1 Ausländische Erfahrungen

Der Blick über die deutschen Grenzen stimmt allerdings skeptisch gegenüber manchen hiesigen Modernisierungsempfehlungen. Im europäischen Vergleich werden jedenfalls anders gelagerte Tendenzen erkennbar. Während etwa Frankreich aus einer eher objektivierten Sicht des Verwaltungsprozesses den Richter stärker in die Verwaltungsorganisation eingebunden sieht und gleichzeitig die Mediation als vorgeschaltetes Verfahren mit Filterfunktion einsetzt,[62] lassen die Erfahrungen in den Niederlanden mit dem professionellen Gerichtsmanagement die Schwachpunkte der französischen Konzeption erkennbar werden.[63] In Spanien und in Dänemark existiert darüber hinaus eine strikte Trennung zwischen der Justizverwaltung in eigentlichen Sinn und der Verwaltung der Gerichtsbarkeit, welche der Exekutive anvertraut ist.[64] In Dänemark wird die

61 Zu eng dagegen Klein (Fn. 16), S. 63 ff., der zwar etwas zur Fortbildung, nichts aber zur "Personalentwicklung" ausführt; siehe demgegenüber Hofe (Fn. 42), 376 ff.; Hoffmann-Riem (Fn. 1), S. 243 ff.

62 Dazu ausführlich J. Koch, Verwaltungsbeschwerden, Bürgerbeauftragter und Schlichtungsverfahren in Frankreich, DÖV 1998, 958 (960 ff.); J.- M. Woehrling, Die deutsche und die französische Verwaltungsgerichtsbarkeit an der Schwelle zum 21. Jahrhundert, NVwZ 1998, 482 (463).

63 M. Tragter-Schubert, Neue Steuerungsmodelle an niederländischen Gerichten, dokumentiert bei http://www.betrifftjustiz.de/Texte/Tragter-Schubert.html.

64 Für Spanien siehe J. L. Manzanares, Der allgemeine Rat der Gerichtsgewalt, DRiZ 1999, 317 ff.; in Bezug auf Dänemark vgl. C. Evers-Vosgerau, Die neue Selbstverwaltung der Richter in Dänemark, MHR 1/2000, veröffentlicht unter http://www.richterverein.de/mhr/mhr001/m00107.htm.

Abkoppelung der Gerichte von der Justizverwaltung mit der Einführung eigener Selbstverwaltungsorgane verbunden.[65]

Von besonderem Interesse dürfte auch die Entwicklung in der Rechtsprechung des EuGMR sein. Sie hat mehrfach die Verfahrensdauer bei Verwaltungsgerichten als zu langwierig beanstandet.[66] Demnach stellt das Zeitelement von Prozessen einen wichtigen Aspekt qualitativ-adäquaten Rechtsschutzes für den einzelnen dar. Rückwirkungen auf die Organisation der Gerichtsbarkeit und das Qualitätsmanagement der Verwaltungsrechtsprechung liegen nahe. Darüber hinaus betont das Europäische Richterstatut die notwendige Bürgerorientierung der Rechtsprechung. Ihm zufolge ist jeder Gemeinschaftsstaat verpflichtet, den Richtern diejenigen Mittel bereitzustellen, die sie benötigen, um ihre Aufgaben gut und innerhalb angemessener Frist zu erfüllen.[67] Flexibilisierte ("outputorientierte") Gerichtsbudgets werden sonach unabweisbar.

### 4.2 Richterliches Management der Streitschlichtung

Die ausländischen Modernisierungsansätze bekräftigen die hiesige Erkenntnis, dass die instrumentelle Veränderungsperspektive für die Verwaltungsgerichtsbarkeit nicht das "Neue Steuerungsmodell" der öffentlichen Verwaltung und das auf deren Reorganisation angewandte verwaltungs-spezifische Modernisierungsinstrumentarium sein sollten. Stattdessen rückt die Richterrolle mit dem verfassungsrechtlichen verankerten Auftrag zur unabhängigen Streitschlichtung in den Mittelpunkt eines jeden Restrukturierungskonzepts für die Verwaltungsgerichtsbarkeit.

#### 4.2.1 Managementverantwortung des Spruchrichters

Dementsprechend bedarf es eines Modernisierungsansatzes für die Verwaltungsgerichtsbarkeit und die Justiz schlechthin, der die verantwortungsvolle Nutzung der nötigen Ressourcen für die Streitschlichtung im Einzelfall (Einsatz nichtrichterlichen Personals, EDV-Ausstattung, Diensträume, Budgetverantwortung etc.) und strukturell als zentralen Bestandteil künftig richterlicher Unabhängigkeit begreift und deshalb den dafür zu "entwickelnden" Richter mit ent-

---

65 Siehe erneut Evers-Vosgerau, a. a. O. (Fn. 64).

66 Vgl. nur EGMR, Urt. v. 28.06.1978, Rs. König ./. BRD, EuGRZ 1978, 406 (415 ff.); EGMR, Urt. v. 23.04.1998, Rs. Doustaly ./. Frankreich.

67 Dokumentiert unter http://www.betrifftjustiz.de/Texte/EuropaStatut.html.

sprechender Managementverantwortung ausstattet.[68] Er unterliegt in dieser personalen Managementverantwortung auch Wirtschaftlichkeitsanforderungen, weshalb er mit der offenen Budgetierung von Sach- bzw. Personalausgaben verantwortungsvoll sowie unabhängig umzugehen hat. Erst hierin liegt auch die Gewähr für die umfassende, mehrdimensionale Qualitätssicherung richterlicher Streitschlichtung.

### 4.2.2 Absage an ein "Court Management"

Dagegen ist ein Managementverständnis, wie es dem amerikanischen "Court Management" zugrunde liegt, auf Deutschland nicht zu übertragen. Denn in den USA wird der Kreis richterlicher Tätigkeit sehr viel enger als hierzulande gezogen; der gesamte Ablauf eines Verfahrens bleibt in den Händen der Gerichtsverwaltung, während dem Richter nur die Durchführung der mündlichen Verhandlung sowie die Entscheidung im Streitfall obliegt.[69] Demgegenüber rückt nach Maßgabe der voraufgegangenen Überlegungen der deutsche Richter in eine Verantwortungsposition für alle Dimensionen der Qualität von Verwaltungsrechtsprechung. Entsprechend seiner verfassungs-rechtlich fundierten Position determiniert er die Gerichtsorganisation und den Geschäftsprozess, während in den USA umgekehrt die Einbindung des Richters in die Gerichtsorganisation eine Leitfunktion übernimmt.

Begreift man wie hier die richterliche Unabhängigkeit als eine von der Verfassung treuhänderisch eingeräumte Rechtsposition, dann erweist sich solchermaßen das richterliche Management in Deutschland auch und gerade unter Qualitätsgesichtspunkten als natürlicher Bestandteil einer modernisierten Verwaltungsgerichtsbarkeit. Die zentrale Rolle des personalen Faktors dieses Managements wird dabei offenbar: Die personelle Qualität eines Richters wird durch Auswahl, Fortbildung und Professionalisierung sowie Personalentwicklung gewährleistet. Richterliches Qualitätsmanagement erfordert dann auch in der Verwaltungsgerichtsbarkeit eine management-orientierte Vorbildung ("Justizmanagement") unter Wahrnehmung von Selbstverwaltungsfunktionen nach dem AKV-Prinzip.

---

68 Siehe auch den Diskussionsbeitrag von A. Koetz, in: R. Pitschas (Hrsg.), Reform der Verwaltungsgerichtsbarkeit, Berlin 1999, S. 160; ganz anders dagegen Hoffmann-Riem (Fn. 1), S. 246 ff.

69 Dazu siehe näher noch K. F. Röhl, Gerichtsverwaltung und Court-Management in den USA, Köln 1993.

### 4.2.3 Absage an ein "externes" Gerichtsmanagement

Nach alledem liegt auf der Hand, dass ein externes Gerichtsmanagement in der Verwaltungsgerichtsbarkeit i. S. der neuerdings diskutierten und modellhaft bereits vorfindlichen "echten Doppelspitze"[70] eine Fehlentwicklung darstellen muss. Ganz abgesehen von den zu erwartenden praktischen Problemen wie z. B. latent auftretenden Hierarchiekonflikten haben die Richter selbst kraft ihrer Managementverantwortung die Qualität der Verwaltungsrechtsprechung zu sichern. Diese Verantwortung kann von Verfassungs wegen nicht an einen nichtrichterlichen Bediensteten übertragen werden; allenfalls vermag dieser dem richterlichen Führungsauftrag zuzuarbeiten. Konkret heißt dies, dass in einer integrierten Serviceeinheit oder in einem Gericht als Organisationseinheit die Verantwortungsübernahme durch den Richter auch dienstaufsichtsrechtliche Aspekte hinsichtlich des ihm anvertrauten nichtrichterlichen Personals und eine Organisationsverantwortung für die Struktur- und Prozessqualität der Geschäftsprozesse umfasst.

Freilich müssen sich die Richter hierfür einer intensiven Personalentwicklung unterziehen. Zu begrüßen ist deshalb mit Blick auf das "Hamburger Modell", dass die dort bereits eingesetzten Gerichtsmanager aus der Richterschaft kommen und schon einschlägige Erfahrungen gesammelt haben. Die Mobilisierung der Richterschaft in diesem Sinne zur Eigensteuerung und Selbstkoordination unter Entwicklung entsprechender Selbstverwaltungsgremien würde denn auch dem hier postulierten Selbstmanagement eher dienen als die künstliche Einrichtung externalisierter Steuerungsinstanzen.

Diese Sicht wird durch die in den Niederlanden gemachten Erfahrungen mit dem "Justizmanagement" bestätigt.[71] Das darauf gegründete Projekt scheiterte vor allem an der mangelnden Akzeptanz in der Richterschaft; der Manager wurde als ein "Agent" des Justizministeriums angesehen. Zwischen den Beteiligten kam es nur dann zu funktionierenden Beziehungen, wenn die persönliche "Chemie" stimmte. Regelmäßig führte die duale Struktur von Richterschaft und Management dazu, dass sich Richter und nichtrichterliche Mitarbeiter gegenseitig misstrauten und voneinander zunehmend distanzierten. Infolgedessen misslang es oftmals, die Richter effektiv in die Abläufe der Reorganisation einzubinden. In der Tat wird aller Erfahrung nach die Verantwortung nur dann wahrgenommen, wenn dem damit Betrauten auch die notwendigen Ressourcen und Kompe-

---

70 Zu dieser Konstruktion bzw. zur alternativen "unechten" Doppelspitze vgl. Hoffmann-Riem (Fn. 1), S. 247.

71 M. Tragter-Schubert, a. a. O. (Fn. 63).

tenzen zur Verfügung stehen. Diese Erfahrungen führten in den Niederlanden dazu, dass die Position des "Gerichtsmanagers" abgeschafft wurde und stattdessen darüber diskutiert wird, einen "Rat für die Rechtsprechung" als Mittler zwischen Richterschaft und Justizbehörde einzuführen. Dieser Schritt soll dazu dienen, Richter mit geringeren Gefahren für ihre Unabhängigkeit in die Verantwortung für die Verwaltungstätigkeit zu nehmen. In diesen Rat ließen sich dann auch Personen einbringen, die keine Richter sind.

## 5. Zusammenfassung

Ziehen wir Bilanz. Mit Rücksicht auf die komplexen Zielfunktionen der Qualität in der Verwaltungsrechtsprechung ist die Übertragbarkeit des die gegenwärtige Verwaltungsmodernisierung anleitenden "Neuen Steuerungsmodells" als Qualitätssicherungskonzept auf die Restrukturierung der Verwaltungsgerichtsbarkeit nicht zu befürworten. Die "Funktionstüchtigkeit" der Verwaltungsgerichte lässt sich weder mit den produktbezogenen Gestaltungsparametern eines Wirtschaftsunternehmens noch mit den strikten Effizienzmaßstäben einer serviceorientierten Dienstleistungsverwaltung messen. Die Verwaltungsgerichtsbarkeit bildet vielmehr einen Sonderfall.

Der Blick auf die aktuellen Modernisierungstendenzen bestätigt denn auch, dass die genuine Position der Verwaltungsrechtsprechung im Veränderungsprozess berücksichtigt wird, wenn auch das Instrumentarium der "Gerichtsmodernisierung" weithin der Neuen Verwaltungssteuerung entlehnt wird. Doch zeigen sich nicht unerwartet vor allem Schwierigkeiten im Bereich des Qualitätsmanagements und der Qualitätssicherung. Die Überlegungen hierzu erweisen, dass eine Sichtweise zu kurz greift, die ausschließlich eine prozessrechtliche Betrachtung wählt und auf die Verfahrensfehler, Dauer und Kosten eines Verfahrens abstellen will. Qualität darf eben nicht nur als prozessrechtlich finalisierte "Qualität" verstanden werden. Die Ergebnis- bzw. Entscheidungsqualität und die Strukturqualität der Verwaltungsrechtsprechung treten hinzu. Diese zu sichern, ist wiederum die Aufgabe des gerichtlichen Qualitätsmanagements. Dessen Erfolg ist allerdings auch von der funktionsadäquaten Gestaltung des Prozessrechts abhängig; in diesem Sinne existiert eine unaufhebbare Wechselbezüglichkeit zwischen ihm und der Qualität von Verwaltungsrechtsprechung.

Wendet man sich den Bedingungen eines Qualitätsmanagements im richterlichen Bereich zu, so zeigen ausländische Modernisierungsansätze, das jeweils die Position des Richters mit dem verfassungsrechtlich verankerten Auftrag zur unabhängigen Streitschlichtung in den Mittelpunkt eines jeden Restrukturierungskonzepts für die Verwaltungsgerichtsbarkeit rückt. Seine Rolle und die Verantwortung für die Qualitätssicherung seiner Arbeit bilden deshalb den Anknüpfungspunkt für jeglichen Modernisierungsschritt. Deshalb bedarf es eines Verständnisses von Qualitätsmanagement, das die verantwortungsvolle Nutzung der nötigen Ressourcen für die Streitschlichtung im Einzelfall und strukturell als Bestandteil richterlicher Unabhängigkeit begreift und den Richter mit entsprechender Managementverantwortung ausstattet. Dieser selbst muss seine Tätigkeit auch an Wirtschaftlichkeitsgesichtspunkten orientieren, weshalb er ebenso mit der Budgetierung von Sach- bzw. Personalausgaben wie mit dem spezifischen Prozess-Controlling verantwortungsvoll sowie unanhängig umzugehen hat. Hierin liegt die Gewähr für eine umfassende und mehrdimensionale Qualitätssicherung im Sinne der Beachtung von Prozessqualität, Ergebnisqualität und Strukturqualität. Ein davon gesondertes Gerichtsmanagement stößt auf enge Grenzen. Vor allem lässt sich die Idee des US-amerikanischen "Court Management" nicht auf Deutschland übertragen. Bedenken begegnet ferner die Einführung eines "externen" Gerichtsmanagers.

Begreift man dagegen wie hier die richterliche Unabhängigkeit als treuhänderisch eingeräumte Rechtsposition, dann erweist sich in Zukunft auch das richterliche Management unter Qualitätsgesichtspunkten als natürlicher Bestandteil der Verwaltungsrechtsprechung. Die Qualität der spruchrichterlichen Tätigkeit wird dabei nicht zuletzt über eine adäquate Personalauswahl und –entwicklung gewährleistet. Dieser muss künftig alle Aufmerksamkeit gelten. Zudem stellt sich die Frage, welche Fähigkeiten der hauptsächlich tätige Einzelrichter, dem immer mehr Kompetenzen und umfassende Aufgaben zugewiesen werden, überhaupt haben soll. Die bisherige Juristenausbildung vermittelt ihm diese nicht, ebenso wenig die neue mit dem Verweis auf den Erwerb "sozialer Kompetenz". Künftigen Richtern und Richterinnen fehlt vielmehr der Bezug auf das hier skizzierte "Justizmanagement".

Freilich geht es nicht nur um "Richterentwicklung", sondern auch um Personalentwicklung der Mitarbeiter im Gericht. Hierfür lassen sich in entsprechender Weise auf die im Bereich der Verwaltung bereitgestellten Instrumente wie z. B. das Mitarbeitergespräch, die regelmäßige Mitarbeiterbefragung und auf weitere Mittel der Personalführung zurückgreifen. Es versteht sich von selbst, dass vor diesem Hintergrund auch die ehrenamtliche Richterstellung als Ausdruck der Bürgerbeteiligung an der Verwaltungsgerichtsbarkeit einer Neuorientierung bedarf.

Alles in allem verweist die Diskussion um die Einführung einer Neuen Gerichtssteuerung und die Frage nach dem wirkungsvollen Qualitätsmanagement im richterlichen Bereich auf die stärker ausgreifende generelle Legitimationskrise des Verwaltungsprozesses. Es verwundert deshalb nicht, dass die Bürger auch bei Verwaltungsstreitigkeiten immer stärker nach der Möglichkeit einer spezifischen Mediation fragen und den geplanten breiten Wegfall von Widerspruchsverfahren kritisieren. Die Qualitätsdiskussion über die Verwaltungsrechtsprechung gibt deshalb eine willkommene Gelegenheit, insgesamt die Verwaltungsgerichtsbarkeit im werdenden Europa demokratie-, rechts- und sozialstaatlich neu zu verorten.

**Recht ohne Gericht? –
Mediation und Verwaltungsgerichtsbarkeit***

*Harald Walther*

"Schlichten statt richten" ist das Motto des Bundes Deutscher Schiedsmänner und Schiedsfrauen. In den letzten Jahren hat sich auf dem Sektor außergerichtlicher Streitbeilegung das Modell der Mediation entwickelt. Für manche mag es eher eine Modeerscheinung sein.[1] Andere sehen möglicherweise die Notwendigkeit, einen wachsenden Markt nicht ohne Teilhabe vorbeiziehen zu lassen. Das Thema ist auch für die Verwaltungsgerichtsbarkeit aktuell.[2] Ob und in wieweit Mediation für den öffentlich-rechtlichen Sektor eine sinnvolle, das Verwaltungsprozessrecht ergänzende (oder gar substituierende) Methode der außergerichtlichen Streitbeilegung sein kann, ist Gegenstand vielfältiger Aktivitäten in Wissenschaft und Praxis. Mit dem Beitrag soll - ohne Anspruch auf Vollständigkeit - ein erster Überblick über den gegenwärtigen Stand der Erörterung geleistet werden.

## Richtertag und Verwaltungsrichtertag

Bereits auf dem 18. Deutschen Richter- und Staatsanwaltstag im September 2003 in Dresden war die Abteilung I unter das aus eigener Sicht eher provokante Motto „Recht ohne Gerichte?“ gestellt. Die erste Diskussionsrunde auf dem dortigen Podium widmete sich der vor- und außergerichtlichen Streitschlichtung. Prof. *Breidenbach,* Frankfurt/Oder, stellte die unterschiedlichen Strategien der Konfliktbearbeitung durch die Gerichte über das Recht und durch Mediatoren über die Aufdeckung der Interessengegensätze der Parteien heraus. Er plädierte für eine verstärkte Aneignung von Mediationstechniken durch die Richter. Den Gerichten verbliebe im Idealfall eine – erwünschte – Klärungsfunktion durch Grundsatzentscheidungen. Die Psychologin *Lack-Strecker* (Berlin) betonte ebenfalls das Erfolgspotenzial einer Mediation durch das Aufdecken der Interessen der Parteien hinter ihren rechtlichen Positionen. Sie räumte ein, dass die richtig verstandene Autonomie der Parteien auch jeweils zu dem ihnen gemäßen

---

* Erstveröffentlichung in: BDVR-Rundschreiben 2004, 26 ff.

1 Görk, NJW-Editorial Heft 40/2003 mit Replik Falke, NJW Editorial Heft 6/2004.

2 eingehend Ortloff, Mediation und Verwaltungsprozess, in: Haft/Schlieffen, Handbuch Mediation, 2002, S. 762 ff.

Streitverfahren, auch dem kontradiktorischen, führe. Prof. *Greger* (Erlangen) verwies auf den geringen Erfolg einer obligatorischen Streitschlichtung, wie sie teilweise in »kleinen« Fällen vorgesehen sei. Dabei wachse das Interesse an alternativen Wegen zur Konfliktlösung sowohl in der Wirtschaft als auch bei den rechtsberatenden Berufen. Auch die Richter sollten hieran – bei aller Zurückhaltung – weiter interessiert bleiben. Präsident des Landgerichts a. D. *Makowka*, Hamburg ergänzte die lebhafte Diskussion mit einem Bericht über seine Arbeit als Ombudsmann an dem Universitätsklinikum in Hamburg, wo er auch die eingehenden Beschwerden zu einem verstärkten Feedback an die Klinikleitung bündeln kann.

Auch der kommende 12. Deutsche Verwaltungsgerichtstag in Bremen vom 5. bis 7. Mai 2004[3] wird sich in der Sitzung des Arbeitskreises 2 durch Referate von Ri'inVG *Antje Niewisch-Lennartz* und RA, Mediator und Fachanwalts für Verwaltungsrecht *Dr. Rainer Voss*, der Problematik annehmen.

**Projekte in den Gerichtsbarkeiten**

Nach den bereits vorangeschrittenen Modellprojekten „Gerichtsverbundene Mediation" in Niedersachsen, in dem "Gerichtsnahe Mediation im öffentlichen Recht" an Verwaltungs- und Sozialgerichten erprobt wird[4] sowie am VG Sigmaringen, VG Leipzig und VG Freiburg[5] sind aktuell auch in Mecklenburg-Vorpommern und Hessen entsprechende Bestrebungen zu erkennen.

Im Nordosten der Republik sind ab 1. Januar 2004 am OLG Rostock. LG Rostock und am VG Greifswald insgesamt ausgebildete 10 Richter in Sachen Mediation aktiv. Neben der Präsidentin des VG Ursula Aussprung sollen dort noch zwei weitere Kollegen nach dem für ganz Mecklenburg-Vorpommern gewählten Modell des ersuchten Richters (§ 278 Abs. 5 Satz 2 ZPO) in geeigneten Fällen als Richtermediatoren tätig werden. Praktische Erfahrungen stehen indes noch bevor. Bislang sind in etwa 15 Fällen die Beteiligten angeschrieben und über die Möglichkeit dieser neuen Form der Streitbeilegung informiert worden. Landesweit wurden die Anwaltschaft über die Rechtsanwaltskammer, die

---

[3] vgl. Programm in BDVR 6/2003.

[4] hierzu: Clostermann u. a., in diesem Heft = SGb 2003, 266 ff. und von Olenhusen, DRiZ 2003, 396), am VG Berlin (BDVR-Rundschreiben 2003, 182; vgl. auch Ortloff, Kommunikationsdefizite im Verwaltungsprozess?, NVwZ 2002, 1310 ff.

[5] Bericht im BDVR-Rundschreiben 2005.

obersten Landesbehörden über das Justizministerium und die kommunalen bzw. unteren Landesbehörden über die Präsidentin des VG Greifswald unterrichtet.

In einem Modellprojekt werden am Hessischen Verwaltungsgerichtshof und an den fünf hessischen Verwaltungsgerichten jeweils zwei Kollegen der justiznahen Weiterbildung zum Richtermediator zugeführt. Der von der Justiz selbst organisierten Ausbildung, die im November 2003 mit einem am Landgericht Göttingen durchgeführten Praxisseminar begonnen hat, wurde auch aus Kostengründen gegenüber der zunächst erwogenen Ausbildung zweier Kolleginnen durch ein Studium der Mediation an der Fernuniversität Hagen der Vorzug eingeräumt. Durch einzelne Arbeitsgruppen sollen die Richterschaft, sowie Anwälte und Behörden über die künftige Möglichkeit, Mediation im Gerichtszweig zur Verfügung zu stellen, vorab informiert werden. Das nächste Seminar ist für März 2004 vorgesehen. Inwieweit nach dieser ersten Phase der zügig zur Praxis hinführenden Weiterbildung der angestrebte Einstieg in die praxis- und gerichtsnahe Mediation Erfolge zeitigt, wird mit Spannung erwartet. In jedem Fall ist das hessische Engagement einer Mediation durch Richter ein zu begrüßendes Projekt – möglicherweise mit Zukunft.

## Speyerer Mediationsinitiative

Anfang Dezember 2003 erfolgte die Einrichtung des Arbeitskreises „Rechtsprechungsmanagement und gerichtsgebundene Mediation" an dem Forschungsinstitut für Öffentliche Verwaltung bei der Deutschen Hochschule für Verwaltungswissenschaften Speyer.[6] Unter der wissenschaftlichen Leitung von Univ.-Prof. Dr. *Rainer Pitschas* und dem Direktor des Forschungsinstituts, Univ.-Prof. Dr. *Jan Ziekow*, haben die Mitglieder Arbeitskreises mit ihrer Arbeit begonnen, die in der Praxis vorfindlichen Ansätze zur Einführung der Mediation in die Verwaltungsgerichtsbarkeit wissenschaftlich zusammenzuführen und zu begleiten. In einem Eröffnungsvortrag[7] zum Thema „Mediation als Methode und Instrument der Konfliktmittlung im öffentlichen Sektor" erläuterte *Pitschas* einige Gründe für die zunehmende Befürwortung dieser Form alternativer Streitschlichtung. Danach folge das Konzept der Mediation auf der Wahrnehmung bürgergesellschaftlicher Eigenverantwortung zur Konfliktlösung bei Streitigkeiten mit der Verwaltung. Bei seiner weiteren Untersuchung des funktionalen Zusammenhangs von Verwaltungsverfahren und Verwaltungsgerichtsbarkeit mit der Verwendung mediativer Elemente, ergaben sich aus seiner Sicht eine Reihe

6 Gille/Siegel, NVwZ 2004, S. 322.
7 s. auch NVwZ 2004, 396.

von Gestaltungsgeboten für die gerichtsgebundene Mediation, an die sich konzeptionelle Überlegungen zu deren Implementierung nach Maßgabe rechtsstaatlicher Effizienz und verfahrensmäßiger Gleichheit (Fairness, Waffengleichheit) anschlossen. Im Hinblick auf einen wegen der Anpassungsbedarfe an die Erwartungen der Bürgergesellschaft notwendigen Rollenwandel der Verwaltungsgerichte zum "Dienstleister" untersuchte Pitschas zugleich die Integrationschancen der Mediation in der Verwaltungsgerichtsbarkeit aus. Der Vortrag schloss mit einem Blick auf einzelne Modellprojekte der gerichtsverbundenen Mediation in Deutschland und im benachbarten Ausland.

*Ziekow* wandte sich sodann der „Mediation in der Verwaltungsgerichtsbarkeit“[8] zu. Seine Einführung berücksichtigte den Wandel der Verwaltung zu kooperativer Offenheit ebenso wie die Implikation von Ansätzen des New Public Management. Hierauf aufbauend erfolgte eine Aufbereitung denkbarer Typen von Mediation in der Verwaltungsgerichtsbarkeit. Die Erörterung des neuen Konzepts des § 278 ZPO führte zu der Erkenntnis, dass die normativen Möglichkeiten für die Implementation der Mediation in die VwGO gegenüber den anderen Gerichtsverfahrensordnungen restriktiver angelegt seien. Gleichwohl empfahl *Ziekow* den Einbau des Mediationsverfahrens in den Verwaltungsprozess unter Beachtung dessen spezifizischer Ziele und Funktionen. Den Besonderheiten der Verwaltungsgerichtsbarkeit könne durch das Konzept der gerichtsverbundenen Mediation, bei der ein nicht zur Entscheidung des konkreten Falles berufener Verwaltungsrichter die Mediation durchführt, Rechnung getragen werden, wenn auch die Einführung einer obligatorischen Güteverhandlung wie im Zivilprozess (§ 15a EGZPO) nicht der besonderen Funktion der Verwaltungsgerichte, Wegweisungen für das künftige Handeln der Verwaltung zu geben, entspreche. De lege ferenda bestehe, so meinte *Ziekow*, vor allem ein Regelungsbedarf hinsichtlich der Vertraulichkeit mediativ erlangter Daten. Darüber hinaus sei eine normative Verankerung der Mediation in der Verwaltungsgerichtsbarkeit im Hinblick auf die damit verbundene Initiativ- und Bereitstellungsfunktion der Rechtsordnung zu befürworten.

In einer weiteren Beratungen wird sich der Arbeitskreis auf Anregung des Vorsitzenden Richters am VG Berlin, Prof. Dr. *Karsten-Michael Ortloff*, vor allem mit der Zuordnung der gerichtsverbundenen Mediation zum geltenden Verwaltungsprozessrecht und dabei damit befassen, ob Mediatoren auf diesem Sektor eher der Gerichtsverwaltung zuzuordnen oder ausnahmslos dem Gebiet der Rechtsprechung zuzuweisen seien. Ein zweites Thema wird sodann auf Empfehlung des Präsidenten des VG Freiburg, Prof. Dr. *Joachim von Bargen*,

---

8 NVwZ 2004, S. 402.

sein, die Mediation in der Verwaltungsgerichtsbarkeit von jener im Verwaltungsverfahren und von der anwaltlichen Mediation abzugrenzen. Erste Erfahrungsberichte aus der Projektpraxis sollen Indikatoren zur Beurteilung der Frage bieten, welche gerichtsanhängigen Fälle sich besonders für die Durchführung einer Mediation eignen. Beide Sitzungen, zu denen Interessenten mit einschlägigen Erfahrungen aus der Verwaltungspraxis und aus dem Bereich der Anwaltschaft eingeladen werden, sind noch für das Jahr 2004 geplant.

Parallel dazu befasste sich an der Deutschen Hochschule für Verwaltungswissenschaften Speyer im Wintersemester 2003/2004 eine Projekt-Arbeitsgemein-schaft, die von Univ.-Prof. Dr. *Painer Pitschas* und dem *Verf.* betreut wurde, mit der Thematik „Mediation und Verwaltungsgerichtsbarkeit“. Im einzelnen wurden unter dem übergreifenden Aspekt einer sich gegenwärtig mehr und mehr abzeichnenden „Entstaatlichung von Rechtsschutz“ neben der möglichen Verortung einer „vorgreiflichen Mediation im Verwaltungs- oder Widerspruchsverfahren“, der Problemkreis „Richteramt und Mediation“ sowie die diesem Kontext zu sehenden außergerichtlichen „Schlichtungs- und Schiedsstellenverfahren“ untersucht. Die Analyse des geltenden Verwaltungsprozessrechts sowie eine eventuell gebotene Implementation normativer Regelungen der Mediation ggf. auch in die Verwaltungsgerichtsordnung und die nicht aus dem Blick zu verlierenden Ressourcenaspekte der Mediation durch mögliche Beschleunigungen und Einsparungen waren Gegenstand weiterer Arbeitsgruppen.

## Resümee und Ausblick

Die Entwicklung des Verwaltungsprozessrechts hat seit Inkrafttreten der VwGO am 1. April 1960 den Gerichtszweig mit einer Fülle kontinuierlicher Änderungen bedacht, die mit dem „7. VwGO-Änderungsgesetz“ in Form des Gesetzes zur Bereinigung des Rechtsmittelrechts (RmBereinVpG) vom 20. Dezember 2001 (BGBl. I 3987) einen weiteren, vorläufigen Zenit erreicht haben. Entsprach es noch dem zum 1. Januar 1991 in Kraft getretenen 4. VwGO-ÄndG, die beschleunigte (BT-DRs 11/7030, S. 26) Bewältigung der anhängigen Verfahren durch den aus Art. 2 § 1 EntlG bekannten und seit dieser Zeit in Dauerrecht überführten Gerichtsbescheid zu bewirken, so richtet sich gegenwärtig das Augenmerk eher auf die Effizienz des (Rechts-)Gesprächs in einem Erörterungstermin, einer mündlichen Verhandlung oder in einer Mediation. Vielleicht hat der nach vielen Jahren höchster Belastung zu verzeichnende Rückgang der Asylverwaltungsstreitverfahren dazu beigetragen Freiräume zu schaffen, sich neuen Formen der Herbeiführung von Rechtsfrieden zuzuwenden und in der Verwaltungsgerichtsbarkeit auch andere als die im geltenden Prozessrecht vorgesehen Formen der Erledigung eines Verfahrens zu erwägen.

Mediation ist ein Thema. Nicht zuletzt die Novellierung des § 5a Abs. 3 Satz 1 DRiG in der seit dem 1. Juli 2003 geltenden Fassung zeigt, dass auch die Juristenausbildung künftig aktuellen Erfordernissen Rechnung zu tragen hat.[9] Danach berücksichtigen die Inhalte des Studiums neben der rechtsprechenden, verwaltenden und rechtsberatenden Praxis auch die hierfür erforderlichen Schlüsselqualifikationen wie Verhandlungsmanagement, Gesprächsführung, Rhetorik, Streitschlichtung, Mediation, Vernehmungslehre und Kommunikationsfähigkeit. Die Erfolgschancen der Mediation als Ausprägung einer in anderen Rechtsgebieten (Familienrecht, Wirtschaftsrecht) bereits länger erprobten modifizierten Streitkultur auch in der verwaltungsgerichtlichen Praxis zu erproben und die Voraussetzungen für die rechtsstaatliche Integration diese für das deutsche System des verwaltungsgerichtlichen Rechtsschutzes junge Form der Streitbeilegung zu erforschen ist Aufgabe und Herausforderung. Ob die Verwaltungsgerichtsbarkeit wegen der gegenwärtig erkennbaren Binnenressourcen Kraft und Kapazität hat, sich neuen Formen von Streitschlichtung zuzuwenden, oder ob – abgesehen von der ohnehin dem Gerichtszweig obliegenden Verpflichtung zur beschleunigten Erledigung von Verwaltungsstreitverfahren - nicht andere, eher „gerichtszweigübergreifende“ Themen (hierzu *Rolfs*, Über den Nutzen der Fachgerichtsbarkeiten, NJW 2003, Heft 51 – Editorial -; vgl. auch die eher „überraschende“ Zuständigkeitsverlagerung hinsichtlich des Sozialhilferechts von der Verwaltungs- zur Sozialgerichtsbarkeit zum 1. Januar 2005 im Wege der Einfügung von § 51 Nr. 6a SGG durch Art. 38 des Gesetzes zur Einordnung des Sozialhilferechts in das Sozialgesetzbuch (BGBl. 2003 I, 3022 <3065>) die Szene beherrschen werden, bleibt indes abzuwarten.

---

9 Hennrichs/Timm, JuS 2002, 1034; Kracht/Rüssel, Schlüsselqualifikation Mediation, JA 2003, 725.

## Mediation als Methode und Instrument der Konfliktmittlung im öffentlichen Sektor*

*Rainer Pitschas*

Die Diskussion um die Mediation im Verwaltungsrecht und in der Verwaltungsgerichtsbarkeit ist mit dem Funktionswandel der Verwaltung im kooperativen Staat einerseits, der Modernisierung der Justiz mit Blick auf die Bürgergesellschaft andererseits eng verknüpft. Zwischen beiden Entwicklungspfaden wird irrigerweise gewöhnlich streng getrennt, wobei überdies häufig genug das Konzept der Mediation auf den öffentlichen Sektor falsch übertragen wird. Die Ausführungen hierzu räumen solche Missverständnisse aus. Sie empfehlen, die Wechselbezüglichkeit von Verwaltungs- und Gerichtsverfahren sowie von Verwaltungsmediation und gerichtlicher Mediation zum Anlass kritischer Nachfragen über deren jeweils zulässige Reichweite zu nehmen.

### I. Mediation im öffentlichen Sektor

Während öffentliches Verwalten am Beginn des 21. Jahrhunderts vor der Aufgabe steht, neue Formen der Kooperation mit der Bürgergesellschaft zu entwickeln[1], sieht sich die Verwaltungsgerichtsbarkeit ihrerseits immer öfter dazu herausgefordert, eine verhandelnde Verwaltung nach Maßstäben zu kontrollieren, deren Gehalt und Geltung zwar nicht verhandelbar sind, die aber häufig genug erst noch selbst konkretisiert werden müssen.[2] In dieser Situation verschaffen sich einerseits ernsthafte, aber teilweise noch zu wenig ausgereifte Bemühungen Raum, die zukünftige Funktion der Verwaltungsrechtsprechung am

---

* Erstveröffentlichung in: NVwZ 2004, 402 ff.; Vortrag im Arbeitskreis „Rechtsprechungsmanagement in der Verwaltungsgerichtsbarkeit und gerichtsverbundene Mediation" am Forschungsinstitut für öffentliche Verwaltung bei der Deutschen Hochschule für Verwaltungswissenschaften Speyer. Der Autor Pitschas ist Inhaber des Lehrstuhls für Verwaltungswissenschaft, Entwicklungspolitik und öffentliches Recht an der Hochschule Speyer.

1 Schuppert, Verwaltungswissenschaft, 2000, S. 115 ff., 920 ff.; Pitschas, Verantwortungskooperation zwischen Staat und Bürgergesellschaft. Vom hierarchischen zum partnerschaftlichen Rechtsstaat am Beispiel des Risikoverwaltungsrechts, in: Sommermann/ Ziekow (Hrsg.), Perspektiven der Verwaltungsforschung, 2002, S. 223 (225 ff.).

2 Rossen-Stadtfeld, NVwZ 2001, 361 (370).

„Neuen Steuerungsmodell" für die Verwaltung zu orientieren.[3] Verbunden mit diesem Modernisierungsprozess und andererseits wird zunehmend die Frage aufgeworfen, ob nicht die konfliktbefangenen Aushandlungsprozesse der Verwaltungsbehörden mit dem Bürger und die ihnen nachfolgenden kostspieligen Verwaltungsstreitverfahren jenseits des in Art. 19 Abs. 4 GG garantierten verwaltungsgerichtlichen Rechtsschutzes jeweils einer alternativen Streitbeilegung geöffnet werden sollten.[4] Zur Diskussion stehen m. a. W. die Mediation („Konfliktmittlung") im Verwaltungsvollzug, die als Handlungsform der Entstehung eines konsensualen Verwaltungsrechts ersprießt[5], dabei notwendigerweise auf den Kontrollauftrag und –rahmen der Verwaltungsgerichtsbarkeit zurückwirkt[6] sowie auf die damit „irgendwie" verknüpfte Konfliktmittlung im verwaltungsgerichtlichen Prozess.

## 1. Das Konzept der Mediation

Doch was bedeutet „Mediation" überhaupt? Ist sie eine (begriffliche) Chimäre, wie jüngst noch gemutmaßt wurde[7], oder vermag sie tatsächlich und auch auf dem Gebiet des Verwaltungsrechts eine eigenständige Funktion zu erfüllen? Ausgangspunkt einer Antwort hierauf ist das Verständnis mediativen Handelns als Ergänzung zur (gerichtlichen) Streitentscheidung. Unter „Mediation" wird heute jedenfalls und in allgemeiner Ausdeutung des Begriffs eine Methode der außergerichtlichen Streitbeilegung verstanden, die im Rahmen streitiger Verhandlungen über einen Entscheidungsgegenstand durch einen neutralen Helfer („Konfliktmittler") angewendet wird, der seine Tätigkeit als Dienstleistung begreift und ausübt.[8] Dieser Mediator entscheidet aber den Streitfall nicht anstelle der Kontrahenten, sondern er verhilft ihnen zu einer Konsensfindung über den streitigen Sachverhalt i. S. einer Konfliktlösung. Mediation beruht deshalb in

---

3 Dazu statt vieler die Beiträge in Pitschas (Hrsg.), Die Reform der Verwaltungsgerichtsbarkeit, 1999; Schulze-Fielitz/Schütz (Hrsg.), Justiz und Justizverwaltung zwischen Ökonomisierungsdruck und Unabhängigkeit, DV-Beih. 5, 2002.

4 Zul. Ortloff, Neue Methoden des Verhandelns: Über den Einfluss der Mediation auf den Verwaltungsprozess, in: Festgabe 50 Jahre BVerwG, 2003, S. 727 ff. m. w. Nachw.

5 Vgl. bereits früher Brohm, NVwZ 1991, 1025 (1029 ff.); Pitschas, Verwaltungsverantwortung und Verwaltungsverfahren. Strukturprobleme, Funktionsbedingungen und Entwicklungsperspektiven eines konsensualen Verwaltungsrechts, 1990, S. 275 ff., 285 m. Fußn. 241.

6 Ortloff, Mediation und Verwaltungsprozess, in: Haft/Schlieffen (Hrsg.), Handbuch Mediation, 2002, § 29 Rdnr. 1.

7 Görk, NJW 2003, Heft 40, Editorial.

8 Haft, Verhandlung und Mediation, in: Ders./Schlieffen (o. Fußn. 6), § 2 Rdnrn. 1, 11.

ihrem Kern auf einem Interessenclearing der Beteiligten durch Verhandeln. In dessen Verlauf unterstützt ein neutraler Dritter, eben der Mediator, die streitenden Parteien darin, eigenständig zur einvernehmlichen Auflösung ihrer vermeintlichen Interessengegensätze zu gelangen.

a) Dementsprechend gestalten sich die Grundsätze des Verfahrens der Mediation. In ihrer instrumentellen Anwendung beruht sie einerseits auf der absoluten Freiwilligkeit der Teilnahme. Denn die Streitparteien sollen zur konsensualen Konfliktbewältigung gemeinsam an der Konfliktlösung arbeiten und zu einem einvernehmlichen Ergebnis gelangen. Die Streitbeilegung wird „ausgehandelt". Mediation erscheint in dieser kommunikativen Verknüpfung mit einem Verhandlungsprozess als spezifische Form der Vermittlung zwischen den divergierenden Standpunkten der Verhandlungspartner, die sich ihrer ureigenen Interessen jenseits der von ihnen geltend gemachten Rechtspositionen manchmal selbst noch nicht völlig bewusst sind.[9]

Es liegt auf der Hand, dass ein Mediator solche Verhandlungshilfe nicht parteilich leisten darf. Vielmehr muss er alle Beteiligten gleichermaßen unterstützen und dabei seine eigene Auffassung für sich behalten. Nur dann mag es gelingen, die Kontrahenten am Verhandlungstisch dazu zu bringen, miteinander zu kooperieren. Allparteilichkeit ist daher ein weiterer unverzichtbarer Grundsatz der Mediation. Er zwingt dazu, sämtlichen Streitparteien mit gleichviel Achtung und Wertschätzung zu begegnen. Dazu gehört auch, nicht seltenen Versuchen der Beteiligten zu widerstehen, ihn auf ihre Seite zu ziehen. Hiermit paart sich die unbedingte Verpflichtung zur Neutralität. Der Mediator muss sich eben jedes Werturteil versagen und auch Ratschläge bzw. Wegweisungen für die Verhandlungspartner unterlassen. Seine Aufgabe ist es nicht, deren Konflikte zu entscheiden, sondern dem Verfahren in Übereinstimmung mit den verhandelnden Parteien eine Struktur zu geben und im Rahmen der verabredeten Spielregeln den Weg zu einer kooperativen Konfliktlösung zu ebnen.

Dazu benötigt der Konfliktmittler auch und nicht zuletzt das unbedingte Vertrauen aller Beteiligten. Was in der Mediation geschieht, darf mit keinem Wort nach außen dringen, sofern und solange die Konfliktparteien das nicht wollen. Denn erst durch diese Vertraulichkeit werden die Konfliktparteien ermutigt, alles auszusprechen, was ihnen auf der Seele liegt. Auf diese Weise mag

---

9 Haft (o. Fußn. 8), Rdnr. 34.

sich dann herauskristallisieren, dass hinter den unterschiedlichen Rechtspositionen der Streitenden tatsächlich ein gemeinsamer Interessenkern steckt.[10]

b) Die hier nur knapp skizzierten Grundsätze des nach selbstgesetzten Regeln ablaufenden Mediationsverfahrens verdeutlichen einen prinzipiellen Unterschied zum regelgebundenen gerichtlichen Prozess. Während sich die daraus hervorgehende hoheitliche Entscheidung allein auf den Streitgegenstand bezieht, erstreckt sich die in privater Hand liegende Mediation auf die eigentlichen und konfligierenden Belange der Beteiligten. Der Blick ist damit nicht auf die Verteidigung rechtlich geronnener Ansprüche, sondern auf den Ausgleich tatsächlicher Interessen gerichtet. In diesem Verfahrensziel liegt eine der wesentlichen Differenzen der Mediation zum gerichtlichen Verfahren. Dort ist am Ende immer einer der Beteiligten der Verlierer. Selbst ein Vergleich beseitigt oftmals nicht den Konflikt in der Sache. Bei streitiger Verhandlung kommen jedenfalls die Kontrahenten der Lösung des eigentlichen Problems meist keinen Schritt näher. Ob im Übrigen nach dem Urteil oder Vergleich wirklich eine Kooperation stattfindet, ist ohnehin fraglich. Demgegenüber ermöglicht die Mediation im Erfolgsfall die umfassende Verständigung der Beteiligten. Sie schafft m. a. W. eine Situation, in der schlussendlich alle gewinnen.

c) Schon der Hinweis auf die Möglichkeit eines gerichtlichen Vergleichs lässt aber erkennen, dass die partielle Strukturähnlichkeit der Mediation mit dem Gerichtsverfahren nicht zu leugnen ist, auch wenn sie regelmäßig strikt verneint wird. Es besteht, worauf auch die teilweise Identität der Verfahrensgrundsätze hinweist, eine innere Verwandtschaft der Mediator- mit der Richterrolle. Diese beruht vor allem auf dem Umstand, dass im Zentrum der Mediation ebenso wie in dem des Gerichtsprozesses die Verhandlung steht.[11] Zwar verhandeln die Parteien im Mediationsverfahren - und insoweit anders als im Gerichtsprozess - selbst und unmittelbar; der Mediator tritt (nur) als „Dienstleister" der Streitführer und nicht als Entscheider auf. Gelänge es aber, den staatlichen Richter in dessen Verhandlungsführung unter Ausschluss seiner Entscheidungsmacht auf diese Funktion bei im übrigen gleichgelagerter Verpflichtung zur Neutralität und Unparteilichkeit zurückzunehmen, so läge im gemeinsamen Kern der „Verhandlung" der Ansatzpunkt sowohl zur Einführung einer wirklichen Verwaltungsmediation als auch eines Verfahrens der uneingeschränkten Gerichtsmediation.

---

10 Kracht, Rolle und Aufgabe des Mediators – Prinzipien der Mediation, in: Haft/Schlieffen (o. Fußn. 6), § 15 Rdnrn. 120 ff.; Hartmann, Sicherung der Vertraulichkeit, ebd., § 27, bes. Rdnrn. 2 f., 4 ff., 9 ff.

11 So prononciert und mit Recht Haft (o. Fußn. 8), Rdnr. 37.

Die dem Mediator allgemein und richtigerweise zugesprochene Rollenvarianz[12] unterstützte diese Funktionsöffnung des administrativen und richterlichen Handelns, obschon die unzweifelhaft gegebene partielle Differenz der Verfahrensmaximen (z. B. bei der Verfahrensöffentlichkeit) nicht nur den (gesetzlichen) Umbau der Verfahrens- und Prozessordnungen erforderlich machen würde[13], sondern – mehr noch – eine neue Form der Streitkultur verankern müsste.[14] Darauf wird noch am Beispiel der verwaltungsgerichtlichen Mediation zurückzukommen sein.

## 2. Mediation als gesellschaftliche Selbstregulierung von Konflikten

Unabhängig aber davon wirft die derzeit nahezu euphorische Diskussion um den Einsatz von Mediation in den Verwaltungsbeziehungen zum Bürger und die Modellpolitik bei der Einführung alternativer Konfliktlösungsverfahren in der Verwaltungsgerichtsbarkeit[15] die grundsätzliche Frage nach den Ursachen dieser Entwicklung auf. Die Antwort ist nicht selbstverständlich. Denn einerseits steht die Möglichkeit der gütlichen Beilegung eines Konflikts durch Vergleich seit jeher auch im Vordergrund gerichtlicher Streitschlichtung. Warum bedarf es dann aber der Mediation als gerichtliches Instrument? Die Antwort hierauf wäre, dass Mediationsverfahren, wie sie gegenwärtig in zahlreichen Feldern des Verwaltungsrechts gang und gäbe sind, im gerichtlichen Raum eher als innovativer Beitrag zu der weiteren „Modernisierung" des Verwaltungsprozesses i. S. der Rückgabe von Verantwortung für die Streitschlichtung an die Gesellschaft dienen sollen. Sie wären dann Teil des „Neuen Steuerungssystems" der Gerichtsbarkeit.

a) Allerdings bleibt auch dann die Richtung dieser Entwicklung vorerst noch undeutlich. Selbst der Verweis auf den „Verfassungsauftrag einer dialogorientierten, streitigen Demokratie", von ministerieller Hand notiert[16], reicht noch

---

12 Haft (o. Fußn. 8), Rdnr. 12.

13 Wie z. B. mit § 278 V Zivilprozessordnung (ZPO) durch das Gesetz zur Modernisierung des Schuldrechts v. 26.11.2001 (BGBl. I S. 3138, 3181) geschehen.

14 Schweizer, Kooperatives Verhalten – die Alternative zum (Rechts-)Streit, in: Haft/-Schlieffen (o. Fußn. 6), § 9.

15 Siehe ohne Anspruch auf Vollständigkeit die Nachw. zu folgenden Modellprojekten: VG Berlin – Pressemitteilung der SenVerw. für Justiz Nr. 38/2002 v. 30.09.2003; VG Freiburg – mitgeteilt bei Gottwald, Gerichtsnahe Mediation, in: Haft/Schlieffen (o. Fußn. 6), § 17 Rdnr. 42; VG Hannover – Informationen abrufbar unter www. Mediation-in-niedersachsen.de; zuletzt hat das VG Greifswald eine Mediationskammer eingerichtet.

16 Däubler-Gmelin, Geleitwort, in: Haft/Schlieffen (o. Fußn. 6), S. IX.

nicht hin, die gegenwärtige und anfängliche Öffnung der Verfahrens- und Prozessordnungen für die Mediation zu erklären bzw. zu rechtfertigen. Weiter trägt dagegen der Hinweis auf die in Mediationsverfahren gegebene Möglichkeit, die „Bemündigung" der Bürger zu einem „positiven, konstruktiven und dialogischen Umgang mit Konflikten und Interessenlagen" anzustreben.[17] Er nimmt zutreffend auf den langwierigen Übergang zur Bürgergesellschaft mit dem dieser eigenen Anspruch Bezug, allfällige gesellschaftliche Konflikte der Problemlösungskompetenz der Bürger anzuvertrauen und die staatliche Entscheidungszuständigkeit entsprechend zurückzunehmen. Ein solcher Versuch des demokratischen Rechtsstaats bedeutet dann in der Tat, „eine Rechtskultur zu stärken, die dem Bürger mehr Verantwortung für die Lösung der eigenen Konflikte zuspricht, die Erarbeitungen von Lösungen im Dialog unterstützt und damit gleichzeitig hoheitliches Handeln auf jene Felder konzentriert, wo es unverzichtbar leistungsfähig ist".[18] Wirksame Streitbeilegung wird allerdings dadurch gleichzeitig aus der hoheitlichen Zone staatlicher Verfahren herausgelöst und zu einem ebenso notwendigen wie eigenständigen gesellschaftlich-privaten Angebot der Konfliktlösung emporgehoben. Sie erhält eine spezifische Dignität . Es scheint, als ob dazu die aktuellen Bemühungen auf gerichtlicher Seite um die Einführung der Gerichtsmediation, also um staatliche Funktionsanreicherung, in einem unvereinbaren Gegensatz stehen.

b) Den staatlichen Gewährleistungsauftrag zur gesellschaftlichen Selbstregulierung von Konflikten verwirklicht andererseits und zunehmend auch der Verwaltungsvollzug bei Auseinandersetzungen zwischen Behörden und Bürgern. Allerdings ist gegenüber der diesbezüglich zur Konfliktlösung immer häufiger berufenen Verwaltungsmediation als Instrument einer Verfahrensbeschleunigung und Akzeptanzsicherung in Handlungsfeldern wie dem Umwelt- und Planungsrecht[19] und als Methode zur Modernisierung bzw. kooperativen Öffnung der Verwaltung gegenüber der Gesellschaft eine gewisse Zurückhaltung geboten. Denn anders als die Beteiligten im nicht-öffentlichen Sektor der Mediation, die eigennützig ihre Interessen vertreten dürfen, unterliegt die in eine Konfliktmittlung durch private Dritte eingebundene Verwaltung stets der rechtsstaatlich untrennbaren Verknüpfung von Kompetenz- und Gemeinwohlverantwortung.

---

17 Däubler-Gmelin (o. Fußn. 16), S. IX.

18 Siehe erneut Däubler-Gmelin (o. Fußn. 16), S. X.

19 Dazu etwa Siegel, Mediation in der luftverkehrsrechtlichen Planfeststellung, in: Ziekow (Hrsg.), Flughafenplanung, Planfeststellungsverfahren, Anforderungen an die Planungsentscheidung, 2002, S. 77 (92 ff.); Wagner/Engelhardt, Mediation im Umwelt- und Planungsrecht als Alternative zur behördlichen oder gerichtlichen Streitentscheidung, NVwZ 2001, 370 ff.

Dies gilt unabhängig davon, ob die Verwaltungsaufgaben in hoheitlicher oder in privatrechtlicher Form wahrgenommen werden. Untersagt ist durchweg die „Flucht in das Privatrecht“.[20]

Daraus resultiert aber nicht schon die Unzulässigkeit der Mediation. Auch im öffentlichen Sektor findet sie ihr Anwendungsfeld, wie sich vor allem im Umwelt- und Planungsrecht zeigt. Dort hat z. B. der Gesetzgeber in § 4 b BauGB[21] vorgesehen, dass eine Gemeinde im Rahmen der Bauleitplanung zur Verfahrensbeschleunigung „die Vorbereitung und Durchführung von Verfahrensschritten ... einem Dritten übertragen“ kann.[22] Darin liegt eine partielle Verfahrensprivatisierung zur Stärkung der Kooperation von Privaten und Kommunen. Es handelt sich um einen Fall der Mediation im Verwaltungsverfahren.[23] Allgemeiner gesprochen, wird hier und in den weiteren gesetzlich geregelten Fällen[24] die Konflikt- bzw. Verfahrensmittlung („Verfahrensmediation“) zweckhaft eingesetzt, um zu einer konsensualen Konfliktbewältigung zu gelangen. Ein solches konsensuales Verwaltungsrecht hat allerdings Folgen.[25] Der Bürger entwickelt sich zum „Partner“ der Verwaltung. Die Mediation erweist sich als Bewirkungsmerkmal dieser „Verwaltungspartnerschaft“, ohne selbst zur Handlungsform im verwaltungsrechtlichen Sinne heranzureifen.

Auf diesem Hintergrund verläuft die Karriere der Verwaltungsmediation parallel zu dem Aufschwung der Gerichtsmediation. Im Verwaltungsvollzug erweist sich auch die erstere als ein Produkt des Übergangs in die Bürgergesellschaft. Die dieser eigentümliche Ersetzung staatlicher Regulierungspotentiale und das Wachstum individueller wie gesamtgesellschaftlicher Eigenverantwortung für die Lösung von Konflikten zwischen Staat und Bürger führen zum Verwaltungswandel mit einer Veränderung des hoheitlichen Aufgaben- und Rollenverständnisses: Erfüllt der Staat gemeinsam mit Privaten die anstehenden Aufgaben, so sind sachbezogene Problemlösungen weitestgehend verantwortungsintegrativ geboten. Lässt sich dabei nicht durch eigene Anstrengungen ein

---

20 Pestalozza, „Formenmissbrauch“ des Staates, 1973.

21 I. d. F. des Gesetzes zur Umsetzung der UVP-Änderungsrichtlinie und weiterer EG-Richtlinien zum Umweltschutz v. 27.07.2001 (BGBl. I S. 1950, 2013).

22 Unterstreichung im Text durch Verf.; weitere Bsp. bei Wager/Engelhardt (o. Fußn. 19), 372.

23 Battis, in: Ders./Krautzberger/Löhr, BauGB, 8. Aufl. (2002), § 46 Rdnr. 2.

24 Nachweise hierzu bei Holznagel/Ramsauer, Mediation im Verwaltungsrecht, in: Haft/Schlieffen (o. Fußn. 6), § 44 Rdnrn. 44 ff., 54 ff., 79 ff.

25 Brohm (o. Fußn. 5), 1029 f.

Konsens herbeistellen, so ist die Unterstützung durch neutrale Verfahrensmittler geboten.[26]

## II. Mediation als Konfliktmittlung im Verwaltungsverfahren

### 1. Verwaltungsrecht und Mediation

Verwaltungsmediation ist in diesem Sinne ein Produkt der staatlichen Verantwortungsgemeinschaft mit der Bürgergesellschaft.[27] In dem Maße, in dem sich der kooperative Staat auf konsensuales Verwaltungsrecht, d. h. auf Aushandlungsprozesse der Rechtsgeltung stützen muss, die in Verträge mit Privaten oder in andere Formen kooperativer Rechtssetzung einmünden[28], bedarf es für die Konsensfindung zwischen Verwaltung und Bürger unter dem Zwang der Wirtschaftlichkeit vor allem bei multipolaren Interessenkonstellationen und sog. Großverfahren der Einsetzung neutraler Dritter zur Lösung allfälliger Interessenkonflikte. Durch Verhandeln und Konfliktmittlung wird auf diese Weise zugleich das Verwaltungsverfahren als Prozess komplexer Entscheidungsbildung beschleunigt und die Akzeptanz der Verwaltungsentscheidung, die das Verfahren beschließt, gesichert.

Auf diesem Hintergrund widerstrebt das moderne Verwaltungsrecht dem Einsatz der Mediation nicht prinzipiell, wie schon die vor mehr als einem Jahrzehnt geführte Diskussion um Konfliktmittler in Verwaltungsverhandlungen gezeigt hat.[29] Die inzwischen auf kooperative Steuerung in einem partnerschaftlichen Rechtsstaat umgeformten Strukturen des Verwaltungsrechts[30] halten allerdings an der regelmäßig ausschließlichen Entscheidungszuständigkeit der Be-

---

26 Rossen, Vollzug und Verhandlung, 1999, S. 321 f.

27 Näher hierzu Pitschas (o. Fußn. 1), S. 235 ff., 250; Schuppert, Grundzüge eines zu entwickelnden Verwaltungskooperationsrechts, in: Bundesministerium des Innern (Hrsg.), Verwaltungskooperationsrecht, 2001, S. 6 ff., 45 ff.; Zilleßen, ZKM 2001, 260 ff.

28 Ziekow, Verankerung verwaltungsrechtlicher Kooperationsverhältnisse (Public Private Partnership) im Verwaltungsverfahrensgesetz, in: Bundesministerium des Innern (o. Fußn. 27), S. 59 ff., 72 ff.

29 Hoffmann-Riem, Mittlerunterstützte Verhandlungslösungen im staatlichen Bereich, in: Ellwein/Hesse (Hrsg.), Staatswissenschaften: Vergessene Disziplin oder neue Herausforderung?, 1990, S. 85 ff.; Schulze-Fielitz, Der Konfliktmittler als verwaltungsverfahrensrechtliches Problem, in: Hoffmann-Riem/Schmidt-Aßmann (Hrsg.), Konfliktbewältigung durch Verhandlungen, Bd. 2, 1990, S. 55 ff. m. w. Nachw.

30 Schneider, Kooperative und konsensuale Formen administrativer Entscheidungsprozesse, in: Jb. f. Neue Politische Ökonomie, 15. Bd., 1996, S. 82 (84 ff., 87 ff.); Schuppert (o. Fußnote 27), S. 45 ff.

hörde, der rechtlichen Einheit von Verwaltungsentscheidung und Verwaltungsverfahren sowie am Grundsatz der Verfahrensherrschaft der Verwaltung fest. Dies gilt ungeachtet der möglichen und sinnvollen Überantwortung einzelner Verfahrensphasen[31] an die Verfahrenshilfe durch sog. Mediatoren. Demokratisch-rechtsstaatliche Gründe erzwingen diese Einschränkung der Reichweite unnachsichtig. Dementsprechend darf die Umsetzung einer Mediation, also die Einführung ihrer Ergebnisse in das Verwaltungshandeln bzw. als dessen Handlungsform nicht zur Umgehung gesetzlicher Vorgaben führen. Selbst im partnerschaftlichen Rechtsstaat bleibt die öffentliche Verwaltung gem. Art. 20 III GG an Gesetz und Recht gebunden.[32] Dies ist insbesondere im Hinblick auf die von den Beteiligten häufig angestrebten Vorauswirkungen eines Mediationsergebnisses der Fall. Entsprechende Mediationsvereinbarungen über die Vorabbindung der Behörde, die übrigens keinen öffentlich-rechtlichen Vertrag darstellen, sind deshalb bei Verstößen gegen Rechtsnormen hinfällig.[33]

## 2. Strukturdifferenz der Verwaltungsmediation zur privaten Konfliktmittlung

Schon diese wenigen Bemerkungen zum Verhältnis von Verwaltungsrecht und Mediation heben eine nicht zu leugnende Strukturdifferenz zum allgemeinen Verständnis der Streitmittlung im Privatsektor an das Licht. Der wesentliche Unterschied zu ihr besteht darin, dass die Behörde in keinem Fall umhin kommt, in der Sache nach Maßgabe des Gemeinwohls zu entscheiden. Selbst der öffentlich-rechtliche Vertrag beruht auf einer solchen verfahrensabschließenden einseitigen hoheitlichen internen Entscheidung. Oftmals wird versucht, diese Erkenntnis und Notwendigkeit dadurch zu verschleiern, dass man von „ergebnisoffenen“ Verhandlungen zwischen der Verwaltung und den übrigen Beteiligten spricht.[34] Die Verwaltungsmediation steht aber ungeachtet dessen unter einem gleichsam doppelten „Verwaltungsvorbehalt“, nämlich unter dem der Implementationsfähigkeit ihres Ergebnisses einerseits – insofern nimmt die Entscheidung mitunter auf gegenläufige übergeordnete politische Gesichtspunkte Bedacht – sowie unter dem der gewollten Übernahme des Mediationsergebnisses als Entscheidungsprämisse in die endgültige behördliche Entscheidungsbildung.

---

[31] Sie gliedern den Verwaltungsvollzug durch Verfahren, vgl. Pitschas (o. Fußnote 5), S. 290 f., 304 ff. und öfter.

[32] Holznagel/Ramsauer (o. Fußn. 24), Rdnr. 2.

[33] BVerwGE 75, 214 (231); Holznagel/Ramsauer (o. Fußn. 24) Rdnrn. 5, 6 m. w. Nachw.

[34] So im derzeitigen Mediationsverfahren für den umstrittenen Ausbau der B 10 in Rheinland-Pfalz, vgl. Die Rheinpfalz v. 10.01.2004.

Im Ergebnis geht es also auch bei der Verwaltungsmediation immer um unmittelbare Verhandlungen zwischen den Beteiligten. Aber die Verwaltungsautonomie reicht an deren Ende nicht aus, dem erreichten Konsens automatisch einen Vorrang einzuräumen: Anders als im Privatrecht werden die in der Mediation vereinbarten Festlegungen nicht unmittelbar wirksam. Es bleibt bei der Letztentscheidungsverantwortung der Verwaltung.[35] Verwaltungsmediation bedeutet deshalb allenfalls den Einsatz „mediativer Grundsätze“ im Verwaltungsverfahren, aber keine Mediation im eigentlichen Sinne.[36]

## 3. Das Verwaltungsverfahren als Raum der Mediation

Der in alledem liegende Vollzug des Rechts durch Verhandlung[37] im Zusammenhang der Anwendung von Ermessen, der Ausdeutung unbestimmter Rechtsbegriffe – zuweilen auch solcher mit Beurteilungsermächtigung -, selbst schon die bloße Rechtskonkretisierung belässt indes den Beteiligten Raum genug, um im sog. Rechtsbildungsprozess[38] die Norminterpretation wie die Normanwendung auf einen gemeinsamen Interessenausgleich "einzurichten“. Hierfür bietet das Verwaltungsverfahren den geeigneten Ort und Rahmen, obwohl es keine gesetzliche Ermächtigung für mediatives Handeln bereitstellt. Doch bedarf es insoweit keiner expliziten rechtlichen Grundlage. Die Vorschrift des § 10 VwVfG[39] überlässt mit der Forderung, das Verwaltungsverfahren unter Wegfall einer spezifischen Formenbindung „zweckmäßig“ zu führen, den Einsatz der Verwaltungsmediation dem Verfahrensermessen der Behörde. Die Beteiligten des Verwaltungsverfahrens sind daher auch schon vor Beginn der eigentlichen behördlichen Sachverhaltsermittlung frei darin, sich auf die Durchführung einer Mediation zu verständigen und durch Verhandlungen einen Konsens in der Sache herbeizuführen.[40]

a) Im Übrigen aber unterliegt das Aushandeln der Norminterpretation bzw. der Normanwendung im Konkretisierungsprozess den allgemeinen Verfahrens-

---

35 Hoffmann-Riem, Konfliktmittler in Verwaltungsverhandlungen, 1989, S. 57 f.; Schneider (o. Fußn. 30), S. 86 m. w. Nachw.

36 Ebenso Brohm (o. Fußn. 5), 1033; Wagner/Engelhardt (o. Fußn. 19), 371.

37 Dazu m. zahlreichen Nachw. Rossen (Fn. 26), S. 258 ff.

38 Bydlinski, Juristische Methodenlehre und Rechtsbegriff, 1982, S. 518 ff.; Fikentscher, Methoden des Rechts in vergl. Darstellung, Bd. IV, 1977, S. 176 ff., 198 ff., 202.

39 Verwaltungsverfahrensgesetz (VwVfG) i. d. F. der Bekanntm. v. 21.09.1998 (BGBl. I S. 3050).

40 Ortloff (o. Fußn. 6), Rdnr. 44; zur Frage nach dem Vorbehalt eines Gesetzes vgl. m. w. Nachw. Battis (o. Fußn. 23), Rdnr. 1; Holznagel/Ramsauer (o. Fußn. 24), Rdnr. 4.

grundsätzen. So gibt es, anders als in zivilrechtlichen Auseinandersetzungen mit entsprechenden Möglichkeiten für die Mediation, wegen des Untersuchungsgrundsatzes (§ 24 VwVfG) keine freie Verfügung über den Verfahrensgegenstand. Verwaltung wie auch Verwaltungsgerichte (§ 86 VwGO[41]) sind vielmehr verpflichtet, den ihrer Entscheidung zugrunde zu legenden Sachverhalt selbst zu ermitteln. Dadurch verringert sich von vorneherein der zur Verfügung stehende Mediationsspielraum.[42] Freilich können von den Beteiligten der Sachverhalt gemeinsam festgelegt und bewusst andere Verhandlungsgegenstände nach beidseitigem Dafürhalten i. S. eines angestrebten „Tauschgeschäfts" in die Verhandlungen - auch noch bei der Gerichtsmediation - sowie in die Konsenssuche einbezogen werden.

b) In den Phasen des Verwaltungsverfahrens, in denen es zum Einsatz eines Mediators kommt, agiert dieser nach Maßgabe der bereits skizzierten Grundsätze des Mediationsverfahrens.[43] Dabei tritt der neutrale Dritte weder als „Verwaltungshelfer" noch als ein „Beliehener" auf. Stattdessen handelt er in Verwaltungssubstitution.[44] Denn die Vorbereitung und Durchführung bestimmter Verfahrensschritte wird, wie z. B. im Zusammenhang des § 4b BauGB, der eigenverantwortlichen Interessenmittlung durch den Mediator anstelle der Verfahrensführung durch die Verwaltung überantwortet. Die Verfahrensgestaltung muss sich freilich im Rahmen des Rechts halten. Sie darf nicht etwa eindeutig rechtswidrige Ergebnisse anstreben. Gesetzliche Verfahrensregelungen gelten überdies im Raum der Mediation fort, wie z. B. das Recht auf Gehör (§ 28 VwVfG) oder auch allgemeine Verfahrensgrundsätze wie etwa jene der Waffengleichheit und der Verfahrensfairness.[45] Diese Bindungen reichen bis in eine Handlungsverpflichtung des Mediators zum Abbau der von ihm erkannten verfahrensimmanenten Macht- und Wissensasymmetrien hinein. Doch gerade hier scheinen auch die Grenzen der Mediation im öffentlichen Sektor wieder auf. Der Verwaltungsmediator verfügt nicht über die Entscheidungsmacht, die Beteiligten zum Wissenstransfer zu zwingen. Die Leitung des Gesamtverfahrens liegt darüber hinaus nach wie vor in den Händen der zuständigen Behörde. Denn die Übertragung hoheitlicher Befugnisse, zu der die Verfahrensleitung zählt, an Pri-

41 Verwaltungsgerichtsordnung (VwGO) i. d. F. des Gesetzes zur Bereinigung des Rechtsmittelrechts im Verwaltungsprozess v. 20.12.2001 (BGBl. I S. 3987).

42 Wagner/Engelhardt (o. Fuß. 19), 371.

43 Dazu oben im Text I. 1.

44 Zur rechtlichen Position des Mediators auch Holznagel/Ramsauer (o. Fußn. 24), Rdnr. 10; die Rechtsfigur der „Verwaltungssubstitution" ist näher erläutert bei Pitschas, Duale Umweltverantwortung von Staat und Wirtschaft, in: Lüder (Hrsg.), Staat und Verwaltung, 1997, S. 269 (278, 284 f., 291 ff.).

45 So auch Holznagel/Ramsauer (o. Fußn. 24), Rdnr. 8.

vate zur eigenverantwortlichen und selbständigen Wahrnehmung ist insofern ausgeschlossen und rechts- bzw. verfassungswidrig.[46]

c) Kritiker des Mediationskonzepts bezweifeln überhaupt dessen Eignung zum umfassenden Interessenausgleich. Sie machen geltend, dass die Eigendynamik von Verhandlungsprozessen persönliche Beziehungen zwischen den Beteiligten entstehen lasse, die zu einer schleichenden Annäherung der Interessenperspektiven zu Lasten der eigenen Position führen würde. Freilich liegt eben darin das „Geheimnis“ der Mediation; die persönliche Interaktion verwandelt in gesollter Weise (und freiwillig) das an Rechtspositionen ausgerichtete Verhalten in kompromissorientierte bzw. verständigungsbereite Verhaltensmodi.[47] Problematisiert wird darüber hinaus immer wieder, dass die Konfliktmittlung bei ungleicher Verhandlungsmacht die Illusion gleichberechtigter Teilnahme fördere. In der Tat besteht diese Gefahr mit der Folge, dass einseitige Interessendurchsetzung unberechtigte Legitimität gewinnt. Aber der Mediator ist eben verpflichtet, solche Informationsasymmetrien abzubauen. Ob er das wirklich vermag, wirft dann die Frage nach seiner Qualifikation auf.[48] Zugleich erhält die neutrale Durchführung der Konfliktmittlung einen überragenden Stellenwert. Bereits die Auswahl des Mediators gewinnt hierfür wegweisende Bedeutung, zumal die öffentliche Verwaltung ihrerseits nicht als „neutral“ gelten kann.[49] Schließlich stellen sich Probleme einer ausgewogenen Auswahl der Teilnehmer an der Verwaltungsmediation und der Finanzierung des Mediators.[50]

### 4. „Mediative Elemente“ im Verwaltungsverfahren

Zu Recht wird deshalb die Verwaltungsmediation nicht als Allheilmittel für ein chancengerechtes Interessenclearing und damit für die allfällige Herbeiführung von Akzeptanz behördlicher Entscheidungen in komplexen Verwaltungsverfahren angesehen.[51] In einfacher gelagerten Streitigkeiten zwischen Bürgern und Verwaltung, den „Dutzendfällen“, sollte deshalb und im Gegensatz zur all-

46 Ebenso Köster, Mediation in der Bauleitplanung?, DVBl. 2002, 229 (233).

47 Benz, Kooperative Verwaltung, 1994, S. 127 ff.; Fietkau/Trénel, Struktur und Entwicklung von Integrationsmustern in einem mediierten Diskurs, Verwaltung und Management 9 (2003), 308 (311).

48 Kostka, Öffentliches Konfliktmanagement, DV 26 (1993), 87 (105).

49 Passavant, Mittlerunterstützte Kooperation in komplexen Verwaltungsprojekten, DÖV 1987, 516 (517 f.); Schneider (o. Fußn. 30), S. 98.

50 Schulte-Fielitz (o. Fußn. 29), S. 79 f.; Holznagel, Konfliktlösung durch Verhandlungen, 1990, S. 282.

51 Hoffmann-Riem, Konfliktmittler in Verwaltungsverhandlungen, 1989, S. 75.

gemeinen Mediationseuphorie überlegt werden, ob nicht eher die Betonung „mediativer Elemente“ in der Verfahrensführung den partnerschaftlichen Rechtsstaat fördern und kostspielige Mediationssequenzen ersparen würde – dies auch vor dem Hintergrund der prinzipiellen Strukturdifferenz zur privatrechtlichen Mediation. Bei Licht besehen geht es deshalb wohl durchweg eher um eine graduelle Anwendung des Mediationskonzepts, um seine „mediativen Elemente“ vor allem. Darunter sind solche zu verstehen, die den Mediationsgedanken bzw. das Mediationsziel in sich tragen, nämlich die außergerichtliche Konfliktmittlung und -lösung, ohne jedoch alle Merkmale der Mediation zu erfüllen. Es handelt sich also um Elemente, die Aspekte und Techniken von Mediation enthalten.[52]

Solche mediativen Elemente können insbesondere bei der Verständigung der Verwaltung mit dem Bürger im Rahmen der Verfahrensgrundsätze zum Zuge kommen. Denn der Bürger tritt im kooperativen Rechts- und Sozialstaat der Verwaltung als „Verfahrenspartner“ gegenüber. In diesem Sinne sind dann auch die Verfahrensgrundsätze entsprechend anzuwenden. Dies gilt namentlich für den Untersuchungsgrundsatz, die Anhörung und die mündliche Verhandlung bei der Durchführung eines förmlichen Verwaltungsverfahrens.[53]

a) Entsprechende Ansätze betreffen zunächst und einerseits den Kommunikationsverbund zwischen Verwaltung und Bürgern in Bezug auf die gemeinsame Sachverhaltsaufklärung. Insofern zielen der Amtsermittlungs- und Untersuchungsgrundsatz (§§ 24, 26 VwVfG) in einem partnerschaftlichen Verständnis auf kooperative Sachverhaltsermittlung und -entwicklung durch die Beteiligten.[54] Deshalb existiert hierzu auch kein ausschließliches „Bestimmungsrecht“ der Behörde; mit einer solchen Deutung wird das Verfahrensrecht leider missverstanden.[55] Statt dessen ermöglicht es die darüber hinausgehende Sachverhaltsermittlung geradezu, auch die nicht rechtlich, aber für den einzelnen Beteiligten tatsächlich erheblichen Umstände und vor allem Motive zu erforschen

---

52 Holznagel, Mediation im Umwelt- und Planungsrecht, Jura 1999, 71 (72); Maaß, Mediation im immissionsschutzrechtlichen Widerspruchsverfahren?, VerwArch Bd. 88 (1997), 701 (708).

53 Wie hier Plagemann, in: Festgabe 50 Jahre BVerwG, 2003, S. 59 (61 ff.); „Recht“ stützt i. d. Sinne subsidiär die angestrebte Verhandlungslösung; so allg. auch Köper, Die Rolle des Rechts im Mediationsverfahren, 2003, S. 76 ff. Zum Bürger als „Verfahrenspartner“ bereits Pitschas (o. Fußn. 5), S. 672 ff., 681, 695, 730.

54 Plagemann (o. Fußn. 53), S. 63 f.; Pitschas (o. Fußn. 5), S. 700 („kooperative Sachaufklärung“).

55 So aber die gängige Auffassung in der Kommentarliteratur, vgl. nur Clausen, in: Knack, VwVfG, 8. Aufl. (2004), § 24 Rdnr. 5.

sowie darauf aufbauend eine individualisierte und optimierte, gewissermaßen „maßgeschneiderte“ Entscheidung zu treffen, die Konsens anstrebt und einen gegebenen Konflikt löst. Diese Ausdeutung des Amtsermittlungs- und Untersuchungsgrundsatzes stellt ein mediatives Element dar.

b) Gleiches gilt für die Anhörung (§ 28 VwVfG). Sie setzt auf Mitgestaltung durch Mitinformation, auf Kommunikation statt auf bloße „Förmelei“. Das ist etwas anderes, als – wie die h. M. – das rechtliche Gehör im Verwaltungsverfahren allein i. S. einer einseitigen behördlichen Informationschance zu verstehen.[56] Wird die Anhörung dagegen im hiesigen Sinne praktiziert, dient sie auch zur Ermittlung potentieller Konflikte und zur Vermeidung ihrer Entstehung. Sie enthält insoweit gleichfalls ein „mediatives Element“. Es kommt aber nicht zum tragen, wenn die Anhörung „nur“ als Gelegenheit zur Äußerung betrachtet wird.

c) Soweit das Recht die Durchführung eines förmlichen Verfahrens vorsieht – im Regelfall in Verfahren, in denen komplexe Sachverhalte mit zahlreichen Beteiligten und widerstreitenden Interessen wie etwa in Planfeststellungs-, Bauleitplanungs- und Umweltverfahren gegeben sind[57], ordnet § 67 I VwVfG grundsätzlich die Durchführung einer mündlichen Verhandlung vor der Entscheidung an. Diese zielt über die (bloße) Anhörung hinaus auf die inhaltliche Erörterung der streitigen Gesichtspunkte, also auf Diskussion bzw. auf Dialog und Argumentation. Sie wird deshalb als „Erörterungstermin“ festgesetzt.[58] Ungeachtet aller negativen Erfahrungen damit liegt in seiner Durchführung prinzipiell ein erhebliches Konflikterforschungs- sowie –vermeidungspotential, dass es sowohl seitens der Verwaltung als auch der weiteren Beteiligten regelmäßig auszuschöpfen gilt. Im Übrigen zeichnet sich der Erörterungstermin mit der mündlichen Verhandlung durch den Vorzug der Präsenz der Beteiligten und durch deren Personalisierung aus: Es sitzen sich Menschen gegenüber, wodurch die institutionelle Barriere Behörde vs. Bürger wenn nicht aufgehoben, so doch zumindest zurückgedrängt wird. Auch hierin liegt ein mediatives Element.

---

[56] In der Tendenz wie hier Kopp/Ramsauer, VwVfG, 8. Aufl. (2003), § 28 Rdnrn. 2, 3a, 42.

[57] Vgl. Siegel (o. Fußn. 19), S. 92 ff.

[58] Krit. zur mediativen Funktion des Erörterungstermins wegen fehlender Einschaltung eines neutralen Dritten aber Holznagel (o. Fußn. 50), S. 208; ihm folgend Siegel (o. Fußn. 19), S. 93 f.; auch § 89 III 1 UGB-KomE erwähnt das Merkmal der Unabhängigkeit bei der Bestellung eines Dritten als neutraler Instanz.

## III. Verwaltungsmediation als Entlastung der Verwaltungsgerichtsbarkeit?

### 1. Rechtsschutzfunktion der Verfahrensmediation

a) Verfahrensmediation hat Rechtsschutzeffekte. Diese beruhen auf dem funktionalen Zusammenhang von Verwaltungsverfahren und Verwaltungsgerichtsbarkeit. Die Rechtsschutzfunktion des Verwaltungsverfahrens besteht nicht nur in seiner objektiven Funktion als gegliederter und durchschaubarer Entscheidungsprozess der öffentlichen Verwaltung, sondern die rechtliche Ordnung des Verfahrens dient auch und zugleich dem subjektiven Rechtsschutz des Verwaltungskunden.[59] Konkret-exekutivische Rechtsverwirklichung hat den Auftrag, die Rechte aller Teilnehmer am Verwaltungsverfahren einschließlich derjenigen der öffentlichen Verwaltung zu verwirklichen.[60] Diese funktionale Wechselbezüglichkeit des Rechtsschutzes durch die Verwaltung mit dem Gerichtsschutz im Wege der Vorwirkungen auf die Ausgestaltung des dem gerichtlichen Rechtsschutzverfahren vorgelagerten Verwaltungsverfahrens gilt es von Verfassungs wegen zu erkennen und zu ordnen.[61]

b) Im Vordergrund steht dabei das Widerspruchsverfahren nach § 68 VwGO, in dessen Verlauf regelmäßig die gegenüber der Ausgangsbehörde nächsthöhere Behörde über den Widerspruch zu entscheiden hat. Damit aber darf diese auch auf eine gütliche Beilegung des Streits um die „richtige" Verwaltungsentscheidung hinwirken. In diesem Sinne handelt die Widerspruchsbehörde mediativ.[62] Darin liegt eine erhebliche Entlastungswirkung für die Verwaltungsgerichtsbarkeit.[63] In der Literatur ist deshalb unter gleichzeitiger und zutreffender Kritik an der gegenwärtigen Schwächung des Widerspruchsverfahrens durch Länderrecht jüngst vorgeschlagen worden, das verwaltungsgerichtliche Vorverfahren in ein obligatorisches Mediationsverfahren umzugestalten.[64] Der Vorschlag macht insofern Sinn, als die Korrekturfunktion des Widerspruchsverfahrens geradezu darauf ausgelegt ist, kommunikative Defizite durch Stärkung der persönlichen

---

59 Wahl, Verwaltungsverfahren zwischen Verwaltungseffizienz und Rechtsschutzauftrag, VVDStRL Bd. 41 (1983), S. 151 (160 ff.).

60 Wahl (o. Fußn. 59), S. 162.

61 BVerfGE 53, 30 (60); 61, 82 (110); Pitschas, Vorläufiger Rechtsschutz, in: Stober (Hrsg.), Rechtsschutz im Wirtschaftsverwaltungs- und Umweltrecht, 1993, § 7, S. 124.

62 Ortloff (o. Fußn. 6), Rdnr. 71.

63 Meyer, Das Widerspruchsverfahren aus der Sicht der Rechtspflege, in: Ziekow (Hrsg.), Das Widerspruchsverfahren in Rheinland-Pfalz, 2001 (Speyerer Forschungsberichte Nr. 215), S. 46 (47 f.) mit Vorschlägen zur Verbesserung der sog. Filterwirkung des Vorverfahrens.

64 Vetter, Mediation und Vorverfahren, 2004, S. 131 ff., 185 ff.

Verwaltungskontakte auszugleichen. Es geht darum, gemeinsam mit dem Bürger als Partner im Konflikt die Ausgangsentscheidung der Verwaltung im Wege kommunikativen Zusammenwirkens zu rationalisieren. Dies geschieht am Besten im Wege der Verfahrensmediation, die als ein außergerichtliches Vorverfahren dem eigentlichen verwaltungsgerichtlichen Prozess vorgeschaltet werden könnte. Allerdings bleibt die Strukturdifferenz zur allgemeinen Mediation zu beachten. Das Widerspruchsverfahren ausschließlich als mediatives Vorverfahren für die Verwaltungsgerichtsbarkeit zu rekonstruieren, erscheint mir deshalb überzogen. Die Widerspruchsbehörde kann mediativ handeln, aber sie muss sich nicht stets des Instruments der Mediation bedienen.[65]

Fraglich ist darüber hinaus der Umfang der Entlastungsfunktion des mediativen Vorverfahrens. Denn es stellt nur einen zusätzlichen Zwischenschritt im gesamthänderischen Entscheidungsprozess von Verwaltung und Verwaltungsgerichtsbarkeit dar. Stattdessen haben ihn die Verwaltungsgerichte oft genug und zusätzlich auf seine Rechtmäßigkeit hin zu überprüfen. Dies hängt auch damit zusammen, dass die Kläger oftmals die Verantwortlichkeit für eine Streitlösung ausschließlich beim Richter liegen sehen. Solange dies der Fall ist, wird ein außergerichtliches Mediationsverfahren häufig genug nur als Durchlaufstation auf dem Wege zum Richter betrachtet werden.

## 2. Eigenständigkeit der Gerichtsmediation

Wichtiger als dieser Punkt erscheint mir aber festzuhalten, dass trotz der Strukturähnlichkeit zwischen Verwaltungs- und Gerichtsmediation[66] ein prinzipieller Unterschied zwischen beiden insofern besteht, als einerseits das Verwaltungsverfahren i. S. seines spezifischen Schutzmechanismus der „Rechtswahrung" dient, der Gerichtsschutz dagegen als reine Rechtmäßigkeitskontrolle des Verwaltungshandelns ausgelegt ist.[67] Deshalb ist die Forderung nach einer eigenständigen Gerichtsmediation mit Entlastungserwartung für den förmlichen Gerichtsprozess an sich begründbar. Den Ansatzpunkt für die Entfaltung einer entsprechenden gerichtlichen Mediationsstruktur kann dann aber nur der Rechtsschutzauftrag der Verwaltungsgerichtsbarkeit sein. Denn die Verfahrensmediation der Verwaltung bietet insofern eben keinen „ersetzenden" Rechtsschutz. So bleibt nachzufragen, wie die Gerichtsmediation ausgestaltet sein muss, um nicht

---

65 Maaß (o. Fn. 52), 710 ff.

66 Siehe oben im Text bei I. 1.

67 Dazu näher Gerhardt, in Schoch/Schmidt-Aßmann/Pietzner, VwGO, Bd. II (Stand. Sept. 2003), Vorb. § 113 Rdnr. 18.

die Verwaltungsmediation zu „doppeln". Denn für zweckmäßige Konfliktlösungen einzustehen und damit – unter Inanspruchnahme der richterlichen Autorität – die Arbeit der Verwaltung „nachzubessern", ist die staatliche Gerichtsbarkeit nicht geschaffen. Zu klären bleibt also, worin der wirkliche Auftrag der Gerichtsmediation liegt bzw. über welche Reichweite sie verfügt.

## IV. Gerichtsverbundene Mediation im Verwaltungsprozess

### 1. (Richter-)Mediation als Funktions- und Rollenwandel der Verwaltungsgerichtsbarkeit

Die These ist, dass sich aus der funktionalen Wechselbezüglichkeit der verfahrensmäßigen Rechtswahrung durch die Verwaltung mit dem Gerichtsschutz spezifische Gestaltungsmaßgaben für die gerichtliche Mediation herleiten, soweit diese durch das erkennende Gericht selbst als Mediationskammer („gerichtliche Mediation") oder bei dem erkennenden Gericht durch ihm angehörige Richter in einem abgetrennten Zwischenverfahren („gerichtsverbundene Mediation") erbracht werden.[68] Die darin geborgene Fragestellung ist allerdings der bisherigen Diskussion um den Einfluss der Mediation auf den Verwaltungsprozess fremd. Denn den aktuellen Plädoyers für eine gerichtsverbundene Mediation geht es vor allem darum, das Mediationsprinzip in der Verwaltungsgerichtsbarkeit heimisch werden zu lassen, geeignete Fälle zu selektieren, Phasen der richterlichen Mediation zu beschreiben und Verhaltensänderungen des Gerichtspersonals bei der Konfliktbewältigung zu diagnostizieren bzw. anzukündigen.[69] Die Erörterungen hierzu „leben" von der Präponderanz der Richterrolle, die (stillschweigend) für die Erarbeitung gemeinsamer Lösungen eines Gerichtsmediators mit den ihn anrufenden Beteiligten genutzt werden soll – möglicherweise, um einem sonst drohenden Verwaltungsprozess den Boden zu entziehen, auf jeden Fall aber in Konkurrenz zur Verwaltungs- und Anwaltsmediation.

Man kann so argumentieren, um die gerichtsverbundene Mediation zu begründen. Dann aber gilt es auch, was bislang nirgendwo deutlich gesagt wird, die dahinter aufscheinende Funktionsveränderung der Verwaltungsgerichte zu

---

68 Vgl. zur letzteren Ortloff (o. Fußn. 4), S. 730 ff.; zu den weiterhin gegebenen Ansätzen einer „gerichtsnahen" Mediation im Rahmen des Gesetzes zur Förderung der außergerichtlichen Streitbeilegung v. 15.12.1999 (BGBl. I S. 2400) und des dadurch geschaffenen § 15 a EGZPO s. Gottwald, Gerichtsnahe Mediation, in: Haft/Schlieffen (o. Fußn. 6), § 17 Rdnrn. 24 ff.

69 Dazu bes. Ortloff (o. Fußn. 6), Rdnrn. 81 ff.

einem „Dienstleister“ für Streitschlichtung suchende Bürger neben der Verwaltung sowie jenseits des eigentlichen Gerichtsverfahrens und des Rechtsschutzauftrags der Verwaltungsgerichte festzuhalten und auszudeuten. Statt dessen aber wird, wie etwa seitens der Berliner Senatsverwaltung für Justiz, wolkig von einer „neuen Streitkultur“[70] und davon gesprochen, die Bürger erhielten durch den gerichtlichen Mediator nunmehr die Möglichkeit, „Lösungen ‚auf gleicher Augenhöhe‘ mit Behörden auszuhandeln, zum Beispiel im Bereich der Sozialhilfe, oder bei baurechtlichen Nachbarschaftsstreitigkeiten eine schnelle und für beide Seiten zufrieden stellende Einigung unter fachkundiger Leitung eines ‚gestandenen‘ Richters herbeizuführen“.[71] Das aber wäre doch Sache der Verwaltung, es sei denn, es ginge um die Rechtskontrolle. Mehr oder weniger läuft ein solcher Begründungsansatz faktisch darauf hinaus, im Zusammenhang der justiziellen Modernisierung effizienten Rechtsschutz durch Verwaltungsgerichte eben nicht (mehr nur) durch spruchrichterliche Tätigkeit, sondern durch außergerichtliche Streitbeilegung im Gericht zu organisieren, wobei die derzeitige Kostenfreiheit in den Modellprojekten[72] auf Dauer aus Wirtschaftlichkeitsgründen nicht zu halten sein wird.

## 2. Das „Kreuz“ mit der Ermächtigungsgrundlage

a) Ich bin mit Blick auf die rechtsschutzspezifischen Bindungen der Mediation skeptisch, ob dieser Weg richtig ist. Mediation als Methode und Instrument richterlichen Handelns folgt von Verfassungs wegen (Art. 19 IV GG) einem anderen Auftrag. Nicht von ungefähr ist die Diskussion so heftig, ob die voraufgehend skizzierte Vorgehensweise prozessrechtlich über § 173 VwGO, 278 V ZPO zu ermöglichen wäre – was m. E. wegen der nicht gegebenen Rechtsprechungsfunktion und angesichts des eingewobenen Strukturwandels der Verwaltungsgerichtsbarkeit ausscheidet[73] - oder ob man für Spruchrichter, die auch als Mediatoren tätig werden sollen, den Weg über § 4 II Nr. 1 DRiG wählt. Auch diese Variante mutet merkwürdig an. Der „Gerichtsmediator“ nimmt weder Aufgaben der rechtsprechenden Gewalt bei der Mediation wahr („er darf nicht

---

70 Pressemitteilung (o. Fußn. 15), S. 1; ferner Mähler, ZRP 2003, 252 ff.

71 Pressemitteilung (o. Fußn. 15), S. 1 f.

72 Vgl. Ortloff (o. Fußn. 6), Rdnr. 84; zur Finanzierungsfrage etwa Perschel, in: FS E. Stein, 2002, S. 245 (274).

73 Differenzierend aber Meissner, in: Schoch/Schmidt-Aßmann/Pitzner (o. Fußn. 67), § 173 Rdnrn. 204, 206.

entscheiden“), noch ist Mediation eine Form der Verwaltung, also auch keine „Gerichtsverwaltung“. Sie stellt gerade das Gegenteil dar.[74]

b) Zu beachten bleibt darüber hinaus, dass die objektive Maßgabefunktion des Art. 19 IV GG die gerichtsverbundene Mediation in die Reichweite ihres Gebots eines effektiven Rechtsschutzes einbezieht. Dieses gilt nicht nur einwegig für die Gestaltung des Gerichtsverfahrens, sondern erstreckt sich auch auf die Funktionstüchtigkeit des Verwaltungsverfahrens, das – einschließlich seiner mediativen Elemente – durch die Gestaltung des verwaltungsgerichtlichen Verfahrens nicht seiner originären Schutzfunktion entkleidet werden darf.[75] Möglicherweise erweist es sich daher als ein von Verfassungs wegen fraglicher „Kunstgriff“, die Gerichtsverhandlung qua Zwischenverfahren in eine Mediation umzuformen.

## 3. Mediative Umgestaltung des Verwaltungsprozesses

Der Bezug zur „Verhandlung“ weist indes den gangbaren, zur funktionalen Grenzüberschreitung alternativen Weg. Konfliktbeilegung durch die Betroffenen selbst kann vor dem Prozessgericht in der mündlichen Verhandlung geschehen. Diese entsprechend umzugestalten, also auf mediative Elemente komplementär zur Verwaltungsmediation und rechtsschutzorientiert überzugehen, ist des Schweißes der Edlen wert. Ein Gerichtsverfahren ist jedenfalls dann nicht naturgegeben ruinös.[76] Um dies zu vermeiden und mediativ zu wirken, bietet sich das Rechtsgespräch im Ablauf der mündlichen Verhandlung bei der Erörterung der Streitsache (§ 104 VwGO) ebenso an wie die Abgabe von Erklärungen im Rahmen der Sachverhaltsermittlung (§ 86 III VwGO). Auch an einen gesonderten frühen Termin i. S. des § 87 I Nr. 1 VwGO mit der Funktion einer gütlichen Bereinigung des Rechtsstreits ist zu denken.[77] Verdeutlichend könnte der Gesetzgeber diese mediativen Elemente dadurch stärken, dass er § 86 III VwGO um den Hinweis ergänzt, „die Vorschriften des §§ 278 Abs. 1 bis 5 der Zivilprozessordnung über die gütliche Streitbeilegung und Güteverhandlung sowie über

74 A. A. Ortloff (o. Fußn. 6), Rdnr. 85.
75 Pitschas, Der Kampf um Art. 19 IV GG, ZRP 1998, 96 (98 f.).
76 So aber Haft (o. Fußn. 8), Rdnr. 4.
77 Ebenso Meissner (o. Fußn. 73), Rdnr. 205.

eine außergerichtliche Streitschlichtung sind entsprechend anzuwenden".[78] Auch auf diese Weise würde das Gericht mediativ handeln.

## V. Zusammenfassung

Vor dem Hintergrund des aktuellen Funktionswandels der Verwaltung im partnerschaftlichen Rechtsstaat und den der Verwaltungsgerichtsbarkeit angetragenen Modellprojekten zur Gerichtsmediation befasst der Beitrag sich zunächst mit dem allgemeinen Konzept einer Konfliktmittlung im öffentlichen Sektor. Er folgert aus diesem eine partielle Strukturähnlichkeit zwischen Verwaltungsmediation und gerichtsverbundener Mediation. Auch die Entwicklung beider Instrumente verweist auf gemeinsame Wurzeln, die in der Hinwendung zur gesellschaftlichen Selbstregulation von Konflikten liegen. Bezugspunkt und Raum der Verwaltungsmediation, die allerdings eine Strukturdifferenz zur allgemeinen Konfliktmittlung im Privatsektor aufweist, ist das Verwaltungsverfahren. Die genauere Prüfung der sich dort ereignenden Mediationsvorgänge und gegebenen Mediationschancen lässt freilich erkennen, dass im Verwaltungsverfahren aus demokratisch-rechtsstaatlichen Gründen allenfalls „mediative Elemente" in der Verfahrensgestaltung zum Zuge kommen. Diese gilt es in der Praxis der Verwaltung zu stärken. Damit wäre schon viel gewonnen.

Die so verstandene Verwaltungsmediation steht in einem von Verfassungs wegen gebotenen funktionalen Zusammenhang von Verwaltungsverfahren und Verwaltungsgerichtsbarkeit. Aus dieser Zuordnung ergibt sich einerseits eine Entlastungswirkung für den Verwaltungsprozess; Verwaltungsmediation ist geeignet, die Zahl der gerichtlichen Verfahren zu verringern. Andererseits ersprießen ihr und der Wechselbezüglichkeit von Verwaltungs- und Gerichtsverfahren eine Reihe von Gestaltungsgeboten für die gerichtsverbundene Mediation, die in konzeptionelle und Schranken setzende Erkenntnisse einmünden.

Problematisch ist vor allem die Ermächtigungsgrundlage für die gerichtsverbundene Mediation. Des weiteren sind die Integrationschancen der Mediation in der Verwaltungsgerichtsbarkeit unter dem Blickwinkel gering, über einen Rollen- und Funktionswandel der Verwaltungsgerichte zum „Dienstleister" diesseits streitiger Verfahren eine Konfliktmittlung tatsächlich bewirken zu wollen sowie die Anpassungsbedarfe an die Erwartungen der Bürgergesellschaft auf unstreiti-

[78] Eine solche Ergänzung ist jedenfalls erforderlich, wenn man die analoge Anwendbarkeit des § 278 ZPO über § 173 S. 1 VwGO verneint, wie z. B. Meissner (o. Fußn. 73), Rdnr. 204.

ge Konfliktbewältigung außerhalb der Verwaltung „im Gericht" stillen zu können. Nüchtern gesehen, sollte im Verwaltungsprozess der Stärkung mediativer Elemente in der mündlichen Verhandlung der Vorrang eingeräumt werden.

## Verwaltungsrechtsschutz durch Gerichtsmediation?*

*Rainer Pitschas*

### 1. Mediation im Verwaltungsprozess

### 1.1 Zur Erinnerung: Was meint „richterliche Mediation"?

Vor dem Hintergrund einer seit Jahren diskutierten Entlastung der Justiz, aber auch im Zusammenhang einer sich verändernden „Streitkultur" in der Bürgergesellschaft nimmt sich in jüngerer Zeit die Verwaltungsgerichtsbarkeit in Deutschland der „Mediation" als Konfliktlösungstechnik an. Deren gerichtsverbundener Einsatz dient dazu, eine einvernehmliche außerprozessuale Konfliktlösung durch die Beteiligten im Verwaltungsprozess mit der Unterstützung eines Richters als Mediator herbeizuführen, der aber nicht der für das Verfahren gesetzlich zuständige Richter ist.

Über die Strukturprinzipien dieser *richterlichen Mediation* als Konfliktmittlung ohne Entscheidung unterrichtet das aufgelegte Schaubild. Es verdeutlicht, dass Mediation ein spezielles Verfahren der Konfliktbearbeitung darstellt, in dem alle an dem Konflikt Beteiligten

- selbständig und eigenverantwortlich
- mit Unterstützung eines unparteiischen Dritten (Mediators) ohne Entscheidungsmacht auf der Basis eines Konsenses sowie
- eine dauerhafte Lösung für den vorgebrachten individuellen Konflikt

erarbeiten. Verfahrensbedingungen für die Mediation sind

- Freiwilligkeit,
- Offenheit,
- Vertraulichkeit und
- Akzeptanz.

Die Hoffnung ist, dass der gerichtsinterne Einsatz der Mediation durch entsprechend geschulte Richter in geeigneten Verfahren die Möglichkeit eröffnet,

---

* Erstveröffentlichung in: Pitschas/Walther (Hrsg.), Mediation in der Verwaltungsgerichtsbarkeit, Speyerer Arbeitsheft Nr. 173, S. 33 ff.

gerichtlich anhängige Streitigkeiten schneller, angemessener und nachhaltiger beizulegen. Dies bleibt abzuwarten. Deutlich wird indes schon heute die Dynamik der Verfahrensidee im kooperativen Staat, der zunehmend mehr auf konsensuale Verwaltungsrechtskonkretisierung, Kommunikation und Konfliktpartnerschaft setzt statt auf hierarchische Konfliktlösung.

### 1.2 Drei Anfragen an den Verwaltungsrechtschutz durch Gerichtsmediatoren

Gleichwohl bleibt der Rechts- und Verwaltungswissenschaft aufgegeben zu prüfen, auf welche Rechtsgrundlagen die Mediation im Verwaltungsprozess gestützt wird und welche Wirksamkeitsvoraussetzungen sie erfüllen muss. Insoweit richten sich vor allem drei Anfragen an den Verwaltungsrechtschutz durch Gerichtsmediation. Zunächst und einerseits verwundert nämlich das intensive Interesse, dass dieser neuen Form konsensualer Konfliktlösung vor Gericht aus der Richterschaft selbst entgegengebracht wird. Warum ist Mediation für Richter so wichtig? Sodann und andererseits stellt sich die Frage, wie sich richterliche Mediation im Verwaltungsprozess zu der Verantwortung der Verwaltung für das in deren Zuständigkeit liegende und dem gerichtlich anhängigen Prozess normalerweise vorausgehende Verwaltungsverfahren verhält. Denn diese Zuständigkeit ist unverrückbar; sie kann nur gesetzlich verändert werden. In ihrem Kern steht die Verfahrensverantwortung der öffentlichen Verwaltung, die durch richterliches Handeln nicht missachtet werden darf. Schließlich und drittens führt die Frage nach Bestand und Reichweite der richterlichen Mediation in das Gebiet des Rechtsprechungsmanagements hinüber: Beherrscht der Richter als Gerichtsmediator das, was er als Konfliktlösungstechnik anbietet?

## 2. Mediation und (Verwaltungs-)Prozess

### 2.1 Verfassungsrechtlicher Ausgangspunkt

Den Antworten auf die gestellten Anfragen gehen einige Grundüberlegungen zur Verbindung von Gerichtsmediation und Verwaltungsprozess voraus. Ihr Ausgangspunkt ist die Feststellung, dass Art. 92 GG dem Richter die „rechtsprechende Gewalt“ anvertraut. Mag auch weitgehend ungeklärt sein, wie dieser Begriff trennscharf zu verstehen ist, so dürfte doch darüber kein Streit herrschen, dass Verwaltungsgerichtsbarkeit vorrangig auf der Grundlage subjektiv-öffentlicher Rechte durch Streitschlichtung zwischen Bürger und Staat den

Rechtsfrieden zu sichern hat: Rechtsprechung ist Streitschlichtung durch autoritativen Richterspruch. Dazu bedarf eines effektiven und effizienten Rechtsschutzverfahrens. In diesem müssen die verwaltungsgerichtlichen Streitentscheidungen einerseits den funktionalen Zusammenhang zwischen Verwaltungszweck, Verwaltungsverfahren und Kontrollorientierung des Verwaltungsprozesses beachten. Andererseits sieht sich das Rechtsprechungsverfahren, also der „Verwaltungsprozess“, von Verfassungs wegen einer eigenständigen Rationalität im Vergleich zum Verwaltungshandeln und –verfahren unterworfen. An dieser in Art. 92 GG mitgeschriebenen „Eigenrationalität“ orientieren sich sowohl Gerichtsverfassung und -organisation der Verwaltungsgerichtsbarkeit als auch die zulässige Spruchtätigkeit des Richters.

Im Hinblick hierauf scheint es mir jedenfalls sehr gewagt, Mediation – also die nicht-dezisionäre Orientierung des Richters ausschließlich am Konflikt und nicht am Rechtsgebot – als eine „traditionelle, typische und selbstverständliche Aufgabe“ im Rahmen der Justizgewährleistung anzusehen und diese Aussage mit der Begründung zu stützen, der Richter habe im Zusammenhang der „rechtsprechenden Gewalt“ in jeder Lage des Verfahrens „auf eine gütliche Beilegung des Rechtsstreits oder einzelner Streitpunkte bedacht“ zu sein (vgl. wörtlich § 278 Abs. 1 ZPO). Auf alle Fälle entspricht richterliche Mediation nicht der herkömmlichen Tätigkeit der „Rechtsprechung“ i. S. des Art. 92 GG bzw. des § 4 Abs. 1 DRiG.

Verständlicherweise ist deshalb versucht worden, Mediation nicht als Aufgabe der rechtsprechenden Gewalt, sondern als Aufgabe der Gerichtsverwaltung anzusehen, die der Richter nach § 4 Abs. 2 Nr. 1 DRiG außerhalb der Aufgaben der rechtsprechenden Gewalt wahrnehmen darf. Aber wie sollte der Gerichtsmediator ohne Entscheidungsmacht und auf Konfliktlösung durch Dialog verwiesen, dem dezisionären Charakter von „Verwaltung“ Rechnung tragen? Konsensuale Streitbeilegung ist eben keine verwaltende Tätigkeit. Sie ist auch nicht Voraussetzung für die Wahrnehmung der den Gerichten zugewiesenen Rechtsprechungsaufgaben; ebenso wenig soll sie deren Erfüllung unterstützen. Sie will eigenständig sein, ist freilich darin ein aliud zur „Rechtsprechung“.

## 2.2 Gerichtliche Mediation und gerichtlicher Vergleich

Dies vorausgeschickt, wird in der einschlägigen Literatur zutreffend immer wieder von mediativen Elementen gesprochen, die auf der Grundlage des Mediationsverständnisses in die Rechtsprechung der Verwaltungsgerichte Eingang finden sollen. Aus der Perspektive der Mediation handelt es sich dabei freilich nur um eine Notlösung. Die Verwaltungsgerichtsordnung (VwGO) sieht dagegen selbst schon eine Form der konsensualen Streitbeendigung mit Hilfe des Gerichts vor, nämlich den Vergleich gem. § 106 VwGO. Die nichtstreitige Beendigung des verwaltungsgerichtlichen Verfahrens durch Vergleich ist prozessualer Ausdruck der Disposition durch die Beteiligten des Verwaltungsstreitverfahrens über dessen Verlauf und seinen Gegenstand.

Diese Erkenntnis lässt die These aufscheinen, dass jenseits der expliziten Bezugnahme des Verwaltungsprozessrechts auf den Vergleich als Instrument konsensualer Streitbeendigung andere Formen der konsensualen Konfliktlösung durch die VwGO nicht vorrätig gehalten werden. Dem ist jedoch an dieser Stelle nicht weiter nachzugehen. Von kenntnisreicher Seite wird jedenfalls festgestellt, dass „die Möglichkeiten der Schlichtung innerhalb des Verfahrens (durch Vergleich) ... bei weitem nicht ausgeschöpft“ sein würden. Im Übrigen spielt der Prozessvergleich als Mittel zur Entlastung der Verwaltungsgerichte auch in den Reformdiskussionen seit jeher eine besondere Rolle. Allerdings ist nicht zu übersehen, dass ein Vergleich sehr häufig dem Rechtsfrieden nicht wirklich dienlich ist, weil er als Instrument genutzt wird, die prozessökonomische Gestaltung des Prozesses höher als die Befriedung der Parteien einzustufen. Es könnte daher sein, dass die richterliche Mediation gegenüber dem Vergleich einen gewissen „Mehrwert“ aufweist.

### 2.3 Der „Mehrwert“ der richterlichen Mediation

Mit Bezug auf diesen „Mehrwert“ wird denn auch behauptet, die sog. „echte“ Gerichtsmediation markiere „den eigentlichen qualitativen Sprung“ in der richterlichen Tätigkeit. Während sich nämlich der zur Entscheidung befugte gesetzliche Richter lediglich „mediativer Elemente“ bediene, setze die „echte“ Mediation voraus, dass gerade nicht der nach dem Geschäftsverteilungsplan zur Entscheidung befugte Richter tätig werde. Nur so ließe sich nämlich die zentrale Idee der Mediation verwirklichen, die Beteiligten eines Konflikts ihren Streit selbständig und eigenverantwortlich lösen zu lassen.

## 3. Gerichtsmediation zwischen Rechtsschutz und Gerechtigkeit

Vor diesem Hintergrund erhellt denn auch, warum die „Mediation“ auf Richter eine starke Faszination ausübt. Augenscheinlich gewährleistet das kontradiktorische Verfahren der Rechtsprechung, d. h. die streitschlichtende Entscheidung durch Urteil oder Beschluss nicht in allen Fällen die wirklich interessenbezogene Konfliktlösung. Dies mag bei manchen Richtern hin und wieder zu der Einschätzung führen, dass es zwar eine richterliche Entscheidung, aber keine „gerechte" Lösung des an das Gericht herangetragenen Konflikts gegeben habe.

### 3.1 Der Zwiespalt des Richters

Auf den zweiten Blick wird der überkommene, traditionelle Zwiespalt zwischen rechtstaatlicher Jurisdiktion und materieller Gerechtigkeit als Ziel der gerichtlichen Streitschlichtung erkennbar. Diese will dem geschriebenen Recht zur Geltung verhelfen, indem sie dieses konkretisiert und dabei zugunsten des Rechtsfriedens auch die gütliche Beilegung des Rechtsstreits anstrebt („Schlichten ist besser als Richten"). Doch bleibt dem Richter die Dezision – das „Richten" – aufgegeben, wenn sich keine alternative Konfliktlösung anbietet. Darauf wird er durch das geltende Prozessrecht festgelegt, das für die Beteiligten ebenso wie für die Gesellschaft feststehende Regeln der Auseinandersetzung aufstellt, die der Abwehr von Machtansprüchen Verfahrensbeteiligter und der Transparenz wie Publizität des Rechtsstoffs in der „offenen" Gesellschaft dienen.

### 3.2 Prozessuale Konsequenz

Bei Licht besehen, darf es deshalb kein gerichtsseitiges „Konfliktlösungs-Angebot" als solches geben; der Richter hat nichts „anzubieten". In Erkenntnis dessen scheint mir alles auf die Frage hinauszulaufen, ob mit einer Öffnungsklausel im Verwaltungsprozessrecht geholfen wäre? Andernfalls müssten nach geltendem Prozessrecht ausschließlich die mediativen Elemente des verwaltungsgerichtlichen Verfahrens im Vordergrund stehen, etwa in Bezug auf den frühen ersten Termin zur Erörterung der Sach- und Rechtslage im vorbereitenden Verfahren (§ 87 Abs. 1 S. 2 Nr. 1 VwGO).

### 3.3 „Innere" Bindung konsensualer Streitbeendigung an das Verwaltungsverfahren

Schon der gerichtliche Vergleich als eine Form der konsensualen Streitbeendigung macht deutlich, dass der Prozessgesetzgeber Verhandlungen aller Art.

über den Verfahrensgegenstand auf das Verwaltungsverfahrensrecht bezogen wissen will: Als öffentlich-rechtlicher Vertrag unterliegt nämlich der Vergleich den §§ 54 ff. VwVfG. Von tragender Bedeutung ist daher die Auffassung der vergleichschließenden Behörde zum Gegenstand des fraglichen Interessenkonflikts. Diese Erkenntnis lenkt den Blick auf das Wechselverhältnis von Verwaltungsprozess und Verwaltungsverfahren. Diesem kommt gegenüber den Beteiligten auch eine Rechtsschutzfunktion zu. Spätestens wenn diese „aktiviert" wird, droht die Doppelung der konsensualen Konfliktlösung.

## 4. Mediation im funktionalen Wechselbezug von Verwaltungsgerichtsbarkeit und Verwaltungsverfahren

In der Tat führt uns die konsensuale Zielfunktion des Verwaltungsverfahrens als planvoll und zweckmäßig gestalteter verwaltungsbehördlicher Konkretisierungsprozess in einen weiteren Problemkreis des Verwaltungsrechtsschutzes durch Gerichtsmediation. Zwei Aspekte spielen insoweit für die gerichtsverbundene Mediation eine Rolle. Zum einen geht es unter dem Gesichtspunkt der Gewaltenteilung und staatlichen Funktionenordnung um die von der Verfassung vorgenommenen differenzierten Verfahrenszuweisungen an Gesetzgebung, Verwaltung und Gerichtsbarkeit. Zum anderen ist das gerichtliche Verfahren ein Kontroll-, aber nicht Problemlösungsverfahren.

### 4.1 Rationalitätsbindung des Gerichtsverfahrens

Aus dem Gewaltenteilungsgrundsatz folgt als organisatorisches Schema, das für die Funktionen der Gesetzgebung, der Verwaltung und der Rechtsprechung jeweils eigene Organe zu schaffen sind, wobei sich jedes von ihnen grundsätzlich auf diejenige Funktion zu beschränken hat, die ihm von Verfassungs wegen zugeordnet ist. Mit dieser funktionellen Unterscheidung und deren Übersetzung in ein Organisationsmodell entwickelt das Grundgesetz zugleich eine spezifische Rationalitätsdirektive für das staatliche Handeln. Es legt fest, welche Anforderungen an die Rationalität gesetzgeberischen Entscheidens, richterlichen Urteilens oder administrativer Konkretisierung zu stellen sind. Dabei bestimmen die Aufgliederung und Begrenzung der jeweiligen Verfahrenkompetenzen und deren Bindung in Verfahrensregeln, wie Rechtsetzung, Rechtsanwendung und Rechtskontrolle abzulaufen haben. Die rationalisierende Kraft der prozeduralen Gewaltengliederung für das staatliche Handeln und Entscheiden richtet an die einzelnen Verfahrenstypen unterschiedliche Rationalitätsanforderungen; wir nennen das den Grundsatz der funktionalen Verfahrensadäquanz. Den verbindlichen Maßstab für die entsprechende Verfahrensstrukturierung bilden die Kriterien der Struktur- und Funktionsgerechtigkeit, wie sie verfassungsrichterlich entfaltet worden sind.

Für den Verfahrenstyp des Gerichtsverfahrens legt das Grundgesetz die der rechtsprechenden Gewalt vorbehaltene Funktion fest, in konkreten und umstrittenen bzw. zweifelhaften Rechtsverhältnissen eine (letzt-)verbindliche Entscheidung zu treffen und zu vollstrecken bzw. Streit zu schlichten durch enumerativ aufgeführte Formen der konsensualen Streitbeendigung. Zweck des gerichtlichen Verfahrens ist mithin die Durchsetzung des materiellen Rechts unter Versöhnung von Gerechtigkeit, Rechtssicherheit und Rechtsfrieden mit der Menschenwürde. Der „Richter" als neutrales und unabhängiges Organ entscheidet oder schlichtet den Streit der Parteien. Er sorgt ggf. durch Einsetzung staatlicher Machtmittel dafür, dass die richterlichen Erkenntnisse auch verwirklicht werden.

Aus dem Verhalten der Prozessbeteiligten, in deren Gegeneinander – und Zusammenwirken sich die wahre Struktur des gerichtlichen Verfahrens als „Interaktion" herausbildet, entsteht zugleich das „innere" System des Prozesses. Dementsprechend sind Gerichtsverfahren auch nicht auf die Abklärung der Interessen gerichtet. Die rechtliche Bindung des Richters an den Maßstab des Gesetzes bleibt vorausgesetzt. Die Verfassung sieht in der Rechtsprechung eine Staatsgewalt mit dem Auftrag zu deren Ausübung nach „Gesetz und Recht"; diese Rechtsbindung verbietet ein Rechtsprechen gegen das Recht, aber auch rechtliche Tätigkeit ohne „Rechtsprechen". Verwaltungsrichterliche Mediation begegnet deshalb der Frage nach ihrer Legitimität.

## 4.2 Gesamthänderische Verfahrensverantwortung von Verwaltung und Verwaltungsgerichtsbarkeit

Nach Maßgabe des herkömmlichen rechtstaatlichen „Vollzugsmodells" der öffentlichen Verwaltung sind im übrigen die Funktionsgrenzen der Verwaltungsgerichtsbarkeit gegenüber behördlichem Handeln relativ einfach zu bestimmen: Während der Gesetzgeber die Programme setzt, nach denen die Verwaltung zu verfahren hat, kontrolliert die Verwaltungsgerichtsbarkeit ihrerseits, ob die Verwaltung die ihr zugewiesenen Aufgaben rechtmäßig erfüllt. Freilich haben wir inzwischen über die Verformungen dieses „Vollzugsmodells" zahlreiche Erfahrungen gesammelt. Im Verwaltungsverfahren wird (auch) Recht gesetzt. Die §§ 113, 114 VwGO geben nicht nur partiell der dadurch entstehenden gesamthänderischen Verfahrensverantwortung von Verwaltung und Verwaltungsgerichtsbarkeit Ausdruck.

Die Diskussion über die „Kontrolldichte“ einerseits sowie über den objektiven Rechtschutzauftrag der Verwaltungsgerichte andererseits verdeutlicht darüber hinaus, dass sich im Verhältnis von Verwaltung und Verwaltungsgerichtsbarkeit zahlreiche Fragen nach gegenseitigen Abhängigkeiten, nach Wechselwirkungen und funktionalen Äquivalenten stellen. Auch deshalb darf der richterlichen Mediation im Verwaltungsprozess keine verfahrensersetzende Wirkung für die Konfliktmittlung in oder im Vorfeld von Verwaltungsverfahren zuerkannt werden. Die prozedurale Validität des informalen Mediationsverfahrens vor dem Verwaltungsprozess – wird sie denn erzeugt -, enthält eine „Indizwirkung des Konsens“ (Hoffmann-Riem), die verwaltungsrichterliche Mediation weder auflösen noch „doppeln“ darf. Umgekehrt bleibt die Behörde frei, auf Verwaltungsmediation zu verzichten. Bis zur „Spruchreife“ (§ 113 Abs. 1 und 5 VwGO) ist somit das Verwaltungsgericht auf die Initiative oder Nicht-Initiative der Behörde verwiesen.

## 5. Personelle Qualitätssicherung der richterlichen Dienstleistung „Mediation“

Wie für die Arbeit aller Organisationen gilt auch für die der Verwaltungsgerichte, dass die Qualität ihrer „Produkte“ und eben auch die der verwaltungsrichterlichen Mediation maßgeblich durch das richterliche Personal bestimmt wird. Persönlichkeit, Kenntnisse und Fähigkeiten des Gerichtsmediators prägen die Streitschlichtung und lassen sie im günstigen Fall zu dem werden, was sie im Kern ausmacht. Daher muss sich alle Aufmerksamkeit zuförderst der Personalrekrutierung, der Personalentwicklung durch Weiterbildung und der Evaluation der Mediatorentätigkeit bei Gericht zuwenden.

Damit kommen auf das Gerichtsmanagement mehrere Aufgaben im Zusammenhang der gerichtsverbundenen Mediation zu. Zum einen bedarf es förmlicher Festlegung der Zuständigkeiten des Gerichtsmediators sowie der Regelung des Abgabeverfahrens durch den zur Entscheidung befugten Richter an den Mediator. Die Integration der Mediation als Arbeitsmethode im Verwaltungsgericht hat andererseits die Gestaltung der Weiterbildung von Richtern zu Gerichtsmediatoren zum Gegenstand. Darüber hinaus wird es Notwendigkeiten der Koordination angesichts der dualen Struktur von Richterschaft und Gerichtsmediatoren zu entwickeln geben. Das Ziel dürfte ein umfassendes richterliches Management der Streitschlichtung sein.

## 6. Zusammenfassung

Drei Fragen und drei Hypothesen zur Integration von Mediation als Methode der konsensualen Konfliktlösung in das verwaltungsgerichtliche Verfahren. Erkennbar werden zuerst und einerseits die Gründe, warum Mediation zu einer so wichtigen Frage der richterlichen Streitschlichtung künftig werden wird. Zweitens und andererseits bedarf es weiterer rechtlicher Abstimmung zwischen dem Verwaltungsverfahren und dem Verwaltungsprozess bei Integration der Mediation als Methode richterlicher Konfliktlösung. Schließlich und drittens ist den Verwaltungsgerichten eine neue Verantwortung zur richterlichen Qualitätssicherung übertragen. Die von mir voraufgehend zu alledem geäußerten Überlegungen lassen wohl den Schluss zu, dass es mit einer bloßen Erprobung der gerichtsverbundenen Mediation in der Verwaltungsgerichtsbarkeit nicht getan ist; erst langsam beginnen sich die Probleme abzuzeichnen. Die Erkenntnisse aus dem Umgang mit ihnen und die weiteren Herausforderungen der Gerichtsmediation im Verwaltungsprozess formulieren jene Erwartungen, die an Modellprojekte zu richten sind.

**Projektwerkstatt 2005 – „Mediation in der Verwaltungsgerichtsbarkeit"**

*Harald Walther*

Mediation ist ungeachtet fortbestehender Bedenken (vgl. nur *Hartmann*, NJW 2005, Heft 5, Editorial) weiter Thema in der Justiz und auch in der Verwaltungsgerichtsbarkeit. Die bei einzelnen Gerichten verschiedener Länder in den letzten Jahre begonnen Aktivitäten (dazu *Walther*, BDVR-Rundschreiben 2004, 26) schreiten weiter voran.

Die Verwaltungsgerichtsbarkeit in Hessen hat sich durch ein von Staatsminister Dr. Christean Wagner eröffnetes Modellprojekt seit 1. Mai 2004 der gerichtsnahen Mediation angenommen. Die ersten Schritte des Vorhabens wurden im vergangenen Wintersemester 2004/05 in einer Projekt-Arbeitsgemeinschaft an der Deutschen Hochschule für Verwaltungswissenschaften Speyer (DHV Speyer) unter der Leitung des *Verf.* und in Kooperation mit Herrn Univ.-Prof. *Dr. Dr. h. c. Rainer Pitschas*, Dipl.-Verw., Lehrstuhl für Entwicklungspolitik, Verwaltungswissenschaft und öffentliches Recht an der DHV Speyer, begleitet. Die Arbeitsergebnisse wurden am 27. Januar 2005 in einer ganztätigen Projekt-Werkstatt vorgestellt und diskutiert (zum Programm vgl. BDVR-Rundschreiben 2004, 217. Der Unterzeichner hat auf Einladung der Hochschule als Mitglied des Bundesvorstandes des BDVR an der mit über 80 Teilnehmern gut besuchten Veranstaltung teilgenommen.

Nach der Begrüßung durch den Rektor der DHV Speyer, Herrn Univ.-Prof. *Dr. Rudolf Fisch*, in der dieser auf die vielfältigen, interdisziplinären Aktivitäten der Hochschule im Bereich der nach § 5a Abs. 3 DRiG zu vermittelnden Schlüsselqualifikationen und die damit einhergehende „Speyerer Mediationsinitiative" hinwies, wurden in der Einführung durch den *Verf.* kurz den Wandel der staatlichen Institutionen hin zu einem verstärkt festzustellenden konsensualen und kooperativen Handeln mit dem Bürger erläutert. Über das „New Public Management" in der öffentlichen Verwaltung ist auch die Justiz Adressat eines petitum zur Ökonomisierung der Rechtsprechungsfunktion. Nachdem Beschleunigungsnovellen und die Suche nach Binnenreserven ausgereizt scheinen, werden nunmehr auch im öffentlichen Sektor alternative Modelle der Streitbeilegung diskutiert. Ein sich ausbreitender Markt für Mediation ergreift auch die Justiz. Es folgte der Vortrag von *Pitschas*, der mit seinem Thema „Verwaltungsrechtsschutz durch Gerichtsmediatoren?" die aus Sicht des Wissenschaftlers gebotenen kritischen Fragen stellte, etwa ob verfassungsrechtliche Vorbehalte den Weg der Mediation durch Richter der Verwaltungsgerichtsbarkeit nicht versperrten. Sein Ausgangspunkt ist die Funktion der Rechtsprechung zur Streitschlichtung durch autoritativen Richterspruch in einem effektiven und effizienten Rechtsschutzfahren. Von Bedeutung sei weiter der funktionale Zusammenhang zwischen Verfahren und Rechtsschutz. *Pitschas* arbeitete weiter die Schwierigkeiten einer Einordnung der Mediation zwischen Rechtsprechung und Gerichtsverwaltung heraus. Die Zuweisung zur Rechtsprechung scheide aus, da Mediation als konsensuale Streitbeilegung nicht der Streitschlichtung durch autoritativen Richterspruch entspreche. Wegen des dezisiven Charakters der Mediation komme aber auch nicht in Betracht, diese der gerichtsverwaltenden Tätigkeit zuzuordnen. Er hob ein Verbot der Rechtsprechung ohne Recht, aber auch der Schlichtung ohne Rechtsprechung hervor. *Pitschas* räumte der Einführung des Güterichters größere Erfolgsaussichten ein, da die Mediation durch den funktionalen Wechselbezug von Verwaltungsgerichtsbarkeit und Verwaltungsverfahren eingeschränkt werde. In der anschließenden Diskussion war der Wettstreit zwischen Mediation und den Instituten des Verwaltungsprozesses (Erörterungstermin, mündliche Verhandlung, Vergleichsgespräch) Gegenstand. Prof. *Dr. Karsten-Michael Ortloff*, seit 1.10.2003 hauptamtlicher Gerichtsmediator des Verwaltungsgerichts Berlin (BDVR-Rdschr. 2003, 182) hielt lediglich 10% der Fälle für eine Mediation geeignet und verwies ansonsten auf den gerichtlichen Vergleich. Nicht Mediation und Rechtsprechung seien ein Gegensatzpaar, meinte Richter am Verwaltungsgericht *Peter Knorr*, Freiburg (vgl. dazu auch www.vg-freiburg.de). Er vertrat einen erweiterten Rechtsprechungsbegriff und erfasste damit die gerichtsnahe Mediation unter Art. 92 Abs. 1 GG.

Der Präsident des Hessischen Verwaltungsgerichtshofs Kassel, *Wolfgang Reimers*, trug sodann seine und des Gerichtszweigs „Erwartungen an das Hessische Modellprojekt“ vor. Nach Schilderung der Genesis des Projekts hob er das Engagement der Mediatoren hervor, die die neue Aufgabe ohne Freistellung zusätzlich zu den Belastungen des Dezernats bewältigten. Das Modellprojekt werde grundsätzlich sehr positiv aufgenommen. Außerdem habe die Praxis gezeigt, dass – mit Ausnahme der Asylverfahren – sich quasi jedes Rechtsgebiet als Anwendungsfeld bewährt habe. *Reimers* begrüßte die Bereitschaft zur wissenschaftlichen Begleitung des Modellprojekts durch Univ.-Prof. *Dr. Dr. h. c. Rainer Pitschas* und den *Verf.*, die bereits ein Konzept für die Zusammenarbeit der hessischen Verwaltungsgerichtsbarkeit mit der Deutschen Hochschule für Verwaltungswissenschaften Speyer vorgelegt haben.

Zu Beginn des 2. Teil der Projektwerkstatt folgte die Begrüßung auch die Teilnehmer des am Forschungsinstitut für die öffentliche Verwaltung (FÖV) bei der Deutschen Hochschule für Verwaltungswissenschaften Speyer (dazu *Walther*, BDVR-Rdschr. 2004, 216) durch die Initiatoren Univ.-Prof. *Dr. Rainer Pitschas* und Univ.-Prof. *Dr. Jan Ziekow*, Direktor des FÖV, eingerichteten Arbeitskreises „Rechtssprechungsmanagement in der Verwaltungsgerichtsbarkeit und gerichtsverbundene Mediation", der in Speyer zu seiner 2. Sitzung zusammen gekommen war und die Entwicklung wissenschaftlich konsistenter und praktisch verwertbarer Anregungen für die Verbindung von Verwaltungsrechtsprechung und Mediation im Rahmen der großen Justizreform zum Gegenstand hat (demnächst Siegel/*Schoppa*, NVwZ 2005, ). Im weiteren Verlauf präsentierten die Teilnehmer ihre in der Projekt-AG erarbeiteten Vorträge. Rechtsreferendarin *Jeannette Schönhauser* begann mit grundsätzlichen Erwägungen zur Problematik *„Entstaatlichung von Rechtsschutz"* sowie *„Wettbewerbsrechtlichen Aspekten der Mediation"*. Die Rechtsreferendarinnen *Anna Ruhs* und *Claudia Kern* wandten sich darauf der *„Implementation der Mediation in den öffentlichen Sektor"* und dem Verhältnis *„VwGO und Mediation"* zu. Hierbei wurden zum einen die Frage der optimalen Verortung der Mediation in Verwaltungs-, Widerspruchs- oder gerichtlichem Verfahren erörtert und zudem die bereits in der VwGO enthaltenen mediativen Elemente herausgearbeitet. Mediation als Teil der Konzepte *„Qualitätsmanagement"* und *„Controlling"* schilderten die Rechtsreferendar *Marcus Hirschfelder* und Rechtsreferendar Dipl.-Finw. *Björn Büscher*. Abhängig von der Zuordnung zu Rechtsprechung oder Gerichtsverwaltung wurden hier mögliche Potentiale für etwaige Ressourcen im Gerichtszweig untersucht. Mit seinen Ausführungen über *„Mediation und Richteramt"* schloss Rechtsreferendar *Sven Mohr* die Reihe der ersten Vorträge ab.

Die „Berichte aus der hessischen Verwaltungsgerichtsbarkeit" von des Rechtsreferendaren *Thomas Falkenstein*, *Martin Gerbracht* und *Sabine Reichenbach* erläuterten die Praxis des Modellprojekts. Hinsichtlich der Rekrutierung und Schulung der Gerichtsmediatoren ist Hessen ein "Self-Made-Projekt". Koordinator des hessischen Modellprojekts ist Richter am HessVGH Dr. Günter-Richard Apell. Gegenwärtig sind insgesamt 12 Mediatoren tätig (VGH Kassel: 2, VG Kassel: 1, VG Frankfurt: 3, VG Darmstadt, VG Wiesbaden und Gießen: je 2). Auch von Einsätzen der Gerichtsmediatoren an anderem Verwaltungsgericht wird berichtet - ein Gerichtsmediator des VG Wiesbaden hat beim VG Darmstadt Mediationen durchgeführt. Die Gerichtsmediatoren beim VGH und VG Kassel helfen gegenseitig aus. Im Hinblick auf die Freiwilligkeit als herausgehobenes Element der Mediation bestehen aus Sicht der Beteiligten gegen den Einsatz eines richterlichen Mediators bei einem anderen Gericht keine

Bedenken. Selbst eine Verwendung eines Gerichtsmediators eines Verwaltungsgerichts in der Sozialgerichtsbarkeit, soweit dort noch keine vergleichbaren Strukturen existieren, ist – gerade wegen der Aufgabenverlagerung der Sozialhilfestreitigkeiten – gut denkbar. Gerichtsmediation erweist sich nach den in der Projekt-AG gewonnenen Erkenntnisses damit als probates Mittel für einen flexiblen, gerichtsübergreifenden ggf. auch gerichtszweigübergreifenden Personaleinsatz.

Weitestgehend konnten in Hessen persönliche Interessen bei der Auswahl für die "Besetzung" der Stellen Berücksichtigung finden. Problematisch mag sich allenfalls die Bestimmung eines Mediators bzw. einer Mediatorin durch Los darstellen, ebenso wie sich nunmehr abzeichnende Probleme wegen des zur Jahresmitte bevorstehenden Wechsels einer Gerichtsmediatorin in die Sozialgerichtsbarkeit. Allerdings hält die Nachbargerichtsbarkeit durchaus Schritt. Auf dem am 3. und 4. Juni 2005 beim LSG Darmstadt stattfindenden Sozialrichterratschlag wird sich eine Arbeitsgruppe des Themas Mediation annehmen (www.sozialrichterratschlag.de).

Bei der Schulung der Mediatoren hat Hessen sinnvoller Weise sog. "Crash-Kurse" den Vorrang vor einer Ausbildung etwa an der Fernuniversität Hagen gewährt; eine im Hinblick darauf, dass z. B. im US-amerikanischen Multi-Door-Court-House-Modell bei Amtsgerichten (Magistrate Courts) ehrenamtliche Mediatoren mit einer nur 40-stündigen Ausbildung auskommen, durchaus vertretbare Entscheidung. Durch mehrere Wochenendschulungen bei bereits ausgebildeten Richtermediatoren in Niedersachsen bzw. weitere Schulungen bei Mediatoren und Kommunikationstrainern sind die Kollegen an ihre neue Aufgabe effizient und kostengünstig herangeführt worden. Befragungen im Rahmen der Projekt-AG haben ergeben, dass die genossene Ausbildung ausnahmslos inhaltlich sehr begrüßt wird. Ein "mehr" an Wissensvermittlung wäre sinnvoll, indes muss im Hinblick auf die Kosten schon der gegenwärtige Zustand als positiv konstatiert werden.

In Hessen wird Mediation als Teil der Gerichtsverwaltung im Sinne von § 4 Abs. 2 Nr. 1 DRiG qualifiziert. Für seinen Gerichtszweig hat der Präsident des Hessischen Verwaltungsgerichtshofes eine Dienstanweisung zur verwaltungsmäßigen Durchführung der Mediationsverfahren erlassen, die die Abwicklung des Schriftverkehrs unter einem einheitlichen Briefkopf und einer fortlaufenden Geschäftsnummer sowie die Bestimmung einer zentralen Mediationsgeschäftsstelle bei jedem Verwaltungsgericht ebenso erfasst wie Regelungen über die Aktenführung und die Erstellung einer Statistik.

Die ersten Mediationsergebnisse sind in beiden Instanzen positiv. Neben vereinzelten Co-Mediationen bei Verfahren mit einer Vielzahl von Beteiligten ist insbesondere bemerkenswert, dass allein beim Hessischen Verwaltungsgerichtshof 40 Verfahren erfasst und über 20 erfolgreich zu Ende geführt wurden. Für das Erkennen von Anwendungsfeldern der Mediation ist in diesem Zusammenhang bedeutsam, dass offenkundig Raum für Konsens auch nach einer erstinstanzlichen Entscheidung besteht. In dem Modellprojekt sollen derartige Konstellationen auf ihre Besonderheiten untersucht und in Erfahrung gebracht werden, welche Gründe für das Interesse an einer obergerichtlichen Mediation vorliegen.

| erfasster Zeitraum: ab 01.05.04 | bis 31.10.04 | bis 31.12.2004 |
|---|---|---|
| Erfasste Mediationsverfahren | 135 | 170 |
| Fehlende Zustimmung der Beteiligten | 25 | 43 |
| Verfahren in der Mediation | 110 | 127 |
| Noch anhängig | 63 | 47 |
| Abgeschlossene Verfahren | 47 | 80 |
| Erledigung bzw. Klagerücknahme | 38 | 70 |
| Erfolglose Verfahren | 9 | 10 |

Aus der Statistik geht hervor, dass auch Verfahren erfasst werden, deren Mediationseignung zunächst bejaht wird, in denen sodann aber mindestens einer der Beteiligten seine Zustimmung zur Mediation verweigert hat. Aussagen, aus welchen Gründen die Zustimmung nicht erfolgt ist bzw. nach welchen Kriterien im Einzelfall Verfahren in die Mediation gegeben werden, sind bislang nicht evaluiert worden. Somit ist der aussagekräftige Wert allein jener der 127 mediierten Verfahren; ein für das noch junge Projekt beachtliches Zwischenergebnis. Dies umso mehr vor dem Hintergrund, als die Mediatoren weder für die Bewältigung der notwendigen Ausbildung noch für die zusätzlich zum Dezernat anfallenden Mediationen eine Entlastung durch Justizverwaltung oder Präsidium erfahren. Auch der hohe Wert von nahezu 90% erfolgreicher Mediationen spricht auf den ersten Blick für die Qualität des Streitbeilegungsmodells.

Die unter insgesamt 25 Befragten vier Präsidenten, acht Mediatoren, zehn unbeteiligte Richter und drei Beteiligte (einen Behördenvertreter und zwei Rechtsanwälte) ermittelte „grundsätzlichen Haltung zur Mediation in der Verwaltungsgerichtsbarkeit" ergab, dass insgesamt 52% grundsätzlich positiv, 28% gespalten und die restlichen 20% gegenüber der Mediation negativ eingestellt seien.

Mit einem Streitgespräch über das „Pro und Contra der Mediation" setzten Assessorin *Maren Heinecke* und Rechtsreferendarin *Anja Büttner* Impulse für die sich anschließende Abschlussdiskussion. Hier brachten Gerichtsmediatoren aus 1. und 2. Instanz, Richterin am VG *Sybille Grünewald-Germann*, Wiesbaden, und Richter am Hess. VGH *Dr. Günter-Richard Apell,* Kassel, ihre Erfahrungen ein. *Thomas Rust*, Jurist im Rechtsamt einer Kreisverwaltung und ausgebildeter Mediator, brach eine Lanze für die frühere Anwendung der Mediation bereits im Verwaltungsverfahren und hob das Erfordernis eines sich wandelnden Verhältnisses zwischen Bürger und Staat hin zu einem mehr konsensualen Miteinander hervor. Die positiven Aspekte der Mediation im öffentlichen Recht aus Anwaltssicht unterstrich RA und AnwaltsMediator *Dr. Mathias Schäfer*, Limburg. Die von Rechtsreferendar *Sven Mohr* souverän geleitete Runde auf dem Podium schloss Univ.-Prof. *Dr. Rainer Pitschas*, Speyer, mit einer Vertiefung seiner kritischen Erwägungen zu Beginn der Veranstaltung.

In seinem die Projektwerkstatt schließenden Ausblick fasste *Walther* die ersten Ergebnisse des Tages kurz zusammen und hob das Erfordernis einer intensiven Fortsetzung des Modellprojekts ebenso hervor wie künftige Zusammenarbeit der hessischen Verwaltungsgerichtsbarkeit mit der Deutschen Hochschule für Verwaltungswissenschaften Speyer zur wissenschaftlichen Begleitforschung des Modellprojekts. Das hessische Modellprojekt schreitet voran. Es wird auch von Justizminister *Dr. Christean Wagener* persönlich weiter unterstützt. Bei der Anfang Februar 2005 erfolgten Amtseinführung des neuen Präsidenten des Verwaltungsgerichts Kassel hat der Minister die Erfolge der gerichtsnahen Mediation in der hessischen Verwaltungsgerichtsbarkeit besonders hervorgehoben und Mediation als „sinnvolle Erweiterung der Möglichkeiten der außergerichtlichen Streitbeilegung sowie zukunftsträchtige Alternative zur traditionellen Rechtspflege" bezeichnet (Pressemeldung Nr. 22 des HMdJ v. 11.02.2005). Auf die weitere Entwicklung darf man gespannt sein.

**Projektwerkstatt**

**„Mediation in der Verwaltungsgerichtsbarkeit“**

**am 27. Januar 2005**

“Recht ohne Gericht“ – „Schlichten statt Richten“. Im Zuge der kontinuierlichen Reform der Verwaltungsgerichtsbarkeit wird das Angebot an Streitbeilegungsmodellen nunmehr auch im öffentlichen Sektor durch das Institut der Mediation erweitert. Deren Erprobung ist seit 1. Mai 2004 Gegenstand des Modellprojektes „Gerichtsnahe Mediation in der hessischen Verwaltungsgerichtsbarkeit“. Eine erste wissenschaftliche Begleitung erfährt das Projekt durch die an der Deutschen Hochschule für Verwaltungswissenschaften Speyer im Wintersemester 2004/05 eingerichtete Arbeitsgemeinschaft „Mediation in der Verwaltungsgerichtsbarkeit“, deren Hörerinnen und Hörer zum Ende des Semesters Gelegenheit erhalten, sowohl theoretische Grundlagen als auch eigene empirische Untersuchungen präsentieren. Die Arbeitsergebnisse und neu gewonnenen Erkenntnisse sollen gemeinsam mit den Erfahrungen von am Projekt beteiligten Richtern, Behördenvertretern und Rechtsanwälten sowie der Justizverwaltung und der Wissenschaft diskutiert werden.

10.00 Uhr **Begrüßung und Eröffnung der Projektwerkstatt**
Univ.-Prof. *Dr. Rudolf Fisch,* Rektor der DHV Speyer

10.10 Uhr **Einführung in das Thema**
*Harald Walther*, Richter am VG Dipl.-Verw., Wiesbaden

10.30 Uhr **Verwaltungsrechtsschutz durch Gerichtsmediatoren?**
Univ.-Prof. *Dr. Rainer Pitschas*, Dipl.-Verw., DHV Speyer
**Diskussionsleitung:** *Heike Seifert,* DHV Speyer

11.30 Uhr **Erwartungen an ein Modellprojekt**
*Wolfgang Reimers*, Präsident des Hessischen Verwaltungsgerichtshofes, Kassel
**Diskussionsleitung:** *Anna Ruhs,* DHV Speyer

*Harald Walther*

12.15 Uhr **Mittagspause**

13.30 Uhr **Präsentationen der Projekt-AG**

"Gerichtsverbundene Mediation – Entstaatlichung und Wettbewerb"
*Jeannette Schönhauser*, DHV Speyer

"Implementation der Mediation in den öffentlichen Sektor"
*Anna Ruhs*, DHV Speyer

Mediation und VwGO"
*Claudia Kern*, DHV Speyer

„Richteramt und Mediation"
*Sven Mohr*, DHV Speyer

„Mediation zwischen Controlling, Benchmarking und Qualitätssicherung"
*Björn Büscher* und *Martin Hirschfelder*, DHV Speyer

14.15 Uhr **Berichte aus der hessischen Verwaltungsgerichtsbarkeit**
*Patricia Helbig, Sabine Reichenbach, Martin Gerbracht und Thomas Falkenstein*, DHV Speyer

15.00 Uhr Pause

15.15 Uhr **„Pro und contra Mediation" – Ein Streitgespräch**
*Anja Büttner und Maren Heinecke*, DHV Speyer

15.30 Uhr **„Round-Table-Gespräch“**

*Dr. Günther-Richard Apell*, Richter am Hess. VGH, Gerichtsmediator, Kassel

Sybille Grünewald-Germann, Richterin am VG, Gerichtsmediatorin, Wiesbaden

*Thomas Rust*, Rechtsamt des Main-Taunus-Kreises, Mediator, Oberursel

*Dr. Mathias Schäfer,* Rechtsanwalt und Mediator, Limburg

*Dr. Bernd Wittkowski, Vorsitzender Richter am VG,* Hessisches Ministerium der Justiz, Wiesbaden

Univ.-Prof. *Dr. Dr. h c. Rainer Pitschas,* Dipl.-Verw., DHV Speyer

**Moderation**: *Sven Mohr*, DHV Speyer

16.30 Uhr **Ende der Projektwerkstatt**

## Richter als Mediatoren – Ein Modellprojekt in der hessischen Verwaltungsgerichtsbarkeit*

*Harald Walther*

### 1. Mediation in der Justiz und das "Dorfrichter-Syndrom"

Mediation erfreut sich auch in der Justiz weiter zunehmenden Interesses. In den Editorialen der Neuen Juristischen Wochenschrift folgt nach der Äußerung von *Görk*[1] das ebenso fachlich qualifizierte wie gedrückte Lächeln *Hartmanns*[2] über den bayerischen Vorschlag zur Einführung des Güterichters im Zivilprozess[3] und der sich dadurch abzeichnenden Tendenzen der Entrechtlichung staatlicher Streitbeilegung. Der Richter klassischer Provenienz fürchtet offenkundig mit der durch die Mediation bewirkten Abkehr vom starren Prozessrecht den drohenden Verlust der seit Inkrafttreten der Reichsjustizgesetze bewährten Instrumente und Institute der Justiz.

Der nachstehende Beitrag schildert erste Erfahrungen und Überlegungen mit der Bereitstellung der Mediation als Institut gerichtsverbundener Streitbeilegung bei allen Gerichten der hessischen Verwaltungsgerichtsbarkeit. Grundlage sind Erkenntnisse, die an der Deutschen Hochschule für Verwaltungswissenschaften Speyer (DHV Speyer) im Rahmen der im Wintersemester 2004/05 durch den *Verf.* geleiteten Projekt-Werkstatt „Mediation in der Verwaltungsgerichtsbarkeit" erarbeitet wurden.[4]

In der gegenwärtigen Modernisierungsdiskussion der Justiz ist die Mediation als neues Institut der Streitbeilegung ein nicht mehr außer Acht zu lassender Faktor.[5] Soweit Mediation vermehrt auch in Modellprojekten bei Gerichten angeboten wird, liegt darin eine Erweiterung des rechtsschutzgewährenden Leistungsspektrums. Erstmals haben Gerichtszweige, einzelne Gerichte aber auch

---

* Erstveröffentlichung in: DRiZ 2005, 127 ff.

1 Görk, NJW 2004 (Heft 40), Editorial.

2 Hartmann, NJW 2005 (Heft 5), Editorial.

3 "Entwurf eines Gesetzes zur Stärkung der gütlichen Beilegung im Zivilprozess" vom 1. Oktober 2004 in der Änderungsfassung vom 2. November 2004, BR-Drs. 747/04.

4 Zum Programm der Projektwerkstatt: www.dhv-speyer.de/Studium/Lehrbeauftragte/Walther.

5 Götz von Olenhusen, DRiZ 2003, 396; Wrege, DRiZ 2003, 130; Schneeweiß, DRiZ 2002, 107; Kleinhenz/Ponschab, DRiZ 2002, 430; Vetter, DRiZ 2002, 448.

Landesjustizverwaltungen ohne vorheriges Tätigwerden des Gesetzgebers Bedürfnissen des Marktes „Rechtsschutz“ Rechnung getragen und begonnen eine im Vordringen befindliche Streitbeilegungsmethode in ihr Leistungsangebot zu integrieren.

Der Rahmen zeichnet sich allmählich ab. In der Justizministerkonferenz am 25. November 2004 haben sich die Ressortverantwortlichen auf die Eckpunkte einer "Großen Justizreform"[6] verständigt. Einstimmig haben die Justizminister die Stärkung der außergerichtlichen Streitbeilegung ebenso wie der Mediation in den Gerichten vorgesehen.[7] Indes ist erkennbar, dass die Hauptursache für die Unterstützung der konsensualen Streitbeilegung in dem Bestreben zu liegen scheint, die wertvolle und knappe Ressource richterlicher Bewertung und Entscheidung eines Konflikts nur in den Fällen einzusetzen, in denen die Möglichkeiten außergerichtlicher Streitbeilegung ausgeschöpft sind. Wenn das gewachsene System staatlichen Rechtsschutzes durch neue Modelle der Befriedung von Streitigkeiten ergänzt oder in Teilen gar substituiert werden soll, ist Sorge dafür zu tragen, dass der durch Art. 19 Abs. 4 GG verfassungsrechtlich gewährte Grundsatz effektiven Rechtsschutzes nicht Einbußen erleidet. Daher sind insbesondere jene Modellprojekte in den Ländern zu begrüßen, die sich wissenschaftlich begleitet mit der möglichen Implementation neuer Streitbeilegungsmodelle in das geltende Prozessrecht befassen.

## 2. Das hessische Modellprojekt

### 2.1. Entstehungsgeschichte

Bislang beschränken sich die laufenden Modellprojekte in anderen Bundesländern auf einzelne Gerichte. Als Vorreiter gilt das Verwaltungsgericht Freiburg, an dem ein einzelner Kollege als Gerichtsmediator tätig ist.[8] Seit März 2002 wird bei dem Amts- und Landgericht Göttingen sowie dem Sozial- und Verwaltungsgericht Hannover Mediation in Niedersachsen angeboten und nachgefragt.[9] Seit dem 1. Oktober 2003 ist Prof. *Dr. Karsten-Michael Ortloff* am Verwaltungsgericht Berlin von seinen Aufgaben als Vorsitzender Richter am

6 Heister-Neumann, ZRP 2005, 12.

7 JuMiKo-Beschluss (TOP 2.2). Die Abstimmung erfolgte 16:0:0; Heister-Neumann, a.a.O., S. 14.

8 Homepage des Gerichts, Näher: von Bargen, VBlBW 1998, 121; ders. DVBl. 2004, 468.

9 Olenhusen, ZKM 2004, 104.

Verwaltungsgericht entbunden und nur noch als Gerichtsmediator tätig.[10] Im Januar 2004 hat Mecklenburg-Vorpommern am VG Greifswald eine "Mediationskammer" eingerichtet.[11] Die wissenschaftliche Begleitforschung in Niedersachsen[12] bezieht sich neben dem Verwaltungs- und Sozialgericht Hannover hinaus auch auf das Land- und Amtsgericht Göttingen; der Erkenntnisgewinn bezieht sich hier aber nur auf den singulären Einsatz der Mediation bei einzelnen Gerichten[13]. Die Erprobung des neuen Streitbeilegungsmodells bei allen Verwaltungsgerichten eines Flächenstaates findet dagegen erstmals in Hessen statt. Am 31. März 2004 hat der Hessische Minister der Justiz, Staatsminister Dr. Christean Wagner, den Startschuss zu einem in der Bundesrepublik vergleichslosen Modellprojekt gegeben. Mediation als ein im öffentlichen Sektor noch junges Medium der Streitbeilegung wird seit dem 1. Mai 2004 an allen hessischen Verwaltungsgerichten erster und zweiter Instanz angeboten.[14]

## 2.2. Rekrutierung, Ausbildung und Organisation

Gegenwärtig sind insgesamt 12 Mediatoren tätig, die in Einzelfällen auch "gerichtsübergreifend" tätig sind - einen gesetzlichen Mediator gibt es nicht.[15] Selbst ein Einsatz des Gerichtsmediators eines Verwaltungsgerichts in der Sozialgerichtsbarkeit[16], soweit dort noch keine vergleichbaren Strukturen existieren, ist – gerade wegen der Aufgabenverlagerung der Sozialhilfestreitigkeiten – auch im Sinne einer gerichtsübergreifenden ggf. auch gerichtszweigübergreifenden Personalflexibilisierung gut denkbar.

Hinsichtlich der Rekrutierung und Schulung der Gerichtsmediatoren ist Hessen ein "Self-Made-Projekt". Bei der Schulung der Mediatoren hat Hessen sog.

---

10 Zuletzt: Ortloff, NVwZ 2004, 385; ders., Mediation und Verwaltungsprozess, in: Haft/ von Schlieffen(Hrsg.), Handbuch Mediation, Seite 762 .

11 Kohl, NordÖR 2004, 100; näher zu den einzelnen Modellprojekten: Walther, BDVR-Rundschr. 2004, 26; ders. ZKM 2005 (Heft 2).

12 Bötger/Hupfeld, ZKM 2004, 155.

13 Ebenso Reitz, siehe unten (Fn. 20).

14 Pressemeldung des Hessischen Ministeriums der Justiz vom 31. März 2004; Rust, NJW 2004, XVI.; Fritz/Karber/Lambeck (Hrsg.), Mediation statt Verwaltungsprozess? - Möglichkeiten und Grenzen außergerichtlicher / gerichtsnaher Streitschlichtung in Europa, Europäische Verwaltungsgerichtsbarkeit, Band 2, 2005.

15 So etwa im niedersächsischen Modellprojekt als gerichtsübergreifende Mediation; vgl. dazu Kleine-Tebbe, in: Fritz/Karber/Lambeck (Fn.7), S. 165. Ein Gerichtsmediator des VG Wiesbaden hat beim VG Darmstadt Mediationen durchgeführt.

16 Zuletzt Schümann, SGb 2005, 27.

"Crash-Kurse" den Vorrang vor einer kostenintensiven Ausbildung etwa an der Fernuniversität Hagen gewährt.[17] Durch mehrere Wochenendschulungen bei bereits ausgebildeten Richtermediatoren in Niedersachsen bzw. weitere Schulungen bei Mediatoren und Kommunikationstrainern[18] sind die Kollegen an ihre neue Aufgabe effizient und kostengünstig herangeführt worden.

In Hessen wird Mediation als Teil der Gerichtsverwaltung im Sinne von § 4 Abs. 2 Nr. 1 DRiG verstanden. Folgerichtig hat der Präsident des Hessischen Verwaltungsgerichtshofes für seinen Gerichtszweig eine entsprechende Dienstanweisung zur verwaltungsmäßigen Durchführung der Mediationsverfahren erlassen, die das äußere Verfahren, die Aktenführung und die Erstellung einer Statistik regelt.

## 2.3. Statistik

Die ersten Mediationsergebnisse sind in beiden Instanzen positiv. insbesondere ist bemerkenswert, dass allein beim Hessischen Verwaltungsgerichtshof etwa 40 Verfahren erfasst und über 20 erfolgreich zu Ende geführt wurden. Offenkundig besteht Raum für Konsens auch nach einer erstinstanzlichen Entscheidung.

| | |
|---|---|
| Zeitraum: ab 01.05.04 | bis 31.12.2004 |
| Erfasste Mediationsverfahren | 170 |
| Fehlende Zustimmung der Beteiligten | 43 |
| Verfahren in der Mediation | 127 |
| Noch anhängig | 47 |
| Abgeschlossene Verfahren | 80 |
| Erledigung bzw. Klagerücknahme | 70 |
| Erfolglose Verfahren | 10 |

Der allein aussagekräftige Wert der 127 mediierten Verfahren lässt ein für das noch junge Projekt beachtliches Zwischenergebnis erkennen. Dies umso mehr, als die Mediatoren weder für die Bewältigung der notwendigen Ausbildung noch für die zusätzlich zum Dezernat anfallenden Mediationen bislang eine Entlastung durch Justizverwaltung oder Präsidium erfahren, gleichwohl (Mehr)-

---

17 Im Hinblick darauf, dass z. B. im US-amerikanischen Multi-Door-Court-House-Modell bei Amtsgerichten (Magistrate Courts) ehrenamtliche Mediatoren mit einer nur 40-stündigen Ausbildung auskommen, eine durchaus vertretbare Entscheidung.

18 U. a. durch Liz Ripke und Dr. Markus Troja.

Arbeit für das Gericht erledigt wird. Auch der hohe Wert von nahezu 90% erfolgreicher Mediationen spricht auf den ersten Blick für die Qualität des Streitbeilegungsmodells.

## 2.4. Wissenschaftliche Begleitforschung

Die DHV Speyer und die hessische Verwaltungsgerichtsbarkeit kooperieren miteinander. Das Modellprojekt erfährt eine qualifizierte wissenschaftliche Begleitforschung[19] durch die DHV Speyer, dort insbesondere durch den Lehrstuhl von Herrn Univ.-Prof. *Dr. Rainer Pitschas*[20] und durch weitere Projekt-Arbeitsgemeinschaften in den kommenden Semestern. Durch den unter der Leitung der Univ.-Prof. Dres. Ziekow und Pitschas am Forschungsinstitut für öffentliche Verwaltung bei der DHV Speyer bereits im Jahre 2003 eingerichteten Arbeitskreis "Rechtsprechungsmanagement und gerichtsverbundene Mediation in der Verwaltungsgerichtsbarkeit"[21] wird die wissenschaftliche Begleitforschung des hessischen Projekts ergänzt.

## 2.5. Vorläufiger Erkenntnisstand

Das Angebot der Mediation in den Verwaltungsgerichten ist von den Beteiligten ganz überwiegend positiv aufgenommen worden.[22] In vielen Fällen wurde durch die Mediation eine inhaltlich tragfähige Lösung gefunden bzw. konnten langjährige Konflikte befriedet werden. In der Regel wurden die Mediationsverfahren bei den Gerichten deutlich früher als ein klassisches Verwaltungsstreitverfahren abgeschlossen. Dabei ist noch nicht evaluiert, ob und inwieweit der Bearbeitung von Mediationsverfahren der Vorrang vor anderen Verwaltungsstreitverfahren eingeräumt wurde, ob die Zustimmung der Beteiligten zur Mediation eine beschleunigte "Terminierung" bewirken kann und ob nicht ein nach klassischem Muster handelnder Richter in einem Erörterungstermin durch den

---

19 Zu Niedersachsen: Böttger/Hupfeld, ZKM 2004, 104; zum VG Gießen vgl. auch Reitz, Begleitforschung zum Projekt "Gerichtsnahe Mediation beim Verwaltungsgericht Gießen", in: Fritz/Karber/ Lambeck, (Fn. 7), S. 131.

20 Lehrstuhl für Entwicklungspolitik, Verwaltungswissenschaft und Öffentliches Recht; zum Thema: aktuell: Pitschas, NVwZ 2004, 398; ders. (Hrsg.), Die Reform der Verwaltungsgerichtsbarkeit, 1999.

21 Gille/Siegel, NVwZ 2004, 322; Walther, BDVR-Rundschr. 2004, 26, aktuell zum Arbeitskreis: Schoppa/Siegel, NVwZ 2005 (Heft 4), in Vorbereitung.

22 Reimers, Erwartungen an ein Modellprojekt, Vortrag im Rahmen der Projektwerkstatt an der DHV Speyer am 27. Januar 2005.

Einsatz mediativer Elemente nicht im Einzelfall das gleiche Ergebnis hätte erreichen können. Eine Erkenntnis aber scheint sich auch im Zusammenhang mit einer neuen Diskussion um Qualität[23] richterlicher Entscheidungen wieder durchzusetzen. Effizienz und Effektivität staatlicher Streitbeilegung misst sich nicht alleine an Erledigungszahlen.[24] Je mehr der Staat sich als Teil eines Marktes versteht ("Konzern Hessen")[25], ist es auch geboten, ein besonderes, neu zu definierendes Augenmerk auf Kundenzufriedenheit zu lenken. Einhergehend hiermit darf indes die Notwendigkeit einer klaren Kosten-Nutzen-Analyse bzw. Wirtschaftlichkeitsberechnung zu gegebener Zeit nicht übersehen werden.
Es ist geboten, das Projekt zu unterstützen und bekannt zu machen. Erst durch eine breite Kenntnis des Angebotes wird die Akzeptanz im Gerichtszweig und bei den Beteiligten steigen können. Das Hessische Ministerium des Innern und für Sport unterstützt Mediation sowohl in Justiz und Verwaltung als auch als Element der Personalführung durch entsprechende Informationsveranstaltungen für Führungskräfte[26].

### 2.6. Richteramt und Mediation

Ungeklärt bislang ist die Frage, wie gerichtsverbundene Mediation rechtlich in das System des verwaltungsgerichtlichen Rechtsschutzes integriert werden kann. Zwei praktizierte Modelle stehen zur Diskussion[27].

#### 2.6.1 Justizverwaltung nach § 4 Abs. 2 DRiG

Mit der Einordnung der Mediation als Aufgabe der Gerichtsverwaltung nach § 4 Abs. 2 Nr. 1 DRiG geht Hessen einen auf den ersten Blick klaren Weg. Soweit Mediation für sich in Anspruch nimmt, Streitbeilegung mittlergestützt ohne Entscheidungsbefugnis zu bewirken, kommt deren Einordnung als richterliche Tätigkeit kaum in Betracht. Andererseits steht das mediative Beilegen eines

---

23 Hien, DVBl. 2004, 909.

24 So ausdrücklich der Präsident des Hessischen Verwaltungsgerichtshofes, Wolfgang Reimers (Fn. 22).

25 Ministerpräsident Roland Koch, Regierungserklärung vom 25. Januar 2005, www.hessen.de.

26 Vorträge des Verf. im Auftrag des Hessischen Ministeriums des Innern und für Sport – Referat Ressortübergreifende Fortbildung – im Rahmen der Spitzenführungskräftefortbildung am 8. September 2004, 17. März und 14. Juni 2005.

27 Eingehend: Pitschas, NVwZ 2004, 402; Ziekow, NVwZ 2004, 395 und Ortloff, NVwZ 2004, 389.

Streites der richterlichen Tätigkeit wegen seines schlichtenden Charakters näher als den klassischen Tätigkeitsfeldern der Justizverwaltung.[28] Als Teil der Gerichtsverwaltung könnte Mediation bei konsequenter Betrachtungsweise dem Gebot der Zeitmengenerfassung unterfallen. Die im Rahmen des hessischen Modells erstellte Statistik erfasst wohl die Laufzeiten der Verfahren insgesamt, trifft indes bislang nicht wünschenswerte Aussagen über den für die einzelnen Arbeitsschritte erforderlichen Zeitaufwand.

Andererseits ist die mit der Zuordnung der Justizverwaltung formal gegebene Weisungsabhängigkeit problematisch. Abgesehen von einem einvernehmlichen Zusammenwirken aller Beteiligten in einer Modellphase ist de lege lata zu fragen, inwieweit Mediatoren soweit sie Streitbeilegung als Aufgabe der justiziellen Exekutive betreiben Weisungen und Steuerungsmöglichkeiten der Justizverwaltung ausgesetzt sein können. Zugehörigkeit zur Exekutive und Weisungsunabhängigkeit schließen sich nicht per se gegenseitig aus. In vergleichbaren Konstellationen besteht auch für Entscheidungsträger, die in eine Verwaltungsorganisation eingegliedert sind, inhaltliche Unabhängigkeit.[29] Die Mediation als neuer Aufgabenbereich steht inhaltlich der richterlichen Tätigkeit näher als einem Referat der Gerichtsverwaltung.

### 2.6.1. Rechtsprechung nach § 278 Abs. 5 Satz 2 ZPO

Auf den ersten Blick mag daher die analoge Anwendung von § 278 Abs. 5 Satz 2 ZPO über § 173 VwGO nahe liegend erscheinen,[30] wonach der Gerichtsmediator als beauftragter Richter von den Kollegen des eigenen Gerichts in Anspruch genommen wird. Gleichwohl verwehrt das trennscharfe Kriterium der bei der Mediation fehlenden Entscheidungsmacht des Mittlers gegenüber dem entscheidungsbefugten wie auch entscheidungsverpflichteten Richter die Zuordnung zur rechtsprechenden Tätigkeit nach Art. 92 GG. Zudem findet auf Mediatoren Art. 101 Abs. 2 GG keine Anwendung.

---

[28] Im Rahmen der durchweg gesehen Notwendigkeit, sog. Präsidialrichter mit Verwaltungsaufgaben zu betrauen ist insbesondere der gestiegene Anteil des EDV-Bereichs zu erwähnen. Die Übertragung derartiger Aufgaben auf entsprechend qualifizierte Beamte des Justizverwaltungsdienstes käme in gleicher Weise in Betracht.

[29] Einzelentscheider des Bundesamtes für Migration und Flüchtlinge; Schiedsstelle für die Festsetzung von Krankenhauspflegesätzen nach § 18a KHG.

[30] So etwa praktiziert beim VG Freiburg durch den dortigen Mediator, Richter am VG Peter Knorr (Einzelheiten unter www.vgfreiburg.de) und beim Modellprojekt in Mecklenburg-Vorpommern.

Mediation erweist sich damit bei kursorischer Betrachtung als eine dem System des (verwaltungs-)gerichtlichen Rechtsschutzes normativ fremde Form der Streitschlichtung; eine zweifelsfreie Einordnung in das geltende Prozessrecht gelingt nicht. Die Besonderheiten des Instituts der Mediation selbst verhindern eine "harmonische" Subsumtion unter Prozess-, Richter- und Justizverwaltungsrecht.

## 2.7. Implementation der Mediation in das Gerichtsverfahren

Bei der Frage der Implementation der Mediation in Verfahrensordnungen der allgemeinen und besonderen Verwaltungsgerichte zeigt ein kurzer Vergleich mit den Partner-Prozessordnungen der Sozial- und Finanzgerichte, dass auch hier von unterschiedlichen Voraussetzungen auszugehen ist. In § 107 VwGO ebenso wie § 125 SGG und § 95 FGO heißt es zunächst lapidar: Über die Klage wird, soweit nichts anderes bestimmt ist, durch Urteil entschieden". Damit ist die Vorgabe für eine grundsätzlich streitige Entscheidung gegeben. „Mediationsfreundlicher" öffnet sich dagegen der Zivilprozess. Zwar findet sich auch in § 300 ZPO die den o.g. Verfahrensnormen entsprechende Verpflichtung des Gerichts, bei entscheidungsreifem Rechtsstreit durch Endurteil zu entscheiden. Nach § 278 Abs. 1 ZPO soll das Gericht indes in jeder Lage des Verfahrens auf eine gütliche Beilegung des Rechtsstreits oder einzelner Streitpunkte bedacht sein.

### 2.7.1. Berichterstatter und Einzelrichter vs. Mediator

Weniger „zwingend" ist dagegen das Verfahrensrecht der allgemeinen und besonderen Verwaltungsgerichtsbarkeiten. Nach § 87 Abs. 1 Nr. 1 VwGO kann der Vorsitzende oder Berichterstatter die Beteiligten zu einem Termin laden, der neben der Erörterung des Sach- und Streitstandes auch gütlichen Beilegung des Rechtsstreits und der der Entgegennahme eines Vergleichs dient. Immerhin ist der Erörterungstermin in § 87 Abs. 1 VwGO bei systematischer Betrachtungsweise als erste Alternative der Befugnisse eines Berichtserstatters in der VwGO erwähnt, wogegen das SGG das mögliche Ziel einer gütlichen Einigung nur erahnen lässt. In § 106 Abs. 3 Nr. 7 SGG – systematisch an letzter Stelle der Vorschrift, die die Aufklärungspflicht des Vorsitzenden regelt – ist bestimmt, dass bereits vor der mündlichen Verhandlung alle Maßnahmen zu treffen sind, die nötig sind, um den Rechtsstreit möglichst in einer mündlichen Verhandlung zu erledigen. Ähnlich 79 FGO. Auch hier von gütlicher Einigung nicht die Rede.

Mehr noch: Das Institut des Vergleichs (§ 106 VwGO, § 101 SGG) ist dem Finanzprozess unbekannt. Auch schon vor der Neufassung von § 87 Abs. 1 Nr. 1 bis 6 VwGO zum 1. Januar 1991 durch das 4. VwGOÄndG war die Möglichkeit einer gütlichen Einigung vom Gesetzgeber für den Verwaltungsprozess erkannt; nicht dagegen für den Finanzgerichtsprozess. Bereits der Entwurf des BMJ für eine Verwaltungsprozessordnung von 1977 sah – in konsequenter Fortentwicklung des Speyerer Entwurfs zur VwPO 1969 – die Einführung einer für alle Gerichtszweige geltenden Vorschrift über den Gerichtsvergleich im öffentlichen Recht vor (§ 125 EVwPO). Auch die Harmonisierung des Erörterungstermins und die ausdrückliche Möglichkeit einer gütlichen Einigung war für alle drei Gerichtszweige enthalten (§ 97 EVwPO).

Sicher mag Mediation als Methode deutlich von einem auf Konsens ausgerichteten richterlichen Vorgehen differenziert werden. Ob tatsächlich die Mediation als Institut in der Verwaltungsgerichtsbarkeit neben dem aufgezeigte und ohnehin gegebenen sowie möglicherweise noch Ressourcen bergenden Gebot des Gütegedankens im Erörterungstermin (§ 87 Abs. 1 Satz 1 VwGO) in oder neben der Prozessordnung bestehen kann, ist ebenfalls Gegenstand der Untersuchungen im Rahmen des Modellprojekts. Hierbei ist vor allem zu evaluieren, ob die Qualität der Mediation, soweit sich für sich in Anspruch nimmt, durch die mittlergestützte von den Beteiligten selbst geschaffene Lösung eine dauerhafte, endgültige und ggf. mehr Akzeptanz beinhaltenden Schaffung von Rechtsfrieden zu erreichen, gegenüber den Modellen klassischer juristischer Lösung von Konflikten einen neuen, eigenständigen Wert ausmacht.

Es scheint sich in diesem Zusammenhang im Übrigen zu bestätigen, dass der zeitnahe Einsatz eines Erörterungs- bzw. Gütetermins resp. einer einvernehmlichen Mediation für die Streitbeilegung in jedem Falle förderlicher ist als das ineffiziente wechselseitige Zustellen von Schriftsätzen und eine Entscheidung durch Gerichtsbescheid oder Urteil nach längerer Zeit. Der "frühe erste Termin" im verwaltungsgerichtlichen Verfahren sollte in diesem Kontext neu überdacht werden.[31]

---

[31] Ein entsprechender Vorschlag des hessischen Ministeriums der Justiz ist nicht in den Bundesrat eingebracht worden, sondern zuvor innerhalb der Verwaltungsgerichtsbarkeit gescheitert. Vgl. aber www.vgfreiburg.de und Hien, DVBl. 2004, 909.

### 2.8. Effizienz und Effektivität der Mediation – Das Kostenproblem

Die Attraktivität des Modellprojekts wird im Wesentlichen durch die gegenwärtige Kostenneutralität mitbestimmt. Das Zwischenverfahren bei den hessischen Verwaltungsgerichten ist – neben den anfallenden Gerichtsgebühren – bislang kostenneutral. Mediation steht indes im Wettbewerb.[32] Das in der Nähe der Gerichte noch junge Medium misst sich mit der außergerichtlichen Mediation hinsichtlich Effizienz und Akzeptanz. Für Rechtsanwälte ist Mediation ein wichtiges neues Betätigungsfeld. Innerhalb der Gerichte sieht sich die Mediation dem Wettbewerb mit den klassischen Instrumenten der VwGO, Erörterungstermin und mündliche Verhandlung, ausgesetzt.

Ergänzend sei hervorgehoben, dass eine erste Befragung von Mitarbeitern einer Mediationsgeschäftsstelle ergeben hat, dass der dort zu verzeichnende Geschäftsanfall gegenüber der Bewältigung klassischer Verfahren deutlich geringer ist. Da nur die freiwillige Terminabsprache durch eine entsprechende Ladung umzusetzen ist und innerhalb des Mediationsverfahrens wegen des Vertraulichkeitsgrundsatzes auch kein Verlaufsprotokoll angefertigt wird, entfallen im Idealfall eine Vielzahl von Arbeitsschritten (Zustellen von Schriftsätzen, pp.); auch hierdurch können Binnenreserven erwirtschaftet werden.

## 3. Zusammenfassung und Ausblick

Es gibt – neben dem Bundesverwaltungsgericht in Leipzig und nunmehr nur noch 15[33] Oberverwaltungsgerichten – in Deutschland 52 Verwaltungsgerichte erster Instanz mit einem Geschäftsanfall von ca. 260.000 Verfahren. Die Vergleichsquote – als ein Anhaltspunkt für Mediationseignung – ist bundesweit mit 3,9 % (ohne Asyl: 5,8 %) aber auch in Hessen mit 5,0 % (ohne Asyl: 7,7 %) gegenüber den Erledigungen durch Urteil (Bund: 28,8 % bzw. 14,50 %) und Beschluss (52,8 % bzw. 60,5 %) eher gering.[34] Das Modellprojekt wird aufzeigen müssen, ob und in wieweit Mediation nicht nur in der Lage ist, jene Fälle zu befrieden, die vom Berichterstatter nicht ohnehin in einer für die Beteiligten ver-

---

32 Dazu Spalckhaver, IDR 2004, 79.

33 Zum 1.1.2005 sind die Oberverwaltungsgerichte (ebenso wie – zukunftsweisend? – die jeweiligen LSGe, FGe und LAGe) der Länder Berlin und Brandenburg zum „OVG Berlin-Brandenburg" zusammengelegt worden (Staatsvertrag über die Errichtung gemeinsamer Fachgerichte der Länder Berlin und Brandenburg vom 26. April 2004, www.berlin.de/senjust/gerichte/ovg/fusion.html).

34 Statistisches Bundesamt, Verwaltungsgerichte 2002.

gleichbar zufrieden stellenden Weise – etwa in einem in seiner Effizienz bislang unterschätzten „frühen ersten Termin" – erledigt werden können, sondern darüber hinaus auch solche Konstellationen erfasst, die bislang erst durch arbeitsaufwendigen Personal- und Sachmitteleinsatz einem streitigen Abschluss zugeführt werden konnten. Der erhoffte Erfolg des Projekts wird kaum dadurch erreicht werden, wenn allein die „vergleichsgeeigneten" Fälle vom gesetzlichen Richter auf die Gerichtsmediatoren verlagert werden. Es bedarf zur Feststellung der Aussagekraft des neuen Instituts einer breiten Evaluation. Für Hessen ist zu erwarten, dass mit der künftig steigenden Bekanntheit und der damit einhergehenden Akzeptanz der Mediation die Zahl auch der erfolgreichen Verfahren in der Mediation deutlich steigen wird. Die Verwaltungsgerichtsbarkeit Hessens sollte jedenfalls für die weitere Entwicklung personell und organisatorisch gewappnet sein.

## Mediation zwischen Bürger und Staat in Japan*

*Harald Walther und Shinsuke Matsuzuka*

Der Beitrag befasst sich mit den aktuellen Entwicklungen der alternativen Streitschlichtung in Japan, insbesondere im öffentlichen Sektor, d.h. der Beilegung von Konflikten zwischen Bürger und Staat. Im Jahre 2004 wurde das Gesetz zur Förderung der außergerichtlichen Konfliktlösungsverfahren – das Alternative Dispute Resolutions-Gesetz (ADRG) = *Saiban-gai funsô kaiketsu tetsuzuki no riyô no sokushin ni kansuru hôritsu* – verabschiedet, das darauf abzielt, die außergerichtliche Streitbeilegung durch Private zu effektivieren. Die Auswirkungen des neuen Gesetzes vor dem Hintergrund der japanischen Konfliktlösungstradition interessieren auch in Deutschland, soweit Mediation versucht, anstelle der Rechtsfindung durch den Richter, sich einen Platz im Rechtsschutzsystem zu erobern.[1] Beginnend mit einem notwendigen Blick auf die japanische Geschichte, der die Grundlagen der heutigen Konfliktlösungsmodelle im Land der aufgehenden Sonne verständlich macht, werden die Unterschiede zwischen japanischer und europäischer, insbesondere deutscher Rechts- und Konfliktkultur deutlich. Ebenso wird erkennbar, welche Hürden in der Bundesrepublik Deutschland von der Mediation noch zu nehmen sein werden.

* Erstveröffentlichung in: ZKM 2006, 108. Der Verf. Dr. Matsuzuka ist Absolvent des Aufbaustudiums an der Deutschen Hochschule für Verwaltungswissenschaften Speyer; der Verf. Walther ist Lehrbeauftragter ebenda und am Lehrstuhl von Univ.-Prof. Dr. Dr. h. c. Rainer Pitschas mit der wissenschaftlichen Begleitforschung des hessischen Modellprojekts „Mediation in der Verwaltungsgerichtsbarkeit" betraut. Der Aufsatz ist die gemeinschaftlich überarbeitete und erweiterte Fassung eines Vortrages, den Herr Dr. Matsuzuka am 4. April 2006 im Verwaltungsgericht Wiesbaden vor dem „Forum Verwaltungsgericht" gehalten hat.

1 Vgl. z.B. Walther, Mediation in der Verwaltungsgerichtsbarkeit – Eine Einführung in die Speyerer Mediationsinitiative, in: Pitschas/Walther, Mediation in der Verwaltungsgerichtsbarkeit, Speyerer Arbeitsheft Nr. 173, Speyer 2005, S. 13 ff., Walther, Mediation durch Verwaltungsgerichte, ZKM 2005, 53; ders., Richter als Mediatoren, DRiZ 2005, 127 ff., Pitschas, Mediation als Methode und Instrument der Konfliktmittlung im öffentlichen Sektor, NVwZ 2004, 398 ff., Fritz u. a. (Hrsg.), Mediation statt Verwaltungsprozess?, 2004.

## 1. Einführung und Grundlagen

Kein moderner freiheitlicher Industriestaat kommt bei der Bewältigung seiner Rechtsgeschäfte mit so wenig Juristen wie Japan aus. Gerade aus deutscher Sicht drängt sich die Frage auf: Wie kann das funktionieren? Der Schlüssel zu ihrem Rechtsempfinden liegt in der Abneigung der Japaner gegen gesetzliche Prinzipien. Sie bevorzugen pragmatische Lösungen. Das innere Wesen der Japaner sträubt sich gegen Gerichte, die richtig von falsch und rechtmäßig von rechtswidrig unterscheiden. Auch wenn ein Bürger eine höhere Wahrscheinlichkeit zum Gewinn eines Prozesses hat, zögert er Klage zu erheben, weil er Sorge hat, dass die Anderen (insbesondere seine Nachbarn) in Verfahren Einblick in seine Privatsphäre nehmen könnten. Das gilt vor allem bei öffentlichen Verfahren in Familiensachen und Sozialfürsorgesachen.

## 2. „Wa" = 和 = Harmonie

Im 6. Jahrhundert trat der Buddhismus in Japan neben die schon vorhandene Volksreligion des Schintoismus. Damit verknüpft ist die Regentschaft von Shotoku Taishi (574 - 621). Im Jahre 604 verkündete dieser die als Verfassung („Jushichijô-Kenpô")[2] bezeichneten "17 Verfügungen", religiöse und philosophische Ermahnungen zu Loyalität dem Herrscher gegenüber, zu Gehorsam und Pflichterfüllung; eine Vergleichbarkeit mit modernen Verfassungen ist nicht gegeben. Unter diesen Anweisungen an die Adligen enthielt Art. 1 das Gebot der Harmonie („Wa"), Grundlage für den ersten japanischen Zentralstaat. Die Lösung von Streitigkeiten war damit nicht einer einseitigen Rechtsfindung durch ein Gerichtswesen überantwortet, sondern beruhte vorrangig auf einem angestrebten Konsens zwischen den Streitenden. Das in seiner Geschichte kaum von außen Angriffen ausgesetzte Japan entwickelte sich relativ friedlich, sicher und stabil. Das Verhalten Dritter war stets berechenbar. Es bedurfte keiner ausdrücklichen Regeln – die Zusammenarbeit der Bevölkerung insbesondere im Rahmen der Daseinsvorsorge (etwa bei der Bewässerung der lebenswichtigen Reisfelder) gelang überwiegend ohne Kodifikationen. Das heutige japanische Zivilschlichtungsgesetz soll im Übrigen auf das feudalistische Schlichtungssystem zurückgehen.[3] Auftretende Konflikte zwischen den Bürgern (Zivilsachen) wurden wäh-

---

2 „Shotoku-Taishi", in: MSN Encarta (www.jp.encarta.msn.com/home.aspx).

3 Hayakawa, Yoshihisa, funsôshori-sisutemu no kenryokusei to ADR ni okeru tetsuzuki no jûnanka (Die Machtstellung des Konfliktlösungssystems und Erweichung des ADR-Verfahrens), in: Hamakawa, Yoshihisa/Yamada, Aya/Hamano, Ryo (Hrsg.), ADR no kihonteki-shiza (Die gründliche Perspektive der ADR, Tokio 2004), S. 3ff.

rend der sog. Edo-Ära (17.-19. Jahrh.) von den „Nanushi" (Ortsvorsteher in einem Dorf) geschlichtet. Den Nanushi als Bauern oblag neben der ehrenamtlichen Schlichtungstätigkeit als Hauptaufgabe die Kontrolle der Grundsteuerlieferung der Bauern.

Diese in der Geschichte und der Mentalität der Japaner tief verwurzelte Kultur einer konsensualen, außergerichtlichen Streitbeilegung durch Vermittler wirkte auch nach der Modernisierung Japans fort. Gesetze wirken auf Japaner eher kalt, unpersönlich und unbarmherzig. Sich auf sie zu berufen, heißt zuzugeben, dass alle zwischenmenschlichen Einigungsversuche gescheitert sind. Ein solches Verhalten wirft kein gutes Licht auf den Kläger. Er gibt damit zu, Kompromisse abzulehnen und verstößt folgerichtig gegen gesellschaftliche Grundregeln. Japaner versuchen daher grundsätzlich, einen entscheidenden Zusammenstoß zu vermeiden (eine Mentalität). Damit liegt es in der Mentalität der Japaner, dass zur Streitbeilegung vielfach neutrale Außenstehende als Vermittler eingeschaltet werden. Gesetze werden nicht als notwendiges und nützliches Fundament einer Gemeinschaft verstanden, die Japaner sehen darin eher Fesseln und anonyme Bedrohungen, um die man am besten einen Bogen schlägt. Ein Beispiel mag dies erläutern: Eine Ruhestörung unter Nachbarn - das Fernsehgerät ist zu laut, Ein Japaner wird sich nicht auf das Recht auf ungestörte Nachtruhe berufen, vielmehr wird um Rücksicht für die kranke Großmutter gebeten, auch wenn die alte Dame sich blendender Gesundheit erfreut; diese kleine Notlüge vermeidet es, Nachbarn mit seiner Rücksichtslosigkeit zu konfrontieren. Wie ein solcher Streit in der Bundesrepublik Deutschland über Jahre Gerichte beschäftigen kann, braucht an dieser Stelle nicht näher erläutert zu werden.

## 3. Das japanische Justizsystem

Folgerichtig ist die Anzahl der Richter in Japan noch heute sehr gering.[4] Bei einer Bevölkerungszahl von 128 Millionen Einwohnern kommt Japan mit ca. 3.000 Berufsrichtern aus (Deutschland: 82 Mio. – 21.000 Richter; auf die Einwohnerzahl bezogen hat Frankreich ca. dreimal, England etwa zweimal und die USA ca. fünfmal so viele Richter wie Japan.[5] Für das berufliche Fortkommen der Richter ist deren Mobilität von großer Bedeutung. Alle drei Jahre werden

---

4 Hamano, Ryo, nihongata-funsôshori-sisutemu to ADR-rongi (Das japanische System der Konfliktlösung und die Diskussion der ADR), in: Hamakawa, u. a. (Hrsg.), a.a.O., S. 41 ff.

5 www.j-j-n.com/about/03_shinpo.html.

Richter in der Regel versetzt, insbesondere um deren Integrität zu wahren und eine besondere Bindung an Parteien zu verhindern. Die in der Bundesrepublik Deutschland zunehmend als dramatisch wie ineffizient empfundene Regelungsdichte und die damit einhergehende unübersehbare gerichtliche Tätigkeit wird auch dadurch deutlich, dass ca. 260.000 verwaltungsgerichtlichen Klagen erster Instanz in Deutschland nur ca. 2000 Verfahren in Verwaltungssachen in Japan und mehreren tausend durch das Bundesverfassungsgericht festgestellten Verfassungsverstößen nur etwa 10 entsprechenden Verfahren des japanischen Verfassungsprozesses gegenüber stehen.[6]

## 4. Alternative Dispute Resolutions in Japan

Schieds- und Schlichtungsverfahren werden durch verschiedene Institutionen angeboten. Sowohl Gerichte als auch staatliche Verwaltungsorgane und Privatpersonen stehen zur Verfügung. Gerichtsverbundene Schlichtungsverfahren, d.h. Justiz-ADR („Minji- und Kaji-*chôtei*") sind in Zivil- und Familiensachen vorgesehen.[7] Schieds- und Schlichtungsverfahren durch Verwaltungsorgane (Verwaltungs-ADR) finden sich im Arbeitsrecht (*Central Labor bzw. Prefektural Labor Relations Committees*), Umweltrecht (*Environmental Dispute Coordination Commission, Pollution Review Boards*) und Verbraucherschutzrecht (*National Consumer Affairs Center of Japan*).[8] Sowohl die Justiz-ADR als auch die Verwaltungs-ADR werden durch den Staat finanziert; die ohnehin in der japanischen Mentalität gegebene Neigung zur Inanspruchnahme solcher Institutionen erfährt dadurch weitere Förderung. Tatsächlich sind die Kosten von Schieds- und Schlichtungsverfahren in Japan wesentlich geringer als die Kosten eines ordentlichen Gerichtsverfahrens. In den Gemeinden gibt es zudem auch Abteilungen für „Bürgerbesprechungen", in denen der Beamte – oft wie ein Ombudsmann – Konfliktlösungen durch eine Verhandlung versuchen, wenn ein Bewohner eine Streitigkeit gegen die Kommunalverwaltung vorbringt. In der Mehrzahl der Fälle bedarf es hierbei nicht der Hilfe eines Rechtsanwalts. Nicht zuletzt förderlich für dieses System ist die japanische Mentalität, die streitige Gerichtsentscheidungen eher vermeiden möchte.[9]

---

6 In Japan gibt es keine dem Bundesverfassungsgericht vergleichbare Institution. Vgl. nur: www.cc.matsuyama-u.ac.jp/~tamura/nitidokusaibannkan.htm.

7 Funken, Katja, Court-connected Mediation in Japan and Germany, University of Queensland School of Law Working Paper No. 867, (www.papers.ssrn.com/sol3/results.cfm); Hamano, Fn. 4, S. 41 ff.

8 Yoshida, Motoko, Recent Legislative Development of ADR in Japan, ZJapanR 2005, S. 195: Shiono, Hiroshi, gyoseihô (Verwaltungsrecht) II, 4. Aufl., Tokio 2005. S. 55.

9 Vgl.: Hamano, Fn. 4., S. 50.

Das ADRG[10] wurde 2004 verabschiedet und tritt an dem Tag in Kraft, der bis zum 1. Juni 2007 durch eine Regierungsverordnung festgelegt wird. Das Gesetz enthält im Einzelnen folgende Regelungen[11]:

- Verpflichtung des Staates zur Schaffung alternativer Konfliktlösungsmodelle
- Ermächtigung des Justizministers einer nach bestimmten Kriterien qualifizierten Person zur Durchführung einer Mediation
- Unterbrechung der Verjährung[12] während des Mediationsverfahrens resp. während der Vergleichsvermittlung
- Zulässigkeit eines Scheidungsantrages im Fall einer erfolglosen ADR durch qualifizierte Schlichter, aber auch ohne vorherige erfolglose Justiz-ADR (Sonderregelung im Familienrecht)
- Verpflichtung der ermächtigten Person zur schriftlichen Belehrung der Mediānden über das Verfahren der Mediation dazustellen.[13]

## 5. Das Verfahren der Mediation

Die Anwesenheit beider Parteien vor dem Mediator ist nicht die Regel im japanischen Schlichtungsverfahren. Nicht selten versucht ein Schlichter (Mediator) die Parteien in Einzelgesprächen zu überzeugen, indem er auf die Risiken bei der beabsichtigten Durchsetzung von Ansprüchen aufmerksam macht und seine eigene rechtliche Sichtweise äußert. Eine derartige Schlichtung nach dem Zivilschlichtungsgesetz kann als „Miniprozess"[14] bezeichnet werden, da die Schlichter die Parteien vertikal von einer Konfliktlösung überzeugen. Dieses Procedere steht im Gegensatz zu dem Verfahren der ADR bzw. Mediation in den USA und Deutschland, ein horizontales Verhandlungsverfahren, in dem ein Mediator Parteien selbst eine Lösung finden helfen. Der Unterschied gründet sich auf divergierende Ursachen der Akzeptanz der Mediatoren. Bedarf es in der Bundesrepublik Deutschland in der Regel einer qualifizierten Ausbildung, so

10 Gesetz zur Förderung der außergerichtlichen Konfliktlösungsverfahren vom 1. Dezember 2004 (Gesetz Nr. 151).

11 Shihô-hôsei-bu (Büro von Justiz und Legislatur), ADR-hô nitsuite (Über das ADR-Gesetz) (www.moj.go.jp/KANBOU/ADR/adr01. html).

12 Eine Unterbrechung der Verjährung findet bei außergerichtlichen, privaten Mediationen nicht statt. Zur Kritik daran: Hasebe, Yukiko, minkangata-ADR no kanôsei (Die Möglichkeit der Private-ADR), in: Hayakawa u. a. (Hrsg.), Fn. 3, S. 155 f.

13 Shihô-hôsei-bu, Fn. 11.

14 Hayakawa, Fn. 4, S. 16.

reicht für japanische Schlichter deren fachliche Autorität, die sich im Allgemeinen bereits aus der Ausübung eines respektierten Berufs – (ehemalige) Richter, Rechtsanwälte, Professoren, Steuerberater, Wirtschaftsprüfer, Ärzte, pp. – folgt.[15]

**Verfahrensmodelle der Mediation**

## 6. Vorteile von ADR und Mediation

Die ADR wird in Japan grundsätzlich positiv betrachtet. Die Vorteile liegen auf der Hand[16]:

- Geringere Kosten gegenüber einem in der Regel sehr teuren Gerichtsverfahren
- Zeitnahe Streitbeilegung gegenüber lange andauernden Gerichtsverfahren
- „Verwirklichung der Gerechtigkeit“ durch die Einbeziehung Dritter und die Berücksichtigung unterschiedlicher Interessen
- Vertraulichkeit der Mediation bzw. ADR durch nichtöffentliche Verfahren, d.h. Schutz von personenbezogenen Daten und Betriebsgeheimnissen
- fallbezogen werden entsprechend fachkundige (konfliktbezogene) Schlichter und Mediatoren herangezogen

Das Maß an Implementation von Mediation und ADR in Japan bzw. der Bundesrepublik Deutschland in das jeweilige Justizsystem verdeutlicht die nachstehende Grafik:

---

15 Hayakawa, Fn. 4, S. 15.

16 Okubo, Noriko, gyôseikikan ni yoru ADR (Die ADR durch die Verwaltungsorgan), in: Shibaike, Yoshikazu u. a. (Hrsg.), gyôseihô no sôten (Die umstrittenen Punkte des Verwaltungsrechts), 3. Aufl., Tokio 2004, S. 100.

Japan

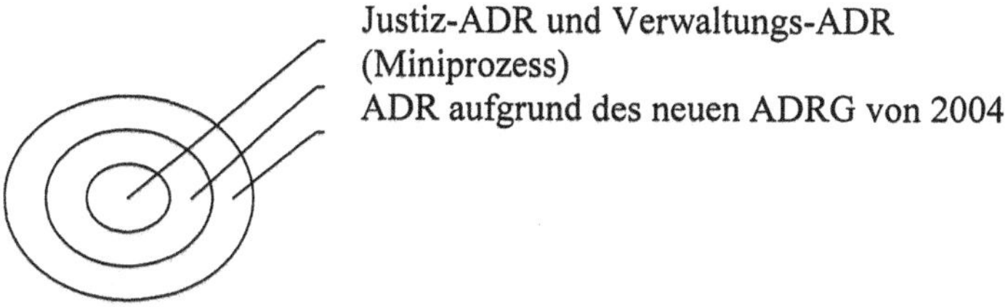


Deutschland

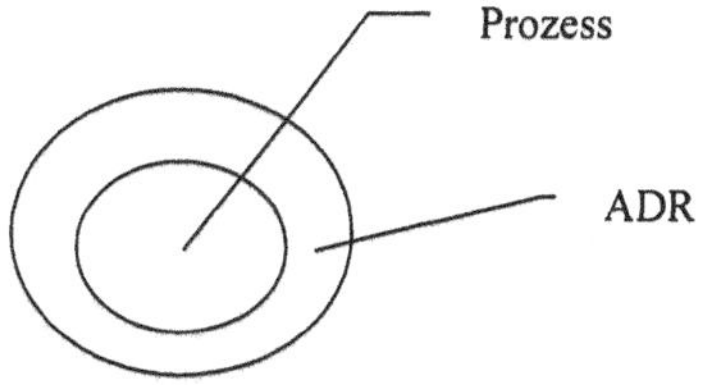


## 7. Die Verwaltungsgerichtsbarkeit

Die Voraussetzungen für konsensuale Streitbeilegung zwischen Bürger und Verwaltung sind in Japan andere als in der Bundesrepublik Deutschland. Unter der Meiji-Verfassung (1889-1946) bestand nur ein einziges Verwaltungsgericht in Tokio. Verwaltungshandeln war nur sehr eingeschränkt gerichtlicher Kontrolle zugänglich. Das Verwaltungsjustizgesetz[17] nannte lediglich fünf mögliche Streitgegenstände (Abgabenrecht (Steuerecht) und Zwangsbetreibung (Vollstreckungsrecht), Betriebsgenehmigung, Wassernutzung, Bauwesen und öffentliche oder private Angehörigkeit von Grundstücken).

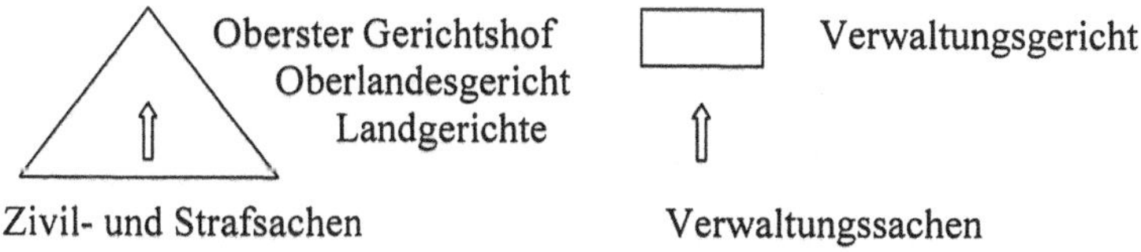


[17] Gyôsei-saiban-hô (Verwaltungsjustizgesetz) vom 30. Juni 1890 (Gesetz Nr. 48).

Die für die Bundesrepublik Deutschland kennzeichnende Trennung zwischen privatem und öffentlichem Recht, ebenso wie die Trennung zwischen verschiedenen Gerichtszweigen ist dem japanischen Rechtswesen fremd. Im gegenwärtigen, auf der Verfassung von 1946 beruhenden Justizaufbau Japans ist für eine eigenständige Verwaltungsgerichtsbarkeit kein Platz. In den Zivilgerichten werden auch Verwaltungssachen bearbeitet.

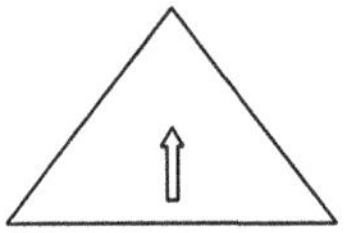

Oberster Gerichtshof
Oberlandesgerichte (8)
Landgerichte (50)

Zivil-, Straf- und Verwaltungsrechtssachen

Die später erkannte Notwendigkeit des Rechtsschutzes gegen staatliche Maßnahmen führte 1948 zum Erlass eines Sondergesetzes über den Verwaltungsprozess.[18] Im Jahre 2004[19] erfolgten wichtige Änderungen. So wurde die bis 1946 geltende 60-tägige Klagefrist bei Anfechtungsklagen nach Kritik von Lehre und Praxis von sechs Monate (1948) über drei (1962) auf sechs Monate (2004)[20] geändert – in einem dem deutschen Verwaltungsverfahrens- und Verwaltungsprozessrecht nachempfundenen Rechtssystem eher eine Besonderheit. Offensichtlich steht nicht das Bestreben nach rascher Bestandskraft und anschließender Vollstreckung eines Verwaltungsaktes im Vordergrund. Die längere Klagefrist soll vielmehr Gelegenheit geben, Möglichkeiten der außergerichtlichen Streitschlichtung zu nutzen. Rechtssicherheit im Verhältnis Bürger – Staat wird in Japan auch auf einem konsensorientierten Weg gesucht.[21] Konsensuales Verwaltungshandeln erfährt dagegen nicht zuletzt durch das in der Bundesrepublik Deutschland geltende „starre" Verwaltungsverfahrensrecht und Verwaltungsprozessrecht Restriktionen. Die nach Erlass eines Erst- bzw. Widerspruchsbescheides ggf. eintretende Bestandskraft hindert vielfach einen gegebenenfalls noch möglichen Weg des Konsenses und lässt eine entsprechende Bereitschaft der Behörden schon nicht entstehen. Längere Rechtmittelfristen könn-

[18] Gyôsei-jiken-soshô-tokurei-hô (Sondergesetz über den Verwaltungsprozess) vom 1. Juli 1948 (Gesetz Nr. 81).

[19] Gyôsei-jiken-soshô-hô (Verwaltungsprozessgesetz) vom 16. Mai 1962 (Gesetz Nr. 139), Änderung durch Gesetz vom 9. Juni 2004 (Gesetz Nr. 84).

[20] § 14 Abs. 1 Satz 1 VwPG. In der japanischen Verwaltungslehre gab es keine Äußerung, die die Klagefrist von drei Monaten als zu lange ansah.

[21] Kisa, Shigeo, Der Verwaltungsprozess und die Zukunft des Rechtsstaates in Japan, in: Pitschas/ Walther (Hrsg.), Fn. 1, S. 349 ff.

ten möglicherweise in Deutschland die Verwaltungsgerichte entlasten und die außergerichtliche Mediation fördern.[22]

### 7.1. Konsensuales Verwaltungshandeln

Das deutsche Verwaltungsverfahrensrecht kennt – anders als die entsprechenden japanischen Bestimmungen – den öffentlichen-rechtlichen Vertrag als konsensuales Institut (§ 54 Abs. 1 VwVfG).[23] Aufgrund des Rechtsstaatsprinzips wird die japanische Verwaltung, wenn sie von der Gesetzmäßigkeit ihres Handelns überzeugt ist, einer streitigen Entscheidung nicht ausweichen.[24] Der herrschenden Auffassung zufolge darf die Verwaltung in Japan daher wegen der Lehre vom Gesetzesvorbehalt keinen gerichtlichen Vergleichsvertrag (vgl. dagegen § 55 VwVfG) über Rechtsfragen abschließen, die insbesondere in einem Verwaltungsakt bereits bindend geregelt sind.[25] Das oben geschilderte Bedürfnis der japanischen Bürger zur Harmonie und die damit korrespondierende Bereitschaft zur konsensualen Streitbeilegung finden sich nicht in gleicher Weise im öffentlichen Sektor.

### 7.2. Der Vergleich im öffentlichen Recht

Der Abschluss eines öffentlich-rechtlichen Vertrages bzw. eines Vergleichs über eine Verwaltungssache kommt dagegen in den Fällen in Betracht, in denen der Behörde Ermessen eingeräumt ist. Jedoch soll das Ermessen nicht in Form beliebiger Zugeständnisse ausgeübt, sondern vielmehr an den Belangen des Gemeinwohls orientiert werden.[26] Die Spielräume staatlicher Stellen zur konsensualen Einigung mit dem Bürger unterliegen Ermessensbeschränkungen dahin, dass nur jene Vergleiche zulässig sind, die den gemeinwohlbezogenen Regelungskern eines Verwaltungsakts nicht berühren, die Verwaltung also beispielsweise durch den Vergleich die Ausführung einer Beseitigungsanordnung auf-

---

22 Dagegen ist in der Realität durch den Wegfall des Widerspruchsverfahrens – z.B. aktuell in Hessen – ein eher kontraproduktiver Weg festzustellen, vgl. dazu Walther, Konsensuale Konfliktlösungen im kommunalen Sektor – Mediation als modernes Medium der Streitbeilegung, HSGZ 2005, S. 288.

23 Vgl.: Ziekow, Jan, Verwaltungsverfahrensgesetz, Kommentar, 2006, zu § 54.

24 Shiono, Fn. 8, S.160 f.; Koketsu, Hisashi, gyôseisoshô ni okeru wakai (Der Vergleich im Verwaltungsprozess), in: Shibaike u. a. (Hrsg.), a.a.O., S. 126.

25 Kurimoto, Masakazu, gyôseisoshô ni okeru wakai (Der Vergleich im Verwaltungsprozess), in: Nanzan Law Review 23 (1-2), S. 79.

26 Shiono, Fn. 8, S. 161.

schiebt, was in der Regel das Gemeinwohl nicht beeinträchtigt.[27] Diese Erwägungen zugrunde gelegt, würde jede Möglichkeit, die außerhalb des Gerichts einen Streit über einen Verwaltungsakt besser oder rationaler lösen kann, von vornherein ausscheiden.[28] Zwar fehlt es auch für den Abschluss außergerichtlicher Vergleiche durch die Verwaltung an einer gesetzlichen Grundlage. Gleichwohl erweist sich der Ausschluss außergerichtlicher Vergleiche als unflexibel und wenig überzeugend. Zumindest der Weg zu einem beiderseitigen Kompromiss sollte zumindest über Tatsachen (nicht Rechtsinterpretation) möglich sein. Der dabei eventuell bestehenden Gefahr einer rechtswidrigen Vereinbarung vermag eigentlich besser dadurch begegnet werden, dass der Abschluss eines Vergleichs unter Aufsicht eines Gerichts gestellt wird. Insoweit wird angeregt, dass – wie in der Bundesrepublik Deutschland – das Verwaltungsverfahrensgesetz oder das Verwaltungsprozessgesetz dahingehend geändert werden, dass ein gerichtlicher Vergleich möglich wäre.[29]

## 8. Fazit

Japan hat – anders als die Bundesrepublik Deutschland – vor dem Hintergrund seiner geschichtlichen und kulturellen Entwicklung eine langjährige Erfahrung mit dem Institut der Mediation. Auch heute werden viele Streitigkeiten nicht durch die „streitige gerichtliche Rechtsfindung“, sondern durch gerichtliche wie außergerichtliche Mediation gelöst. Diese Tatsache wird mittelbar unterstützt durch eine nur geringe Zahl von Richtern und Rechtsanwälten.[30] Trotz der aufgezeigten begrenzten Spielräume konsensualen Verwaltungshandelns ist eine Zunahme auf der ADR in der Verwaltung zu erwarten. Noch wird durch das Prinzip der Gesetzmäßigkeit der Verwaltung ein Vergleich durch beiderseitiges Nachgeben insbesondere im Fall eines Verwaltungsakts nicht für annehmbar gehalten. Diese Praxis hemmt die konsensuale Konfliktlösung zwischen der Verwaltung und den Betroffenen durch die Mediation und kollidiert damit im Grunde mit der japanischen Mediations- und Koordinationskultur kollidiert. Die langjährige Erfahrung in Deutschland mit konsensualem Verwaltungshandeln fördert bei rechtsvergleichender Betrachtung die Entwicklung der japanischen Rechtswissenschaft. Ebenso vermag die gegenwärtig vorfindliche deutsche Streitkultur bei ihrer künftigen Entwicklung auch japanische Streitbeilegungsmodelle in den Blick nehmen.

---

[27] Koketsu, Fn. 24, S. 126 f.

[28] Kurimoto, Fn. 25, S. 78.

[29] Kurimoto, Fn. 25, S. 72 ff. (78; 81).

[30] Zur Insuffizienz und Kostenintensität der japanischen Justiz vgl. auch Kisa, Fn. 21, S. 356.

## Der mediative Richter im Verwaltungsprozess*

*Harald Walther*

Der Beitrag schildert den Einsatz mediativer Techniken in der verwaltungsgerichtlichen Praxis. Darüber hinaus wird gefragt, inwieweit Mediation als Methode zur Konsensmittlung ausschließlich Mediatoren vorbehalten sein muss oder inwieweit nicht vielmehr auch und gerade bei der Ausübung des Richterberufes mediative Elemente schlichtungsfördernd sein können. Das Verfahren erweist sich dann als eine zeitgemäße Weiterentwicklung des Instituts des „Vergleichs" im (Verwaltungs-)Prozess.[1] Im Rahmen des Modellprojekts[2] „Mediation in der hessischen Verwaltungsgerichtsbarkeit"[3] erstreckt sich die dortige Untersuchung unter dem Aspekt „Effizienz der Mediation" auch auf den Leistungsvergleich richterlichen Schlichtens in Verhandlungen und Erörterungsterminen gegenüber der gerichtsnahen Mediation.

### 1) Vorbemerkung

Mit dem legislativen Petitum in § 5 a Abs. 3 DRiG nach der Vermittlung von Schlüsselqualifikationen wie Kommunikationsfähigkeit, Vernehmungslehre, Rhetorik und *Mediation* für die Befähigung zum Richteramt hat der Gesetzgeber auf die bereits begonnenen Modellprojekte reagiert.[4] Dabei steht die gerichtsnahe Mediation im Wettbewerb mit denjenigen Richterkollegen, die – ohne selbst Gerichtsmediatoren zu sein – in gleicher Weise die konsensorientierte Schlich-

---

* Erstveröffentlichung in: ZKM 2006, 144; zugleich Erwiderung auf Ortloff, Mediation im Verwaltungsprozess: Bericht aus der Praxis, NVwZ 2006, 148.

1 Duwe, Vergleich und Mediation im Prozess, 1999; Gornig, Vergleich und Mediation im Prozess, in: FS Haase.

2 Mit Nordrhein-Westfalen hat sich das größte Bundesland den Modellprojekten der „gerichtsnahen Mediation in der Verwaltungsgerichtsbarkeit" angeschlossen. Seit März 2006 ist am Oberverwaltungsgericht Münster und an jedem Verwaltungsgericht in Nordrhein-Westfalen je ein Richterkollege als Gerichtsmediator tätig. Vgl. Presseerklärung des Oberverwaltungsgerichts Nordrhein-Westfalen vom 01.03.2006, www.ovg.nrw.de/ presse/pressem/2006/p080301.htm und Informationsblatt des Oberverwaltungsgerichts: www.ovg.nrw.de/ presse/pressem /2006/mediationflyer.pdf.

3 Pitschas/Walther (Hrsg.), Mediation in der Verwaltungsgerichtsbarkeit, 2005; Walther, ZKM 2005, 53; Presseerklärung des Präsidenten des Hess. VGH über den aktuellen Stand der Mediation bei den hessischen Verwaltungsgerichten vom Februar 2006.

4 Modellprojekt Niedersachsen 2002-205, Clostermann u. a. SGb 2003, 266.

tung anstelle der streitigen Entscheidung durch Urteil oder Beschluss anstreben. Die gerichtsverbundene Mediation steht somit in einem inneren Wettbewerb[5] mit jenen Kollegen, die durch entsprechende Ausgestaltung von mündlichen Verhandlungen und Erörterungsterminen ebenso den dauerhaften Konsens zwischen den Beteiligten herbeiführen wollen.

## 2) Der Erörterungstermin in der Verwaltungsgerichtsordnung

Nach der § 87 Abs. 1 Satz 1 der Verwaltungsgerichtsordnung (VwGO) hat der Richter schon vor der mündlichen Verhandlungen alle Anordnungen zu treffen, die notwendig sind, um den Rechtsstreit möglichst in einer mündlichen Verhandlung zu erledigen.[6] Nach § 87 Abs. 1 Satz 2 Nr. 1 VwGO besteht insbesondere die Möglichkeit, die Beteiligten eines Verwaltungsprozesses zu einem Termin zur Erörterung des Sach- und Streitstandes und zur gütlichen Beilegung des Rechtsstreits zu laden und einen Vergleich entgegenzunehmen. Insbesondere ist damit dieser Termin bereits dem Wortlaut des Gesetzes nach geeignet, konsensuale Elemente in einem Verwaltungsstreitverfahren zu berücksichtigen und die Beteiligten zu einer befriedenden Lösung zu bringen. Soweit das Gesetz in einer sprachlich eher überkommenen Form lediglich von der „Entgegennahme eines Vergleiches" spricht, ist damit eine vergleichsfördernde Arbeitsweise des Richters nicht ausgeschlossen. Das Institut des Erörterungstermins vermag im Gegenteil weitaus mehr zu leisten, als der Wortlaut des Prozessrechts erwarten lässt. Bei entsprechend streitbeilegungsorientierter Vorgehensweise kann über den Streitgegenstand des Klagebegehrens hinaus auch der „Konflikt hinter dem Konflikt" Berücksichtigung finden.

Der Begriff der Mediation ist terminologisch besetzt. Nur ein Mediator vermag nach überwiegender Ansicht Mediation zu betreiben, nicht dagegen der entscheidungsbefugte Richter. Auch die schlichtende Tätigkeit des Richters sei nicht als Mediation zu bezeichnen: dem gesetzlichen Richter komme die Entscheidungsmacht für den von ihm behandelten Fall und damit gerade nicht jene, dem Mediator eigene Allparteilichkeit zu, die möglicherweise die Beteiligten eines Verwaltungsprozesses hindert, freiwillig einen gerichtlichen Termin wahr-

---

5 Spalckhaver, Mediation als Dienstleistungsangebot der Justiz – wettbewerbsrechtliche Grenzen für die wirtschaftliche Betätigung der öffentlichen Hand, IDR 2004, 79.

6 Die (nicht amtliche) Überschrift der Norm lautet heute: „Vorbereitung der mündlichen Verhandlung"; bereits bei Inkrafttreten der VwGO (01.04.1960) war die Vorschrift „zukunftsweisend" mit „Konzentrationsmaxime" überschrieben (vgl. seinerzeit Koehler, VwGO, 1960, S. 661).

zunehmen und sich durch einen Richter zur eigenverantwortlich und selbst erarbeiteten Lösung ihres Konflikt „begleiten“ zu lassen. Soweit ersichtlich wurden jetzt in der Fachpresse, die gewöhnlich darauf beschränkt ist, streitige Entscheidungen anzubieten, erstmals die Inhalte von Mediationen im verwaltungsgerichtlichen Verfahren und ihre Methode näher erläutert.[7] Mit dem erwähnten Beitrag *Ortloffs* ist die Möglichkeit gegeben, die richterliche Arbeit auch an den Erkenntnissen zu orientieren, die aus der Darstellung von konsensualen Streitbeilegungsmethoden folgen. Ob dieser Ertrag allein der Methode der Mediation vorbehalten ist oder ob nicht in gleicher Weise die Erfahrungen mediativ handelnder Richter in Erörterungsterminen und mündlichen Verhandlungen einer kritischen Diskussion zugänglich gemacht werden sollen, werden die erhofften Reaktionen auf den vorliegenden Beitrag deutlich machen.

Anhand eines instruktiven Beispiels[8] aus der verwaltungsgerichtlichen Berufspraxis soll gezeigt werden, dass der Einsatz mediativer Elemente im Verwaltungsprozess in gleicher oder vergleichbarer Weise jene Effizienz zu verzeichnen vermag, wie sie das Institut der Mediation für sich überwiegend solitär in Anspruch nimmt. Im Folgenden werden dazu der *Sachverhalt*, die *Analyse des Falles*, das *Verfahren* und das *Fazit* dargestellt.

## 3) „Die Abiturnote“

### a) Sachverhalt

Der Kläger begehrt die Verbesserung seiner Abiturdurchschnittsnote von 2,9. Er rügt hierbei die unzureichende Bewertung von drei Abiturklausuren. Das zum Zeitpunkt der Übernahme durch den *Verf.* ca. zwei Jahre anhängige Verfahren wurde nicht nur von dem Kläger, sondern zunächst auch von dessen Eltern (Universitätsprofessor und promovierte Historikerin bzw. Amerikanistin) als Aktivpartei betrieben. Nach Hinweis des Gerichts auf die fehlende Betroffenheit in eigenen Rechten hatten die Eltern ihre Klage zurückgenommen; das Klagebegehren des Sohnes verfolgten sie für diesen als seine Bevollmächtigten weiter. Die umfangreiche rechtliche Begründung der Klage stützt sich im Wesentlichen darauf, die angegriffenen Abiturarbeiten seien objektiv fehlerhaft erstellt und bewertet worden. Die Argumentation wurde insbesondere auf die berufliche Kompetenz der Eltern gestützt. Für die Behauptung, die Aufgabenstellung im Fach Mathematik sei insuffizient, wurde sogar das Gutachten eines Nobel-

---

7 Ortloff, NVwZ 2006, 148.

8 Die Angaben über die Beteiligten sind anonymisiert.

preisträgers für Mathematik angeboten. Insgesamt wurde zum Ausdruck gebracht, dass man bis zur „letzten Instanz“ gehen wolle, um die fehlerhafte Abiturnote des Sohnes richtig zu stellen. Aus den ca. 300 Seiten starken Schülerakten ging ein intensiver Konflikt zwischen den Eltern und der Schule hervor. Bei der Prüfung des Falles auf seine Eignung zum mediativen Vorgehen wurde klar, dass die Verbesserung der Abiturnote nur die Spitze des Eisberges war und es den Eltern des Klägers – mehr wahrscheinlich als dem Kläger selbst – um eine „Abrechnung“ mit der Schule und dem Schulwesen des beklagten Bundeslandes ging.

### b) Fallanalyse

Erkennbar war, dass eine streitige Entscheidung den zugrunde liegenden Konflikt auch nicht ansatzweise befrieden konnte. Zwar kam sogar wegen des möglicherweise fehlenden Rechtsschutzinteresses die Abweisung der Klage als unzulässig in Betracht. Durch telefonische Kontaktaufnahme mit den Eltern wurde indes ermittelt, dass über die geschilderten Konfliktpunkte hinaus die Hauptbetroffenheit der gesamten Familie darin lag, dass bei der feierlichen Übergabe der Abiturzeugnisse der Kläger nicht bedacht, sondern von der Schulleitung „übersehen“ worden war: Die früher mehrere Jahre im englischsprachigen Ausland beruflich tätigen Eltern des Klägers hatten jedoch zu diesem Anlass („Graduation Day“) eigens Gäste aus dem Ausland eingeladen. Durch die Nichtaushändigung des Zeugnisses wurden der Kläger und seine Eltern vor allen anderen Teilnehmern der Feier bloßgestellt; zudem lag nahe, dass dies wohl kaum nur auf einem „Versehen“ der Schulverwaltung beruhte.

### c) Das Verfahren

Zu einem binnen weniger Tage bestimmten Erörterungstermin vor dem Berichterstatter wurden neben dem Kläger auch dessen Eltern, auf der Gegenseite das Schulamt, vertreten durch einen Pädagogen und den Amtsjuristen sowie eine Lehrkraft der Schule, die der Kläger besucht hatte, geladen. Der Termin fand nicht in einem herkömmlichen Gerichtssaal sondern in kommunikations- und konsensfördernder Umgebung als „Round-Table-Gespräch“ statt. Zunächst wurde den Beteiligten für ihr bisher gezeigtes Engagement in der Bearbeitung des Falles gedankt und sodann auf die Funktion des Richters und die beabsichtigte Methode hingewiesen. Es wurde hervor gehoben, dass neben der Pflicht des Verwaltungsrichters zur gütlichen Beilegung des Rechtsstreits (§ 87 Abs. 1

Satz 2 Nr. 1 VwGO, § 173 VwGO i.V.m. § 278 ZPO) natürlich für den Fall einer Nichteinigung die Pflicht für eine streitige Entscheidung stehen würde (§ 107 VwGO). Nach Rückfrage gaben die Beteiligten indes zu verstehen, dass ihnen ihre Verantwortung für das Verfahren und die Möglichkeit einer zu erarbeitenden Lösung durch gemeinsames Mitwirken bewusst war. Auf die eher verfahrensleitende denn streitentscheidende Funktion des Richters wurde gesondert aufmerksam gemacht.

Mit den Beteiligten wurden sodann das Verfahren der Mediation erläutert, gemeinsame Verhaltensregeln für den Verlauf des Termins festgelegt und dann zunächst dem Vater des Klägers das Wort erteilt. Dessen darauf folgender 20minütiger Monolog für die Interessen seines Sohnes und der Familie machte deutlich, wie viel unausgesprochenes Konfliktpotenzial den Streit begleitete. Für das vorliegende Verfahren erwies es sich als förderlich, dem „Hauptbetroffenen" in diesem Konflikt – dem am Verfahren formal nicht beteiligten Vater des Klägers – zunächst umfänglich das Wort einzuräumen. Eine Beilegung des Streites konnte nur gelingen, wenn die Möglichkeit bestand, dem über Jahre angestauten Ärger Luft zu machen. Das hierfür erforderliche Verständnis der Behörde konnte durch verfahrensleitende Hinweise erreicht werden. Die eingangs ausdrücklich vereinbarten Spielregeln[9] über bzw. neben dem geltenden Prozessrecht erleichterten – offenkundig mehr als etwa ein Ordnungsgeld – den systematischen Verlauf des Gesprächs. Die das Verfahren prägende Dominanz des Vaters des Klägers konnte unter Erinnerung an das Vereinbarte in geordnete Bahnen gelenkt werden. In jener Phase des Verfahrens wurde allen Beteiligten deutlich, welche Eigenverantwortung ihnen zur Beilegung des Rechtsstreites oblag. Die rechtliche Bewertung des Falles blieb dabei nicht außer acht.[10] Dem Hinweis des Gerichts auf eine mögliche Unzulässigkeit der Klage folgte ein weiterer rechtlicher Hinweis dahin, dass materiell eine Beweisaufnahme nicht ausgeschlossen werden könne. Während des Verfahrens ergaben sich Anhaltspunkte für mögliche Insuffizienzen in der Abituraufgabenstellung, möglicherweise auch der Bewertung der Klausuren. Die Beteiligten selbst hatten die prozessualen Risiken herausgearbeitet.

Ebenso ermittelten die Beteiligten die hinter dem eigentlichen Streitgegenstand liegenden und für eine gütliche Beilegung bedeutsamen Konfliktpunkte. Das

9 Das Prozessrecht sieht die Vereinbarung von „Spielregeln" verständiger Weise nicht vor; die Prozessordnungen enthalten alle Regelungen für ein geordnetes Verfahren bis hin zu den Ordnungsbefugnissen des Vorsitzenden im Termin.

10 Zu den rechtlichen Rahmenbedingungen der Mediation vgl. Handbuch der Mediation, §§ 26 bis 33.

Interesse vornehmlich der Eltern des Klägers ging dahin, die durch die Nichtaushändigung des Abiturzeugnisses erlittene Schmach auch gegenüber den geladenen ausländischen Gästen zu tilgen. Die Schule ebenso wie das beklagte Land waren bereit, sich einerseits für das Missgeschick mit dem Zeugnis zu entschuldigen und damit den Ruf von Schule und Schulverwaltung wieder herzustellen, zum anderen wollte man den prozessrechtlichen Risiken einer umfänglichen Beweisaufnahme entgehen. In der gemeinsam gefundenen Lösung wurde die Abiturnote des Klägers im Rahmen eines gerichtlichen Vergleichs (§ 106 Satz 1 VwGO) auf 2,8 angehoben und ihm ein neues mit dem Protokoll des Erörterungstermins zur Erläuterung verbundenes Zeugnis ausgestellt. Die Kosten des Verfahrens wurden gegeneinander aufgehoben.

Im nachträglichen Feedback mit den Beteiligten ergab sich, dass die gewählte Vorgehensweise für die Vertreter des beklagten Landes und den ebenfalls beteiligten Lehrer – für dessen freiwillige Anwesenheit das Verwaltungsprozessrecht formal keine Handhabe bot – mehr als ungewöhnlich war und einiges an Mitwirkungsbereitschaft abverlangte. Von Seiten der Eltern des Klägers wurde die als positiv empfundene Vorgehensweise des Gerichts als „kundenorientiert" bewertet; erstmals habe sich ein objektiver Dritter umfänglich mit dem Streit befasst und dabei „hinter die Kulissen" geblickt. Für die Beteiligten erwies sich der gefundene Konsens als absolut tragfähig. Die Beilegung des Rechtsstreites auf diese Weise entsprach in jeder Weise den gemeinsamen Interessen der Beteiligten. Seine rechtliche Stütze fand der Vergleich im Hinblick auf die gebotene Bindung der Verwaltung an Recht und Gesetz (Artikel 20 Abs. 3 GG) dadurch, dass es der Schulbehörde möglich war, einen Erlass zur pauschalen Notenanhebung für Leistungssportler analog auf den vorliegenden Fall anzuwenden.

### d) Fazit

Die gemeinsam erarbeitete Lösung unter verfahrensleitende Hilfestellung eines mediativ handelnden Richters in einem frühen ersten Erörterungstermin macht deutlich, wie effizient im Interesse der Beteiligten ein Rechtsstreit beigelegt werden kann und wie viel Ressourcen seitens des Gerichts innerhalb eines Verwaltungskonfliktes eingespart werden können. Die auf den ersten Blick zeitintensive Befassung mit einem Verfahren ist ebenso abhängig von der Belastungslage wie vom jeweiligen Engagement und Zeitmanagement des handelnden Richters. Der geschätzte Zeitaufwand indes betrug hier nur ca. acht Richterarbeitsstunden.

**Zeitaufwand (Richterarbeitskraft):**

| | |
|---|---|
| Prüfung der Zulässigkeit, Abtrennung des Verfahrens der Eltern, Einstellung nach Klagerücknahme | 0,5 Stunden |
| Aktenstudium inklusive Behördenakte (300 Seiten) | 3,5 Stunden |
| Telefonate mit den Beteiligten zur Terminabstimmung und weiteren Aufklärung des Sachverhaltes | 0,5 Stunden |
| Erörterungstermin | 3,0 Stunden |
| Korrektur des Protokolls, Nachbereitung: | 0,5 Stunden |
| Gesamtzeit: | 8,0 Stunden |

Auch die Arbeitszeiten des nichtrichterlichen Dienstes waren geringer als bei streitiger Entscheidung durch Kammer oder Einzelrichter. Es entfallen gegenüber einem länger anhängigen Verfahren u. a. der Aufwand für das Kopieren und wechselseitige Zustellen von (hier sehr umfangreichen) Schriftsätzen, die Ladung (und auch die Kosten) der ehrenamtlichen Richter[11], ggf. die – soweit überhaupt noch praktizierte – Protokollierung in der Verhandlung ebenso wie die Zeiten für Ausfertigung und Zustellung des Urteils. Mithin verbleibt bei einem „frühen ersten Termin"[12] nur noch folgende Zeit-Mengen-Erfassung:

**Zeitaufwand (nichtrichterlicher Dienst)**

| | |
|---|---|
| Erstanlage des Verfahrens, Zustellung der Schriftsätze, sowie Abtrennung und Einstellung nach Klagerücknahme der Eltern | 2,0 Stunden |
| Ladung der Beteiligten zum Erörterungstermin | 0,5 Stunden |
| Schreiben des Protokolls, Korrektur und Zustellung und | 3,0 Stunden |
| Verfahrensabschluss | 1,0 Stunden |
| Gesamtzeit des nichtrichterlichen Personaleinsatzes: | 6,5 Stunden |

Die für den Erörterungstermin in Anspruch genommene Zeit relativiert sich nochmals, da für eine demgegenüber streitige Entscheidung die gleiche Zeit für die Durchführung einer mündlichen Verhandlung und das Absetzen des Urteils anfallen. Bei der Gesamtbilanz fallen zudem die (ggf.) Durchführung eines Berufungs(zulassungs) verfahrens bzw. die Fortdauer des Konflikts ins Gewicht.

11 zu deren Entbehrlichkeit: Wagner, DRiZ 2005, 123.

12 dazu auch Reimers, Möglichkeiten zur Verfahrensbeschleunigung im verwaltungsgerichtlichen Verfahren, BDVR 2006 (Heft 3, 56.

## 4) Konsens statt Konflikt

Anhaltspunkte für die Notwendigkeit einer Entscheidung durch Urteil wegen der den Verwaltungsgerichten zukommenden Richtlinienfunktion gegenüber der Verwaltung waren hier nicht ersichtlich. Neben der Effizienzdividende durch geringeren Zeitaufwand wären bei streitiger Entscheidung künftig auch noch die Unzufriedenheit zwischen den Beteiligten über einen nicht gelösten Konflikt zwischen Bürger und Staat verblieben. Bei der Gesamtkonzeption einer für eine Gesellschaft zugrunde zu legenden Streitkultur sind solche Faktoren bislang kaum berücksichtigt worden. Eine kundenorientierte Befassung mit Verwaltungsstreitverfahren und die dadurch mögliche dauerhafte Herbeiführung von Rechtsfrieden wird eine Veränderung der Streitkultur und einer Einsparung von Ressourcen für den Justizsektor spürbar nach sich ziehen. Insbesondere bei der Heranbildung von Richternachwuchs wird, soweit die öffentlichen Haushalte für Neueinstellungen überhaupt noch über Ressourcen verfügen, ein verstärktes Augenmerk auf das Vorhandensein, die Vermittlung und die Ausbildung der Schlüsselqualifikationen zu richten sein.

## 5) Schlussbemerkung

Die in diesem Beispiel gewonnenen Erfahrungen lassen sich auf vergleichbare Verfahren übertragen und führen zu der Erkenntnis, dass eine zeitnahe und möglichst frühe Befassung in konfliktträchtigen Verwaltungsprozessen mit dem Streitstoff sowie die gebotene Einbindung Dritter am Rechtsstreit zwar nicht prozessrechtlich zwingend (§ 65 Abs. 2 VwGO) oder zweckmäßig (§ 65 Abs. 1 VwGO) aber doch ihrem Interesse[13] nach sinnvoller Weise mehr als geboten ist. Dem trägt bereits das Modellprojekt „Mediation in der hessische Verwaltungsgerichtsbarkeit“ Rechnung. Die wissenschaftliche Begleitforschung durch die Deutsche Hochschule für Verwaltungswissenschaften Speyer wird auch die Kosten-Nutzen-Analyse[14] und den damit die Frage des *Mehrwertes der Mediation*[15] umfassen. Auf der Grundlage eines Binnen-Benchmarking, d.h. einem Leistungsvergleich zwischen mediativen Richtern und richterlichen Media-

---

13 Die Beiladung im sozialgerichtlichen Verfahren setzt Übrigens – ebenso wie die verwaltungsgerichtliche Fortsetzungsfeststellungsklage - kein „rechtliches“, sondern (nur) ein „berechtigtes“ Interesse voraus (§ 75 Abs. 1 SGG).

14 Z. Zt. ist die gerichtsverbundene Mediation in den Modellprojekten weiterhin kostenneutral; vgl. Walther, ZKM 2005, 53.

15 nach Ortloff, NVwZ 2006, 148

toren[16] wird sich zeigen, in welchen Konstellationen der Einsatz der Mediation durch die Justiz ertragreicher sein kann als das Wirken eines („nur") mediativ handelnden, entscheidungsbefugten Richters in einem Erörterungstermin[17]. Warum der von *Ortloff* jeweils geschilderte Mehrwert nicht auch in einem konsensual orientierten Erörterungstermin hätte erreicht werden können, wird aus den aufgeführten Beispielen nicht deutlich, ebenso wenig, warum es nicht möglich sein soll, eine vergleichsfördernde Atmosphäre[18] oder die Unterstützung eines Vier-Augen-Gesprächs zwischen den Beteiligten[19] nicht auch in einer Gerichtsverhandlung zu erreichen. Soweit Verwaltungsrichter von den nach geltendem Prozessrecht für Klage- und Eilverfahren vorgesehenen Möglichkeiten nicht Gebrauch machen und Erörterungstermine in Verfahren des vorläufigen Rechtsschutzes „in der Regel nicht stattfinden"[20], ist es allerdings leicht nachvollziehbar, woraus sich der behauptete „*Mehrwert der Mediation*" herleiten lässt.

Qualitätsmanagement in der Verwaltungsgerichtsbarkeit heißt auch, im Prozessrecht neue, innovative Wege zu beschreiten und mediative Elemente begleitend zu den Modellprojekten der Mediation in der Verwaltungsgerichtsbarkeit in die richterliche Arbeit zu integrieren. Der in der VwGO nicht vorgesehene und daher zu selten genutzte obligatorische „frühe erste Termin"[21] erweist sich durchweg als beteiligtenfreundlich, verfahrensbeschleunigend und konsensfördernd. In der Regel gelingt im Gespräch die „Vergrößerung des Kuchens" und mit der Einbindung „rechtswegfremder Forderungen" in eine gütliche Einigung auch eine Beilegung weiterer Streitigkeiten an anderen Gerichten; nicht selten kommt die Rücknahme eines Rechtsschutzbegehrens in Betracht, allein,

---

16 Reimers, a.a.O., zum Thema „Justiz-Benchmarking und länderübergreifende Vergleichsringe"

17 Anders als die mündliche Verhandlung (§ 55 VwGO i.V.m. §§ 169 ff. GVG) ist der Erörterungstermin grundsätzlich nicht öffentlich (BVerwG Buchholz 310 § 87 VwGO Nr. 6; Kopp-Schenke, Rn. 5 zu § 87; Ortloff in: Schmidt-Aßmann/Pietzner, Rn. 8 zu § 87). Das Vorbringen der Beteiligten ist jedoch – anders als bei der Mediation - Gegenstand des Protokolls und damit der Akten; für den Fall des Scheiterns des Vergleichsversuchs ist es aber zugleich Grundlage der streitigen Entscheidung.

18 Ortloff, a.a.O., S. 149.

19 Ortloff, a.a.O., S. 150.

20 So aber nicht nachvollziehbar: Ortloff, a.a.O., S. 151 (re. Sp. oben). Gerade in Verfahren mit der geschilderten Verfügungsmasse und bei erkennbarer Interessenlage („großer Kuchen") ist ein (früher) Erörterungstermin dem (schriftlichen) Beschluss vorzuziehen.

21 Vgl. dagegen §§ 272 ff. ZPO und § 54 ArbGG. Ein Diskussionsentwurf des Hessischen Justizministeriums vom 03.09.2003 (3010-II/7 – 788/03) zum verpflichtenden Erörterungstermin wurde nicht weiter verfolgt.

weil manche aus sich heraus nicht verständliche Behördenentscheidungen[22] erläutert werden und das Verwaltungsgericht dadurch um Akzeptanz für das Handeln der Exekutive werben kann.

Ein „mediativer", interessengerechter Erörterungstermin im Verwaltungsprozess erweist sich somit in geeigneten Fällen als eine optimale, kundenorientierte Verhaltensweise bei der Gewährung von Rechtsschutz des Bürgers gegenüber dem Staat. Die Positionspapiere der Chefpräsidenten vom März 2005 und Mai 2006 sowie der dort zum Ausdruck gebrachte Wunsch nach Kundenorientierung werden im Gerichtszweig eher kritisch gesehen.[23] Die hier geschilderte Vorgehensweise bietet indes – ohne dass Grundpfeiler des Rechtsschutzes im öffentlichen Sektor erschüttert werden[24] – einen Weg, dem nachvollziehbaren und berechtigten Petitum für eine „bürgernahe Verwaltungsgerichtsbarkeit" zu entsprechen.

---

22 „Der Ton macht die Musik" – Chancen und Risiken bürgernaher Verwaltungssprache, Tagung an der DHV Speyer im April 2006 unter Leitung von Univ.-Prof. Dr. Rudolf Fisch (Veröffentlichung in Vorbereitung).

23 Texte mit Stellungnahmen des BDVR unter www.bdvr.de; Addicks, Betrifft: Justiz 2006, 77.

24 Mit entsprechender Sorge wegen eines „neuen Rechts" und deutlicher Kritik an der gerichtsverbundenen Mediation zuletzt Spellbrink, DRiZ 2006, 88.

## Konflikte innerhalb und mit der öffentlichen Verwaltung*

*Rainer Pitschas*

### I. Konflikte innerhalb und mit der öffentlichen Verwaltung

Jedermann kennt als Bürger die Situation: Der zugegangene Steuerbescheid setzt unerwartet hohe Steuernachzahlungen fest; die für die alte und pflegebedürftige Mutter beantragte Kurzzeitpflege wird nicht bewilligt; verkehrsberuhigende Maßnahmen werden für das kinderreiche Stadtquartier nicht zugestanden und die B 10 wird ungeachtet heftiger Bürgerproteste autobahnähnlich zur großen Transversale ausgebaut.

Auch im „Inneren" der Verwaltung rumort es häufiger. Innerhalb einer Behörde kommt es z. B. zu plötzlichen Umsetzungen; Leitungsstellen werden in Teams nach politischen Gesichtspunkten besetzt; Abteilungsleiter ohne Führungskompetenzen ernannt und den neu eingeführten „Zielvereinbarungen" wird misstrauisch begegnet. Alles in Allem ergeben sich Konflikte innerhalb der Behörden und aus der Bürgerperspektive mit der öffentlichen Verwaltung zuhauf. Doch was ist zu tun? Man könnte Verwaltungsrechtsschutz in Anspruch nehmen – aber dessen Erfolg scheint ungewiss. Löst er auch die zugrunde liegenden Probleme? Informations- und Kommunikationsversagen lässt sich jedenfalls durch ihn sehr selten beheben, i. d. R. nur verstärken.

Warum das so ist und weshalb hilfreiches Konfliktmanagement vielfacher Formgebung bedarf, hängt zunächst mit der Eigenart von Konflikten zusammen. Diese stören zwar, haben indes auch positive Effekte. Sie bilden einen konstituierenden und konstruktiven Bestandteil jedweder Kooperation, indem sie entsprechend der Art und Weise ihrer Bearbeitung und Auflösung auch Lerneffekte vermitteln. Dementsprechend weist Konfliktbewältigung durchaus unterschiedliche Möglichkeiten auf. So könnte der Steuerbescheid zunächst mündlich erläutert und seine Voraussetzungen diskutiert werden – ein Gedanke, der in der Betriebsprüfung verwirklicht wird. Durch einen Leserbrief ließe sich auf die Problematik verkehrsberuhigender Maßnahmen hinweisen. Von Leistungsversagen betroffene Bürger können den Bürgerbeauftragten einschalten. Der Lösungsmöglichkeiten gibt es viele. Ihr Grundgedanke ist, dass Konfliktlösung und –

* Originalbeitrag. Vortrag im Rahmen der 2. Speyerer Führungswerkstatt am 24. und 25. September 2007.

besser noch – Konfliktprävention als Suche nach Konsens und Kompromiss einerseits bestrebt sind, Kommunikationsstörungen zwischen Verwaltungsakteuren und Betroffenen abzustellen, weil sie eben auch kommunikativ und nicht nur rechtsförmig bewältigt werden müssen. Dafür aber und andererseits ist auf spezifische Konfliktlagen und -typen sowie Konfliktmuster Rücksicht zu nehmen. Dazu sogleich. Ferner ist zu berücksichtigen, aus welchen Gründen es gerade am Beginn des 21. Jahrhunderts zu dem Verlangen kommt, von autoritativen Konfliktentscheidungen der Verwaltungen Abschied zu nehmen (II.).

Unsere Rechtsordnung hat im Grundgesetz diesen Gedanken aufgenommen. Das prozedurale Verfassungsverständnis arbeitet heraus, wie sich einzelne Verfassungsvorschriften auf den Gedanken der Verhandlung und der Vermittlung stützen - etwa im Anspruch auf rechtliches Gehör sowie im informellen oder konsensualen Verwaltungshandeln. So soll die Gewährleistung des rechtlichen Gehörs im Verwaltungsverfahren das Gespräch, den Gedankenaustausch zwischen den Behörden und Verfahrensbeteiligten ermöglichen. Die Verfahrensgrundsätze im Allgemeinen, Sozial- und Steuerverwaltungsverfahren bestätigen diesen Regelungsansatz. Konfliktprävention und -lösung sollen nach dem Willen unserer Verfassung und übrigens auch nach den Vorstellungen des europäischen Verfassungsdenkens durch konsensuales Verwaltungshandeln gefördert werden (III.). Allerdings haben wir aus der bisherigen Entwicklung unserer Konsenskultur gelernt, dass die gefundenen Verfahrensweisen der rechtlichen Formalisierung bedürfen. Zwar verschließt sich das Recht dem Einbezug konsensualer Problemlösungen in keiner Weise; es befindet sich inzwischen auf dem Weg zum konsensualen Verwaltungsrecht. Doch bleiben im demokratischen Rechtsstaat aus Gleichheits- und anderen Gründen stets Formalisierungsbedarfe, wie sich am Beispiel der Institutionalisierung des Europäischen Bürgerbeauftragten oder auch derzeit im Blick auf Mediationsverfahren diskutiert sieht (IV.).

## 1. Konfliktlagen und -gruppen

Versucht man, im Erkennen und Bearbeiten der Möglichkeiten von Konfliktprävention und -lösung ein Rationalisierungspotential zu erspüren, so sollte zunächst und einerseits zwischen den einzelnen Konfliktgruppen, nämlich den Konflikten im Verwaltungsrechtsverhältnis, den Konflikten zwischen Verwaltungen und den Konflikten innerhalb von Verwaltungen unterschieden werden. Jeweils handelt es sich um eigenständige Konfliktlagen, die für die Behebung von Informations- und Kommunikationsstörungen situative Bewältigungsmuster verlangen. Dies gilt sowohl für die Sachebene der jeweiligen Interaktionen als auch für die darunter verborgene und tiefreichende Beziehungsebene.

In der Konfliktlage der „Verwaltungspartnerschaft“, also bei Konflikten zwischen Privatpersonen und der öffentlichen Verwaltung lassen sich die Konfliktgruppen bei Vorfällen in der Leistungsverwaltung von denen in der Eingriffs- und in der Infrastrukturverwaltung sondern. Der Letzteren ersprießen beispielsweise Konflikte, in denen es zwar auch um die rechtliche Prüfung individueller Rechtsansprüche auf Beteiligung geht, bei denen aber ebenso Öffentlichkeitsarbeit („Leserbrief“) oder die Einschaltung von Politikern („runder Tisch“) eine erhöhte Lösungschance verspricht. Im Fall der B-10-Problematik ist es dementsprechend zu einem (erfolglosen) Mediationsverfahren gekommen.

Daneben existieren Konfliktlagen aus den Beziehungen der Verwaltungen untereinander. Sehr häufig geht es um Koordinationskonflikte, etwa in den Belangen des Schutzes der Inneren Sicherheit vor terroristischen Gefahren zwischen dem Innenministerium und dem Justizministerium. Zwischen Verwaltungen herrscht nämlich so etwas wie ein „Wettbewerb“. Darüber hinaus und schließlich lässt sich die Konfliktlage der verwaltungsinternen Konflikte herausarbeiten. Hierbei geht es sowohl um Sach- als auch um Beziehungskonflikte, etwa als Ausprägung von Hierarchieproblemen, von Beziehungsstörungen, um Gruppenkonflikte oder auch um Führungskonflikte. Dabei machen die Bearbeitung und eventuelle Prävention solcher Konflikte auf die Bedeutung von Kommunikation und Kooperation als latenten Verwaltungsfunktionen im Innenbereich des öffentlichen Sektors aufmerksam.

## 2. Konflikttypen

Die voraufgegangene Diskussion über Konfliktlagen und -gruppen hat bereits auf einen weiteren Rationalisierungsansatz für Verwaltungskonflikte verwiesen. Geht man von der Gegenüberstellung der Sachkonflikte zu Beziehungskonflikten aus, so lassen sich idealtypisch Auseinandersetzungen über Tatsachen („Tatsachenkonflikte“) von solchen in den gegenseitigen Beziehungen der Akteure innerhalb der Verwaltung wie auch verwaltungsextern bzw. zwischen Verwaltung und Bürgern unterscheiden („Verhaltenskonflikte“). Solche Beziehungskonflikte können ihren Ursprung in unterschiedlichen Wertungen und Präferenzen der handelnden Akteure, in deren differenten ethischen Fundament finden, lassen sich aber auch im Verhalten lokalisieren. Selbstverständlich gibt es zwischen diesen beiden Konflikttypen zahlreiche Abstufungen. Und nicht immer geht es nur um „Tatsachenkonflikte"; stets sind Beziehungsauseinandersetzungen in die streitige Diskussion scheinbar ausschließlicher Sachkonflikte eingewoben.

## 3. Konfliktmuster

Fragt man an dieser Stelle nach den Konfliktmustern, die dem Entstehen und dem Lauf konfligierender Beziehungen bzw. der Auseinandersetzung um Sachverhalte zugrunde liegen, so steht jeweils die Existenz von Informations- und Kommunikationsstörungen im Vordergrund der Wahrnehmung. Öffentliche Konflikte zu lösen bedingt deshalb, auf die Konfliktursachen zurückzugehen und die unterschiedlichen Ausgangspositionen der Akteure bei der Gestaltung ihrer Kommunikation zu berücksichtigen. Dazu gehört auch die Anerkennung unterschiedlicher Problemperzeptionen. Denn aus unterschiedlichen Wahrnehmungen können geradewegs Kommunikationsbarrieren entstehen. Bilden sonach verzerrte Information und Kommunikation in ihrer gegenseitigen Verschränkung das eigentliche Konfliktmuster, so muss Konfliktmanagement hieran ansetzen.

## 4. Konfliktmanagement: Führungskompetenzen und Managementfähigkeiten

Im Fadenkreuz einer „wirkungsorientierten Verwaltungsführung" steht die Fähigkeit von Führungskräften der öffentlichen Verwaltung, für den Informationsfluss und erfolgreiche Kommunikation zu sorgen. Konflikte müssen als spezifische Managementaufgabe verstanden werden, die sich als ein Lernprozess darüber gestaltet, wo die Kommunikationsstörungen liegen und wie diesen nach Maßgabe der jeweiligen Konfliktlage sowie in Orientierung an den Konfliktgruppen und -typen im Zusammenwirken von Politik, Verwaltungsführung, Mitarbeiterinnen und Mitarbeiter sowie Personalvertretungen entgegengewirkt werden kann.

Dabei spielt „Leadership" eine tragende Rolle. Denn erfolgreiches Führen erfordert, die Kommunikationsbedingungen so zu gestalten, dass alle Mitarbeiterinnen und Mitarbeiter motiviert und koordiniert zur besten Leistung entsprechend den vorgegebenen bzw. vereinbarten Zielen des „Unternehmens Verwaltung" bzw. in der Verwaltungspartnerschaft mit Privaten kommen. Denn Führung findet eben nicht im luftleeren Raum statt, sondern vollzieht sich in der Entwicklung von Beziehungen, Interaktionen, unter Bedingungen des Umfeldes sowie im Ausgleich von Interessen. Führungskompetenzen und Managementfähigkeiten aus dieser Perspektive müssen deshalb von Vertrauen zueinander, Anerkennung und Loyalität geprägt sein. Diese tragen das erfolgreiche Konfliktmanagement.

## II. Abschied an autoritative Konfliktentscheidungen der Verwaltung

### 1. Verwaltung und Bürgergesellschaft: „Governance" als Steuerungsmuster

Nicht von ungefähr steht das voraufgehend diskutierte Konfliktmanagement in dem skizzierten Führungskontext. Umfeld und Strukturen der öffentlichen Verwaltung haben sich in den letzten Jahrzehnten gewandelt; öffentliche Verwaltungen befinden sich weltweit und auch in Deutschland seit geraumer Zeit im Umbruch. Der Übergang zu neuen Formen der Verwaltungssteuerung, zu einem „New Public Management" findet seine Ursachen und Antriebskräfte jenseits aller ständigen Anpassungsprozesse u. a. in den neuen Herausforderungen des Verwaltungshandelns durch den Bodengewinn von Bürokratiekritik, der Werteorientierung und Subjektivierung von Handlungsmaßstäben des öffentlichen Verwaltens, in der Akzeptabilität von Verwaltungshandeln und Bürgerbeteiligung sowie in der Kulturgebundenheit der öffentlichen Verwaltung. Der gesellschaftliche und technische Wandel treten hinzu.

Den dadurch gesetzten Veränderungsursachen wurde in den letzten Jahren nicht zuletzt durch die Entwicklung des Leitbilds der Bürgergesellschaft versucht zu begegnen. Auf dieses Fundament sieht sich auch das Handeln der öffentlichen Verwaltung in seiner Gesamtheit mehr und mehr als ein interaktiver Prozess intern und extern gesetzt, an dem unterschiedliche individuelle und korporative Akteure aus dem öffentlichen Sektor, der Gesellschaft und dem sog. Dritten Sektor beteiligt sind. Diese arbeiten in einer Art „Vernetzung" mit- und gegeneinander.

### 2. Überlebtheit herkömmlicher Formen administrativer Konfliktbewältigung

Die im Zusammenhang einer solchen „Governance" auftretenden Konflikte lassen sich nicht mehr nur durch die „Systemfunktion" des subjektiv-öffentlichen Rechts, also durch den Hinweis der Verwaltung an den Bürger auf

Bestand oder Nichtbestand individueller öffentlich-rechtlicher Ansprüche und deren rechtlicher Durchsetzung im Klageweg auffangen. Im demokratischen Rechtsstaat sind zwar die gerichtliche Verfolgung von Rechtsansprüchen und die autoritative Entscheidung darüber durch „Verwaltung“ und „Rechtssprechung“ unverzichtbar; sie bilden gleichsam seine Wesensmerkmale. Interaktionen und Aufgabenverteilung zwischen staatlichen und gesellschaftlichen Akteuren, im modischen Begriff der „Governance“ zusammengefasst, offenbaren jedoch ein überlagerndes und in sich differenzierteres Steuerungsmuster bzw. eine komplexe Regelungsstruktur, die Interessenkonflikte nicht ausschließlich durch hierarchische bzw. hoheitlich-gerichtliche „Entscheidungen“ aufzulösen aufgibt. Stattdessen setzt sie – wie etwa die Regulierung wirtschaftlicher Tätigkeit durch Einbeziehung Privater in die staatliche Daseinsvorsorge (Telekommunikation, Pflegeversicherung) oder die Einbeziehung von Bürgern und Unternehmen in raumbedeutsame Planungsprozesse durch Öffentlichkeitsbeteiligung belegen – auf Verhandlungslösungen und Konfliktmittlung. Darin spiegelt sich eine weitere Folge des Übergangs zu jenen den modernen Staat kennzeichnenden Verwaltungspartnerschaften, unter denen die „Public Private Partnership“ eine spezifische Form der Erfüllung staatlicher Aufgaben darstellt, sowie zum „Wettbewerb“ von Verwaltungen untereinander.

## 3. Bürokratieabbau durch Wegfall von Widerspruchsverfahren

Nun ist die Aushandlung von interessengerechten Lösungen, mitunter auch „im Schatten des Rechts“, kein ganz so neues Phänomen. Und auch jenseits des sog. informalen Rechtsstaats gibt es seit Längerem das Angebot, durch Bürgerbeauftragte auf nationaler Ebene und im Europäischen Verwaltungsraum etwaige Konflikte der Verwaltung mit den Bürgern bzw. Partnern in der Zivilgesellschaft aufzulösen. Doch handelt es sich dabei nicht gerade um herkömmliche Formen der Konfliktbewältigung, die nach wie vor und im Wesentlichen auf dem Gedanken der Inanspruchnahme autoritativer Verwaltungsentscheidungen sowie des gerichtlichen Rechtsschutzes dagegen beruhen; freilich auch dabei vielfältige Facetten bis hin zum Vergleich offenbaren.

Dennoch stimmt es wohl, wenn behauptet wird, der gerichtliche Rechtsschutz oder auch vorgängige, auf das subjektiv-öffentliche Recht und den Rechtsschutz funktional bezogenen Konfliktlösungsmechanismen wie das Widerspruchsverfahren würden ihrerseits häufig nur bürokratische Hemmnisse darstellen. Man muss allerdings fragen, ob sich Widerspruchsverfahren nicht auch als ein Forum des Interessenclearings ausgestalten ließen.

Diese Fragen stellen sich z. B., soweit durch das sog. Bürokratieabbaugesetz II im Land Nordrhein-Westfalen das Verwaltungsverfahrensrecht dahingehend geändert werden soll, dass in bestimmten Verwaltungsverfahren das Vorverfahren wegfällt: Anstelle eines Widerspruches ist in diesen Fällen direkt die Klage vor dem Verwaltungsgericht zu erheben. Zweck der Gesetzesnovelle ist es zu verhindern, dass sich die Behörden mit „rechtsmissbräuchlichen" Beschwerden befassen müssen. Umgekehrt lässt sich aber auch befürchten, dass ein solcher Reformschritt die Verwaltungsgerichte überlastet. Denn in Niedersachsen beispielsweise, wo die Reichweite des Widerspruchsverfahrens schon vor längerer Zeit begrenzt wurde, hat dies zu einem dramatischen Anstieg der Verwaltungsprozesse geführt. Die Verwaltungsgerichte sind dem Ansturm kaum gewachsen. So würde in Nordrhein-Westfalen die Abschaffung des Widerspruchsverfahrens in Baugenehmigungsverfahren die sog. Drittwiderspruchsklage ausschließen. Anwohner könnten so nur noch bedingt gegen Bauvorhaben ihrer Nachbarn vorgehen. Bestehende Konflikte werden dadurch freilich nicht gelöst.

## 4. Wertebezug und Subjektivierung von Handlungsmaßstäben: Die Beziehungsebene im Verwaltungsverfahren

Nach herkömmlicher Auffassung wird die öffentliche Verwaltung gem. Art. 20 Abs. 3 GG ausschließlich an „Gesetz und Recht" gebunden, nicht etwa an Moral oder sonstige Werte. Allerdings ist daran zu erinnern, dass alles (un)geschriebene Recht und auch die förmlichen Gesetze verfassungsspezifischen Grundwerten und darüber hinaus dem jeweils aktuellen Kanon gesellschaftlicher Wertungen Ausdruck geben. Diese Wertemittlung im Verwaltungshandeln bestätigt einerseits, dass nichtkodifizierte Wertvorstellungen grundsätzlich unverbindlich sein sollen, weil entsprechende Rückbindungen des Verwaltungshandelns zu „exekutiver Willkür" führen können. Andererseits hat der Gesetzgeber unter dem Gesichtspunkt der Werteorientierung des Verwaltungshandelns eine spezifische Ethik des öffentlichen Dienstes durch jene Rechtsnormen begründet, in denen – wie in den Beamtengesetzen des Bundes und der Länder – material-rechtsstaatliche Verpflichtungen einzelner Verwaltungsangehöriger begründet werden. Dahinter scheinen als Wertentscheidungen, die das Verwaltungshandeln leiten sollen, auch die Unparteilichkeit, Neutralität und Professionalität öffentlicher Bediensteter auf.

Darin enthaltene Werteorientierung lenkt das Handeln; sie ermöglicht Entscheidungen über Handlungsalternativen nach Maximen oder Normen der Kultur, Moral oder Sittenordnung.

Der Wertebezug von Handlungsmaßstäben der Verwaltung führt in einem über die Rechtmäßigkeit hinausgreifenden, auf komplexe Gemeinwohlorientierung zielenden Sinne zu der bislang im Umbruch öffentlicher Verwaltung verdeckt gebliebenen Institutionalisierung von Subjektivität im Verwirklichungsauftrag von Recht und anderen Verwaltungszielen. Gleiches gilt für die Orientierung an Effektivitäts- und Effizienzmaßgaben. Entfaltet sich unter Berufung hierauf die Wirkungsweise von Recht über den (objektivierenden) Maßstab der Rechtsmäßigkeit hinaus zugunsten einer kommunikativen Einbeziehung nichtrechtlicher Normen sowie der Bürger in den Konkretisierungsvorgang von Recht („kooperative Rechtsbildung"), wie dies z. B. im Risikoverwaltungsrecht der Fall ist, so liegt darin die Entstehung einer individualisierten Maßstabsbildungskompetenz mit der Entwicklung situativer Richtigkeitsmaßstäbe für das Verwaltungshandeln.

Das kundenorientierte Verwaltungsverfahren wird deshalb durch Personalisierung geprägt. Konfliktmanagement darf deshalb auf eine „subjektive Maßstabssetzungskompetenz" (R. Scholz) zurückgreifen, die auf verwaltungsinterne und im Verhältnis zum Bürger bestehende individuelle Verhaltens-, Handlungs- und Einschätzungsspielräume der Amtswalter in der jeweiligen Kundenbeziehung ausgefüllt und gerechtfertigt werden müssen. Dies geschieht durch Formen konsensualen Verwaltungshandelns.

## 5. Akzeptabilität von Verwaltungshandeln und Bürgerbeteiligung

Darüber hinaus gewinnt im gesellschaftlichen und technischen Wandel die Akzeptabilität von Verwaltungshandeln an rechtlicher Wirkungstiefe, wenn die zunächst metajuristische Bewertung einer Verwaltungsmaßnahme mit der Spannbreite von „richtig" bis „inakzeptabel" in den Zusammenhang der Bürgerbeteiligung an Verwaltungsverfahren („Partizipation") gerückt wird. Denn die Mitwirkung rechtlich betroffener Individuen und Kollektive an administrativen Entscheidungen sieht sich regelmäßig auch auf informationelle und demokratiestaatliche Fundamente gegründet.

Ist diesen zufolge das Verwaltungsverfahren „nach außen" als ein Vorgang kommunikativer Rechtsbildung und produktiver Konfliktbewältigung bei der

Rechts- und Zweckkonkretisierung zu begreifen, dann tritt im Bereich offener gesetzlicher Programmierung sowie im kooperativen Staat auf der Grundlage der diesen nunmehr auszeichnenden „Public Governance" die Öffnung der Verwaltungsverfahren für die Präferenzen und Wertungen der Beteiligten in den Vordergrund. Dabei dürfte die Akzeptabilität von Entscheidungen als rechtliches Erwartungs- und Stabilisierungsmuster deren Kreis und die Verfahrensgestaltung mitbestimmen. Ohne Akzeptabilität erscheint die Verwaltungsentscheidung fehl zu gehen.

### 6. Kulturgebundenheit der öffentlichen Verwaltung

Neuere Forschungen belegen schließlich die Existenz und Bedeutung kultureller und damit auch biographischer Erfahrungen für das Verhalten in Organisationen. Dies gilt auch für die öffentliche Verwaltung. Gewinnt etwa die „Gruppe" als soziales Gebilde, oder gewinnt das „Team" einen eigenen Stellenwert in der Herstellung von Verwaltungsentscheidungen, so ist dies auch in den Verwaltungsorganisationen der Fall.

Diese Erkenntnis ruft nach Strategien für die Umsetzung von Gruppenarbeit in Praxisfeldern der öffentlichen Verwaltung. Eine der darin involvierten Fragen ist die nach dem Verlauf der Kommunikation innerhalb von Gruppen und der Gestaltung von Teams i. S. einer höchstmöglichen Effizienz ihrer Tätigkeit. Zugleich aber erweist sich gruppenförmige Entscheidungsproduktion stets als Herd aufbrechender Konflikte. Gruppenkulturen prägen die Art und Weise der Entscheidungsherstellung und schließen Außenseitermeinungen aus. Auch dies verlangt nach einer Reformulierung der Entscheidungsprozesse.

## III. Konfliktprävention und -lösung durch konsensuales Verwaltungshandeln

### 1. „Vermittelte" Kommunikation in und zwischen Behörden sowie mit Betroffenen als Konsequenz

Aus dem skizzierten Abschied an autoritative Konfliktentscheidungen der Verwaltungen folgt die Notwendigkeit, nach neuen Formen der Konfliktmittlung auf der Grundlage der erkannten Änderungsursachen zu suchen. So verlangen Wertebezug und Subjektivierung von Handlungsmaßstäben die Einbeziehung der Beziehungsebene im Verwaltungsverfahren. Ebenso ist die Akzeptabilität von Verwaltungshandeln und Bürgerbeteiligung ein Grund für die Entzerrung von Kommunikationsvorgängen verwaltungsinterner und verwaltungsexterner Prägung. Schließlich lässt die Kulturgebundenheit der öffentlichen Verwaltung insbesondere im Rahmen von Teamorganisation nach kooperativen Formen der Entscheidungsfindung bzw. -aushandlung rufen. Die Bildung „Runder Tische“ oder von „Agenturen“, aber auch die Institutionalisierung von „Ethikkommissionen“ sind dann Beispiele für eine durch Formenprägung „vermittelte“ Kommunikation zwischen Behörden und Betroffenen. Sie zeigen darüber hinaus, dass herkömmliche formenabhängige Rechtsschutzgestaltung nicht allen Schutzbedürfnissen gerecht wird.

Darüber hinaus scheint die Bürgergesellschaft auf Institutionen angewiesen, von denen sie Informationen, Rat und Hilfe erhält, wenn sie mit der Verwaltung nicht mehr zurechtkommt und ein gerichtliches Verfahren nur geringfügig Abhilfe schaffen könnte. Andererseits bedarf es der „Vermittlung“ zwischen verschiedenen Parteien im verwaltungsinternen oder verwaltungsexternen Konflikt in Ansehung der Subjektivierung von Handlungsmaßstäben und gleichzeitiger Entwicklung von „Public Governance“. Dabei gilt es, Gestaltungsstrukturen für ein konstruktives Miteinander i. S. des Wertebezugs und der Akzeptabilität von Verwaltungshandeln wie zivilgesellschaftlicher Beteiligung daran zu finden.

## 2. Ombudsverfahren als „altes“ Muster

Als vertrautes Muster, das von den nordeuropäischen Staaten übernommen worden ist, zeigt sich das Ombudsman-Konzept. Es ist seit den 60er bis 70er Jahren die Folge einer durch den zunehmenden Ausbau der Verwaltungstätigkeit geprägten und bestimmten Staatsführung durch Rechtsetzung und Verselbstständigung der Verwaltung. Die Institution des Ombudsmanns wurde als eine „notwendige Ergänzung des Rechtsschutzsystems“ betrachtet, insofern sie als verwaltungsunabängige Kontrollinstanz die Entscheidungsherstellung und -darstellung auf Verwaltungsseite sachkundig und im Vertrauen der Bürger überwacht.

Allerdings ist die Herausarbeitung von Konsens als Grundlage für die Akzeptabilität des Verwaltungshandelns nicht die Aufgabe der Tätigkeit des Ombudsmanns. Das für diesen entwickelte Konzept bietet zwar auch Möglichkeiten des Einbezugs von Betroffenen oder Interessierten in die Entscheidungsprozesse der Verwaltung sowie für deren Transparenz, doch ist die dadurch erreichte *Bürgernähe* kein Ersatz für Akzeptanz im oben skizzierten Sinne.

## 3. Mediationsverfahren als „neuer" Typus von Konfliktmittlung

Darauf zielt vielmehr Mediation als strukturelle Antwort auf die Begegnung von Staat und Gesellschaft im Rahmen neuer Formen des Regierens zu Beginn des 21. Jahrhunderts. Denn nichts anderes bedeutet „Governance": Wir verstehen darunter die Gesamtheit der vielfältigen kollektiven Regelungsformen gesellschaftlicher Sachverhalte unter Beteiligung von Bürgergruppen („Bürgerengagement"), Wirtschaftsverbänden, Nichtregierungsorganisationen u. a. m.. Strukturell sieht sich mit diesem Gestaltwandel demokratischer Herrschaft die Frage nach den gesellschaftlichen Beteiligungen an den Staatsfunktionen verbunden. Mediation als Instrument, Methode und informelles, nicht-öffentliches bzw. gesellschaftliches Verfahren konstruktiver Konfliktbewältigung stellt hierfür einen „neuen" Typus von Konfliktmittlung bereit. Es verhilft namentlich der Konfliktbewältigung im Rahmen von Auseinandersetzungen der Verwaltung mit dem Bürger zum Durchbruch. Zugleich kann es, wie auf der zivilgesellschaftlichen Ebene die Wirtschafts- oder Arbeitsmediation dazu beitragen, im Binnenraum der öffentlichen Verwaltung Konflikte zwischen einzelnen Akteuren, Vorgesetzten und Mitarbeitern/innen oder auch Konflikten unter diesen zu steuern.

## 4. „Mediation" als betriebliches und partnerschaftliches Konfliktmanagement

Es versteht sich, dass das Mediationsverfahren als ein „neuer" Typus von Konfliktmittlung eines entsprechenden Schlichtungsmanagements innerhalb der Verwaltung bzw. für die Verwaltungsbeziehungen zum Bürger bedarf. Wie sich an den eingangs herausgearbeiteten Konfliktgruppen zeigen lässt, müssen die „Fälle" gestörter Informations- und Kommunikationsbeziehungen jeweils sorgfältig gewichtet und daraufhin befragt werden, ob sie sich für Aushandlungsprozesse eignen. Nicht zuletzt spielen bei der Antwort auf diese Frage auch rechtliche Aspekte eine wesentliche Rolle.

Das innerbehördliche oder verwaltungspartnerschaftlich bezogene Konfliktmanagement muss zu diesem Zweck über entsprechende Führungskompetenzen und Managementfähigkeiten verfügen. Im Führungskontext sind „nach innen" Akzeptanz, Authentizität und Charisma der Mediationsmanager von entscheidender Bedeutung. Denn Mediation in der Verwaltung findet nicht im luftleeren Raum statt, sondern vollzieht sich in einem vernetzten Umfeld durch zahlreiche Interaktionen unter den Erfolgsbedingungen des Umfeldes sowie unter Berücksichtigung interessengesättigter Netzwerke. Fehler des Managements können den Verwaltungen wie den Mitarbeitenden schaden und darüber hinaus Kosten verursachen.

Auch das Mediationsmanagement für Konfliktbewältigung „nach außen" will durch Führung jene Bedingungen gestalten, unter denen alle Mitarbeiterinnen und Mitarbeiter im Feld der „Verwaltungsmediation" motiviert und koordiniert ihre subjektiven Maßstabssetzungskompetenzen in den Prozess der Konfliktbewältigung durch autonome Streitschlichtung einbringen. Zugleich unterliegt öffentliche Verwaltung einer empfindlichen Selbstbindung aus politischen und rechtlichen Gründen bei der Gestaltung ihres Konfliktmanagements.

## IV. Formalisierungsbedarfe für Mediationsverfahren

Die aller Streitschlichtung in öffentlicher Hand aus dem eingangs skizzierten Wandel gesellschaftlicher Verhältnisse bzw. der Beziehungen von Staat und Bürger heraus angetragenen Veränderungen müssen sich institutionell wie methodisch stets ihrer rechts-, sozial- und demokratiestaatlichen Verträglichkeit mit den verfassungsgarantierten Funktionszuweisungen und -bedingungen des Rechtsstaates bewusst bleiben. Auch für die Verwaltung maßgeblich ist das historisch gewachsene und im Grundgesetz bindend verankerte Verhältnis der Verwaltung zur Verwaltungsrechtsprechung einerseits, ihr Verständnis als Organisation und Verfahren der Rechts- und Zweckkonkretisierung durch Verwaltungshandeln – und d. h. auch durch „Entscheiden" – andererseits. Dazu gehört auch für die Verwaltung die Bindung an gleiches Recht, die den angestrebten Konsens über die Beilegung eines Streits bzw. eine akzeptierte Streitschlichtung bestimmt; Ergebnisse der Verwaltungsmediation müssen in ihrer gesellschaftlichen Wirkung sowie Verträglichkeit legitim und gerecht bleiben. Denn auch Mediation als konstruktive Konfliktbewältigung muss sich in ihrer Ausgestaltung sowie ungeachtet der durch „Governance" begrenzten Staatlichkeit in das Gehäuse des (Verfassungs-)Rechts als Leit- und Ordnungsrahmen aller Konfliktbewältigung durch Staat und Gesellschaft einfügen: Erlaubt ist von Verfassungs wegen die außergerichtliche (informelle), nicht aber die außerrechtliche Konfliktverarbeitung.

Allerdings darf daraus keinesfalls geschlossen werden, die Struktur- und Verfahrensgarantien der Verfassung für Verwaltung und Verwaltungsgerichtsbarkeit würden sich gegen Formen administrativer, konsens-orientierter Streitbewältigung sperren. Ganz im Gegenteil legt das Grundgesetz als „Bürgerverfassung" den notwendigen Bemühungen hierum keinen Stein in den Weg. Namentlich der Konfliktbewältigung von Verwaltungsstreitigkeiten durch verwaltungsbezogene Mediation sollte aus Gründen zivilgesellschaftlicher Stärkung sowie zur Entlastung der Verwaltungsgerichte zum Durchbruch verholfen werden. Allerdings sind die damit verbundenen Gestaltungsprobleme nicht zu unterschätzen, wie ich an anderer Stelle gezeigt habe. Vor allem gilt es speziell für Verwaltung und Verwaltungsgerichtsbarkeit, in konkreten Mediationssachen die gegenseitige Verschränkung von Rechtsschutzfunktionen zu beachten.

## V. Zusammenfassung

Gegenwärtig haben wir es in der öffentlichen Verwaltung auf allen Ebenen mit der Zunahme von Konflikten sowohl intern als auch im Verhältnis zum Bürger zu tun. Verwaltung und Verwaltungsprozess sind bei der Bewältigung dieser Konflikte hilfreich, doch erfordern der gesellschaftliche Wandel und der Umbruch der öffentlichen Verwaltung weitere und andere Methoden und Instrumente einer Konfliktmittlung, die der Verwaltungsführung zur Verfügung stehen müssen, um im Rahmen der Rechtsordnung Konflikte konstruktiv zu einem binnenorientierten oder erfolgreichen Interessenausgleich im Außenverhältnis zu führen.

Der Beitrag zeigt in gebotener Kürze die Elemente auf, die dabei und für den Abschied an autoritative Konfliktentscheidungen der Verwaltung unter den Wirkbedingungen einer Bürgergesellschaft zu berücksichtigen sind. Als Möglichkeiten erfolgreicher Konfliktprävention und -lösung durch konsensuales Verwaltungshandeln und „vermittelter" Kommunikation in und zwischen Behörden sowie mit Betroffenen werden das Ombudsverfahren als ein „altes" Muster sowie Mediationsverfahren als ein „neuer" Typus von Konfliktmittlung vorgestellt. „Verwaltungsmediation" bedarf dabei eines betrieblichen und partnerschaftlich ausgerichteten Konfliktmanagements, das besondere Herausforderungen an „Leadership" und Führungskompetenzen stellt.

Gleichwohl sollte nicht der Irrtum entstehen, „Verwaltungsmediation" würde die öffentliche Verwaltung aus dem (verfassungs-)rechtlichen Gehäuse ihrer Bindung an „Gesetz und Recht" entlassen. Das Gegenteil ist der Fall. Deshalb geht es dem Beitrag auch darum, die Notwendigkeit der Formalisierungsbedarfe für verwaltungsinterne und verwaltungsexterne Mediationsverfahren herauszuarbeiten.
Die Erfolgschancen der Mediation als Ausprägung einer in anderen Rechtsgebieten (Familienrecht, Wirtschaftsrecht) bereits länger erprobten modifizierten

Streitkultur auch in der verwaltungsgerichtlichen Praxis zu erproben und die Voraussetzungen für die rechtsstaatliche Integration diese für das deutsche System des verwaltungsgerichtlichen Rechtsschutzes junge Form der Streitbeilegung zu erforschen ist Aufgabe und Herausforderung. Ob die Verwaltungsgerichtsbarkeit wegen der gegenwärtig erkennbaren Binnenressourcen Kraft und Kapazität hat, sich neuen Formen von Streitschlichtung zuzuwenden, oder ob – abgesehen von der ohnehin dem Gerichtszweig obliegenden Verpflichtung zur beschleunigten Erledigung von Verwaltungsstreitverfahren - nicht andere, eher „gerichtszweigübergreifende" Themen (hierzu *Rolfs*, Über den Nutzen der Fachgerichtsbarkeiten, NJW 2003, Heft 51 – Editorial -; vgl. auch die eher „überraschende" Zuständigkeitsverlagerung hinsichtlich des Sozialhilferechts von der Verwaltungs- zur Sozialgerichtsbarkeit zum 1. Januar 2005 im Wege der Einfügung von § 51 Nr. 6a SGG durch Art. 38 des Gesetzes zur Einordnung des Sozialhilferechts in das Sozialgesetzbuch (BGBl. 2003 I, 3022 <3065>) die Szene beherrschen werden, bleibt indes abzuwarten.

## Gefährdet die Mediation im öffentlichen Bereich den Rechtsschutz – Mediation: Ein unzulässiger Deal?*

*Rainer Pitschas*

### 1. "Governance" und Mediation

Zu Beginn des 21. Jahrhunderts bestimmen in den hoch entwickelten Industriestaaten neue Formen des Regierens die Begegnung von Staat und Gesellschaft. Im Einzelnen werden diese Formen unter dem Sammelbegriff der "Governance" zusammengefasst. Hierunter verstehen wir die Gesamtheit der vielfältigen kollektiven Regelungsformen gesellschaftlicher Sachverhalte unter Beteiligung von Bürgergruppen ("Bürgerengagement"), Wirtschaftsverbänden, Nichtregierungsorganisationen u. a. m.

Strukturell sieht sich mit diesem Gestaltwandel demokratischer Herrschaft auch die Frage nach dem künftigen Verständnis der Staatsfunktionen sowie nach der Reichweite ihrer "Öffnung" gegenüber diesem Wandel und deren Folgen verbunden. Antworten hierzu haben einerseits die verfassungsrechtlich gesicherten Legitimations-(Streitschlichtungs-)Erwartungen der Gesellschaft an die staatliche "Rechtsprechung" in Rechnung zu stellen, zugleich aber und andererseits deren grundgesetzlich vorgegebene Grundwertungen sowie die vertypte Organ- bzw. Funktionsstruktur für alle Streiterledigung unter dem Grundgesetz einzubeziehen.

### 2. Verfassungsrechtliche Grundwertungen für legitime Konfliktschlichtung

Die jedweder Rechtsprechungsorganisation und aller Streitschlichtung aus dem vorgenannten Wandel gesellschaftlicher Verhältnisse bzw. der Beziehungen von Staat und Bürger heraus angetragenen Veränderungen müssen sich deshalb institutionell wie methodisch stets ihrer rechts-, sozial- und demokratiestaatlichen Verträglichkeit mit den verfassungsgarantierten Funktionszuweisun-

* Veröffentlichung in Vorbereitung (ZKM 2008, Heft 1). Vortrag am 13.06.2007 in Bielefeld auf der Bundeskonferenz "Mediation in der Justiz - ®evolution in der Streitkultur" im Rahmen des Justizmodells in Ostwestfalen Lippe.

gen und -bedingungen des Rechtsstaates für die in sein Gehäuse eingefügte Rechtsprechung ("Streitschlichtung") bewusst bleiben (Art. 19 IV, 20 II 2, 92, 97 I und 79 III GG). Maßgeblich ist somit das historisch gewachsene und im Grundgesetz bindend verankerte Verständnis von Rechtsprechung als staatliche und gesellschaftliche Macht zügelnde sowie Herrschaft kontrollierende Organisation und Verfahren, die spezifisch als "Rechtsprechung" strukturiert sind und in dieser Funktion als "legitim", "fair" und "neutral" angesehen werden. Insofern ist in Bindung an gleiches Recht den erforderlichen Konsens über die Beilegung eines Streits bzw. eine akzeptierte Streitschlichtung anstreben, wird sichergestellt, dass "Governance"-Leistungen in ihrer gesellschaftlichen Ausformung sowie Verträglichkeit legitim und gerecht bleiben. Auch Mediation als Instrument, Methode und informelles, nicht-öffentliches bzw. gesellschaftliches Verfahren konstruktiver Konfliktbewältigung muss sich in ihrer Ausgestaltung sowie ungeachtet der durch "Governance" begrenzten Staatlichkeit in dieses Gehäuse des (Verfassungs-)Rechts als Leit- und Ordnungsrahmen aller Konfliktbewältigung durch Staat und Gesellschaft einfügen: Erlaubt ist von Verfassungs wegen die außergerichtliche (informelle), nicht aber die außerrechtliche Konfliktbearbeitung.

Die vom Grundgesetz vorgegebenen verfassungsrechtlichen Strukturen und Maßgaben der den Rechtsstatus des Bürgers allseitig schützenden "Rechtsprechung" als Streitschlichtung sowie die Wertebindung des gerichtlichen Verfahrens prägen daher auch und im heutigen Übergang zu gesellschaftlicher Selbstregulierung deren autonome Streitschlichtung. Das verfassungsseitige Verständnis von "Rechtsprechung" entfaltet hierfür im Garantiezusammenhang der einschlägigen Verfassungsnormen eine objektiv-rechtliche Gewährleistungsfunktion. Die mit Recht großflächig Eigenverantwortung übernehmende Zivilgesellschaft unterliegt insoweit einer freiheitlichen Verfassungs-, d. h. zugleich Selbstbindung bei der Gestaltung ihres Konfliktmanagements.

### 3. Verfassungsakzeptanz für Mediation

Allerdings darf daraus keinesfalls geschlossen werden, die Struktur- und Verfahrensgarantien des Art. 19 IV und 20 II, 92 GG würden sich gegen Formen gerichtsnaher oder außergerichtlicher, nicht-hoheitlicher und konsens-orientierter Streitbewältigung sperren. Ganz im Gegenteil legt das Grundgesetz als "Bürgerverfassung" den notwendigen Bemühungen hierum keinen Stein in den Weg. Es gilt denn auch, die Möglichkeit des privaten Rechtsschutzes bzw. der außergerichtlichen Schlichtung stärker zu nutzen. Namentlich der Konfliktbewältigung von Verwaltungsstreitigkeiten durch verwaltungsbezogene Mediation sollte aus Gründen zivilgesellschaftlicher Stärkung sowie zur Entlastung der Verwaltungsgerichte zum Durchbruch verholfen werden. Allerdings steht hierfür nicht der (Verwaltungs-)Richter als Instanz staatlicher Streitschlichtung zur Verfügung, sondern der gesellschaftlich verankerte Rechtsanwalt. Gleichermaßen gilt es, speziell für Verwaltung und Verwaltungsgerichtsbarkeit in konkreten Mediationssachen die gegenseitige Funktionenverschränkung zu beachten. Auf beides wird zurückzukommen sein.

## 4. Verfassungsprozedurale Gewährleistungsgarantien für Mediation

Darüber hinaus werden – wie schon angedeutet - die justiziellen Gewährleistungsgarantien der Verfassung auch für den gesellschaftlichen "Rechtsschutz" durch Mediation maßgeblich. Zum einen bleibt deshalb zu beachten, dass Art. 19 IV GG jedem Rechtsschutzsuchendem lediglich im öffentlichen Sektor die Überprüfung nicht-richterlicher Entscheidungen durch den Richter garantiert. Folglich verwirklicht der Zugang zur gerichtsnahen bzw. außergerichtlichen Mediation keinen staatlichen Rechtsschutz; die Schlichtungsentscheidungen sind keine richterlichen Rechtsschutzentscheidungen.

So gesehen, erfüllen Akte mediativer Streitbeilegung selbst nicht schon das Rechtsschutzversprechen des Art. 19 IV GG, obschon sie im Wege eines außergerichtlichen "Vorverfahrens" dem eigentlichen staatlichen Rechtsschutz-, z. B. dem verwaltungsgerichtlichen Verfahren, etwa im Rahmen der Verwaltungskontrolle vorgeschaltet werden könnten. Das ist unter Gesichtspunkten der Rechtsschutzeffizienz von Bedeutung. Zum anderen und vor allem zieht der materiale Rechtsschutzstaat (Art. 20 II 2, 92 GG) etwaigen Versuchen eine strikte Grenze, sich wegen der angeblich fehlenden Qualität des staatlichen "Rechtsschutzes" den verfassungsrechtlich vorgegebenen Wertebindungen aller Streitschlichtung unter dem Grundgesetz und ihrer unbedingten Orientierung auf Waffengleichheit, Neutralität, Fairness und (soziale) Gerechtigkeit sowie Legitimität bei der autonomen Konfliktbewältigung zu entziehen. Jedwede "Rechtsprechung" – ob "Betriebsjustiz", Mediation oder hoheitlicher Rechtsschutz – bleibt verfassungsgebunden. Art. 20 II 2 GG in Verbindung mit den konnexen weiteren Verfassungsnormen verkörpert diesbezüglich von Verfassungs wegen einen Gewährleistungsmaßstab für Streitschlichtung, sozusagen ein Strukturelement von "good governance". Er formuliert "public values" für alle Formen der Streitschlichtung. Einer privatisierten "second class justice" oder gar privilegierten Konfliktauflösungsverfahren im Schatten einer justiziellen "Public-Private Partnership" ("deals") kann und muss im demokratischen Rechtsstaat vorgebeugt werden.

## 5. Effizienzbindung gerichtsnaher Mediation als Verfassungsmaßstab

Darüber hinaus und einerseits bleibt bei richterlicher Mediation Sorge dafür zu tragen, dass sich die wertvolle und knappe Ressource richterlicher Bewertung und Entscheidung eines Konflikts nicht in den nur scheinbar effizienteren Möglichkeiten außergerichtlicher Streitbeilegung durch staatliche Richter mit unübersehbaren Rückwirkungen auf das öffentlich-rechtliche System des Rechtsschutzes verzehrt. Für autonome Streitschlichtung in der sich selbst regulierenden Zivilgesellschaft steht stattdessen der (honorarpflichtige) Rechtsanwalt zur Verfügung. Erst in dessen Heranziehung liegt ein Effizienzgewinn. Die Verpflichtung zur Beachtung derartiger Effizienzgebote erfließt dem Wirtschaftlichkeitsgrundsatz der Verfassung. Er untersagt eine auf Dauer gestellte "kostenlose" gerichtsnahe Mediation.

In der Konsequenz dieser Einsichten liegt es, öffentliche Mediation zu verrechtlichen und - dem voraufgehend - für sie Zugangs- und Verfahrensstandards zu entwickeln. Dabei spielen die Fragen nach der Zulässigkeit einer Richtermediation im öffentlich-rechtlichen Bereich einerseits, speziell der gesamthänderischen Verfahrensverantwortung von Verwaltung und Verwaltungsgerichtsbarkeit sowie ihrer "Überwindung" durch die verwaltungsrichterliche Dienstleistung "Mediation" in Verwaltungsstreitigkeiten andererseits eine weitere und zentrale Rolle.

## 6. Gerichtsnahe Mediation als Verfahrenstypus der Rechtsprechung

Die skizzierte "innere Bindung" der Gerichtsmediation stellt deren Eigenständigkeit gegenüber dem gerichtlichen Verfahren zwar nicht in Frage. Gerichtsverfahren sind nicht in erster Linie auf die Abklärung von Interessen gerichtet. Gleichwohl besteht die erörterte Konnexität: Auch Mediation ist "Rechtsprechung" weil Streitschlichtung – die richterliche Dienstleistung umfasst ihrerseits "Mediation" als Verfahrenstypus der Konfliktbewältigung im Prozess. Denn auch der "Richter" entscheidet oder schlichtet (durch "Vergleich")den Streit der Parteien als neutrales und unabhängiges Organ. Er erfüllt dadurch den verfassungsrechtlichen Auftrag zur Ausübung seiner Tätigkeit nach "Gesetz **und** Recht".

Diese Rechtsbindung verbietet richterliche Rechtsprechung gegen das Recht, aber auch richterliche Tätigkeit ohne "Recht zu sprechen". Deshalb stößt (verwaltungsrichterliche) Mediation im öffentlichen Bereich an Grenzen ihrer Zulässigkeit bzw. Legitimation. Diese ergeben sich aus der Organstellung der Richter, die als Gerichtsmediatoren ein Organ der Rechtsprechung auch in ihrer Mediationstätigkeit bleiben – es sei denn, der Mediator verlässt den richterlichen Dienst.

## 7. Legitimationsprobleme gerichtsnaher Mediation

Bildlich gesprochen, kann und darf also der Gerichtsmediator die Robe nicht gleichsam abstreifen und sich von seiner Bindung an Organrecht sowie an rechtliche Maßstäbe befreien. Dies gilt formell wie materiell: Der "gerichtliche" Mediationsprozess unterliegt allen Prozessstandards des Gerichtsverfahrensrechts. Er muss daher auch die unverzerrte Kommunikation der Beteiligten über die Verwaltungsstreitigkeiten gewährleisten. Sie bedingt einerseits "Distanzschutz" und "Neutralitätsschutz", andererseits die Pflicht des Gerichtsmediators, Beteiligte an der Mediation vor rechtlichen Nachteilen spezifischer Interessenklärung zu warnen.

Dem entspricht die Sicht der Beteiligten im Mediationsverfahren auf die gerichtsnahe Mediation: Im Mediator wird der Richter gesehen. Es kommt zur Rollenübertragung ohne Rückbindung an die spezifische richterliche Legitimation. (Verwaltungsrichterliche) Mediation begegnet deshalb auch aus dieser Perspektive zutiefst Fragen nach ihrer Legitimation. Dies gilt vor allem in der selbstregulierten Gesellschaft, deren Ausdruck nicht die richterliche Mediation, sondern die selbstlegitimierte Rollenbesetzung der Konfliktbearbeitung sein muss. M. a. W. ist der "Anwalt" der gegebene Partner mediativer Streitschlichtung.

## 8. Insbesondere: Zum Verhältnis von Verwaltungs- und gerichtsnaher Mediation

Konsensuale Streitbeilegung in Verwaltungsstreitigkeiten ist weder originär verwaltende noch Rechtsschutz gewährende Tätigkeit. Sie ist auch nicht Voraussetzung für die Wahrnehmung der den Gerichten zugewiesenen Rechtsprechungsaufgaben; dagegen verwirklicht sie die Dynamik der Verfahrensidee im kooperativen Staat. Dieser setzt im gewandelten Verhältnis von Verwaltung und

Bürger zunehmend mehr auf "Rechtsprechung" durch konsensuale Verwaltungsrechtskonkretisierung, Kommunikation und Konfliktpartnerschaft statt auf hierarchische Konfliktlösung.

Die damit gegebene konsensuale Zielfunktion der "Rechtskonkretisierung" auch in Verwaltungsverfahren als ein planvoll und zweckmäßig gestalteter verwaltungsbehördlicher Konkretisierungsprozess führt deshalb in einen weiteren Problemkreis der Gerichtsmediation. Zwei Aspekte spielen dabei eine Rolle. Zum einen stehen Verwaltung und Verwaltungsgerichtsbarkeit im Rahmen ihrer gesamthänderischen Verfahrensverantwortung in einem Verhältnis spezifischer Wechselwirkungen. Ein in diesen Zusammenhang eingebettetes (informelles) Mediationsverfahren zwischen Verwaltung und Bürger enthält eine "Indizwirkung des Konsens" (Hoffmann-Riem), die verwaltungsrichterliche Mediation – gleichsam unter Abstreifen der richterlichen Robe – weder "doppeln" noch durch erneute (und ggf. abweichende) Interessenklärung auflösen darf. Umgekehrt bleibt die Behörde frei, auf Verwaltungsmediation zu verzichten. Dies gilt bis zur "Spruchreife" (§ 113 Abs. 1 und 5 VwGO). Richterliche Mediation darf denn auch nicht verfahrensersetzende Wirkung für die Konfliktmittlung im Rahmen von oder im Zusammenhang mit Verwaltungsverfahren entfalten.

Neben diesen Gesichtspunkt der Gewaltenteilung und staatlichen Funktionenzuordnung tritt zum anderen das Wissen darum, dass der Verwaltungsprozess ein Kontroll-, aber kein Problemlösungsverfahren ist. Die damit gegebenen Sachdifferenzen im Typus "Streitschlichtung" zwischen Verwaltungsverfahren und Verwaltungsprozess dürfen nicht dadurch verwischt werden, dass der Verwaltungsrichter als Mediator verwaltungstätigkeitsbezogene Problemlösungsfunktionen übernimmt.

## 9. Gerichtsnahe Mediation: Kein Beitrag zur "Entbürokratisierung" der Justiz

Schließlich führt die Einordnung der Mediation in die Debatte um "Entbürokratisierung" und "Effizienz" staatlicher Tätigkeit zu dem Missverständnis, dass gerichtsnahe Mediation ein Beitrag zum Abbau bürokratischer Strukturen darstellen würde. Ganz im Gegenteil zeigt aber diese Verortung im Rahmen der Bürokratiekritik einen Irrtum über die Rationalitätsbindung des Gerichtsverfahrens auf. Diesem ist von Verfassungs wegen (auch) die Funktion zugewiesen, Streit zu schlichten durch enumerativ aufgeführte Formen der konsensualen Streitbeendigung. Der "Richter" entscheidet oder schlichtet den Streit der Parteien als neutrales und unabhängiges Organ – im Wege der mehr oder weniger formalisierten Durchführung. Dabei geht es nicht um die Rationalität oder Irrationalität der "Bürokratie", sondern um differierende Rationalitätsanforderungen an Konfliktbewältigung durch Gerichtsverfahren. Dementsprechend kommt auch "Mediation" nicht ohne Bürokratie aus; doch ist sie eben keine bürokratische Tätigkeit, sondern ein eigenständiger Verfahrenstypus.

Letztlich wird dieses Missverständnis durch die allgegenwärtige "Ökonomisierung" richterlicher Tätigkeit verursacht. Zwar unterliegt auch "Rechtsprechung" dem Wirtschaftlichkeitsgebot, das dem Grundgesetz erfließt und für alle Staatsfunktionen gilt. Inwieweit aber durch die Förderung außergerichtlicher Streitbeilegung eine Entlastung der (Verwaltungs-)Gerichte ("Entbürokratisierung"?) erreicht und die Effizienz ihrer Rechtsprechung gesteigert werden kann, bleibt – wie oben dargelegt - fraglich. Denn das außergerichtliche bzw. gerichtsnahe streitschlichtende Verfahren der Mediation stellt nur einen zusätzlichen Zwischenschritt im gesamthänderischen Entscheidungsprozess von Verwaltung und Verwaltungsgerichtsbarkeit dar.

## Anhang 1

## Die Speyerer Mediationsinitiative – Eine Veranstaltungsübersicht

Seit dem Wintersemester 2001/2002 finden an der Deutsche Hochschule für Verwaltungswissenschaften Speyer kontinuierlich Lehrveranstaltungen und Fortbildungsseminare der Verfasser zum Thema Schlüsselqualifkationen (Verhandeln, Kommunikation, Mediation, pp.) an der Schnittstelle zu praktischen Arbeitsfeldern in Verwaltung und Verwaltungsgerichtsbarkeit statt. Parallel hierzu hat sich unter der wissenschaftlichen Leitung der Univ.-Prof. Dres. Pitschas und Ziekow ein Arbeitskreis „Rechtsprechungsmanagement und gerichtsgebundenen Mediation" am Forschungsinstitut für die öffentliche Verwaltung gebildet.

Die nachfolgende Übersicht vermittelt an einen anschaulichen Einblick in die Aktivitäten der vergangenen Jahre.

| | |
|---|---|
| **Wintersemester 2001/02** | Seminar<br>"Reform der Verwaltungsgerichtsbarkeit"<br>*(Pitschas)* |
| **Januar 2002** | Workshop<br>"Reform der Verwaltungsgerichtsbarkeit"<br>*(Pitschas)* |
| **Dezember 2003** | 1. Sitzung des Arbeitskreises<br>„Rechtsprechungsmanagement und gerichtsgebundenen Mediation"<br>*(Pitschas/Ziekow)* |
| **Wintersemester 2003/04** | Projekt-Arbeitsgemeinschaft<br>"Mediation und Verwaltungsgerichtsbarkeit"<br>*(Pitschas/Walther)* |
| **Wintersemester 2004/05** | Projekt-Arbeitsgemeinschaft<br>"Mediation in der Verwaltungsgerichtsbarkeit"<br>*(Walther)* |

| | |
|---|---|
| **Januar 2005** | Projektwerkstatt<br>"Mediation in der Verwaltungsgerichtsbarkeit"<br>*(Walther)*<br>*Pitschas/Walther* (Hrsg.), Mediation in der Verwaltungsgerichtsbarkeit, Speyerer Arbeitsheft Nr. 173 |
| **Januar 2005** | 2. Sitzung des Arbeitskreises<br>„Rechtsprechungsmanagement und gerichtsgebundenen Mediation“<br>*(Pitschas/Ziekow)* |
| **Sommersemester 2005** | Projekt-Arbeitsgemeinschaft<br>"Mediation und Verwaltungsgerichtsbarkeit"<br>*(Walther)* |
| **Wintersemester 2005/06** | Projekt-Arbeitsgemeinschaft<br>"Qualitätssicherung und Mediation in der Verwaltungsgerichtsbarkeit"<br>*(Walther)* |
| **März 2006** | 1. Speyerer Führungswerkstatt<br>*(Pitschas/Kremin)* |
| **Sommersemester 2007** | Projekt-Arbeitsgemeinschaft<br>"Richterliche Mediation und mediative Richter"<br>*(Walther)* |
| **März 2007** | 2. Speyerer Führungswerkstatt<br>*(Pitschas/Walther)* |
| **Sommersemester 2008** | Projekt-Arbeitsgemeinschaft<br>"Richterliche Mediation und mediative Richter"<br>*(Walther)* |
| **September 2008** | 3. Speyerer Führungswerkstatt<br>*(Pitschas/Kremin/Walther)* |

## Anhang 2

### Bericht über die Projektwerkstatt: „Reform der Verwaltungsgerichtsbarkeit“ an der Deutschen Hochschule für Verwaltungswissenschaften Speyer am 29. und 30. Januar 2002

*Harald Walther*

Die Modernisierung von Staat und Verwaltung erfasst auch die Gerichtsbarkeiten in der Bundesrepublik Deutschland. Dementsprechend steht nicht zuletzt die Verwaltungsgerichtsbarkeit vor einem Reformschub. Vor diesem Hintergrund widmete sich unter der wissenschaftlichen Leitung von Univ.-Prof. *Dr. Rainer Pitschas* an der Deutschen Hochschule für Verwaltungswissenschaften Speyer am 29. und 30. Januar 2002 eine Projektwerkstatt der intensiven Diskussion der bisherigen Reformarbeit sowie den Reformperspektiven einer Modernisierung der Verwaltungsrechtsprechung.

Die Materialien für diese Veranstaltung wurden im zurückliegenden WS 2001/2002 in einer Arbeitsgemeinschaft an der Deutschen Hochschule für Verwaltungswissenschaften Speyer erarbeitet. Dabei wurden sowohl theoretische Grundlagen der Reform aufgearbeitet, als auch eigene empirische Untersuchungen durchgeführt. Zum Ende des Semesters trafen sich nun in Speyer Hörerinnen und Hörer der Hochschule in dieser Projektwerkstatt und hatten Gelegenheit, ihre Arbeitsergebnisse und neu gewonnenen Erfahrungen mit den Überlegungen der an der Reformarbeit beteiligten oder interessierten Richterinnen und Richter, Angehörigen von Exekutive und Legislative aus Bund und Ländern sowie der Verwaltungswissenschaft zusammenzuführen.

Nach der Begrüßung und Eröffnung der Projektwerkstatt durch *Univ.-Prof. Dr. Rainer Pitschas* folgten die Beiträge zur Reform der Verwaltungsgerichtsbarkeit aus Sicht der Politik von *Alfred Hartenbach (MdB),* Mitglied des Rechtsausschusses des Dt. Bundestages, Direktor des Amtsgerichts Hofgeismar, Berlin, der die Eckpunkte der 7. VwGO-Novelle darstellte und kommentierte und *Herbert Mertin (MdL),* Justizminister des Landes Rheinland-Pfalz, Mainz, der landespolitische Fragen in den Vordergrund rückte. Im Anschluss daran referierte Vorsitzender Richter am VG *Friedrich Joachim Mehmel,* Hamburg über Probleme künftiger Gestaltung der Verwaltungsgerichtsbarkeit zwischen Selbstverwaltung und Gerichtsmanagement. Den aktuellen Stand des EDV-

Einsatzes in der Verwaltungsgerichtsbarkeit stellten die Rechtsreferendare *Frank Blaser, Martin Burlon und Wendelin Staats* sehr instruktiv unter zeitgemäßer Nutzung eines Beamers dar. Das Thema Personalentwicklung in der Verwaltungsgerichtsbarkeit war Gegenstand des Vortrages von Univ.-Prof. *Dr. Rainer Pitschas* sowie die Rechtsreferendarinnen *Astrid Bauer, Kathrin Mauch* und *Myriam Schirra.* Im abschließenden Round-Table-Gespräch diskutierten die Referendare *Julia Janson und Joachim Lotter* sowie *Dr. Heike Jochum, Universität des Saarlandes* mit Präsident des OVG *Dr. Gerd-Heinrich Kemper*, Magdeburg, Vorsitzender Richter am VG *Joachim Lindner*, OVG Weimar und Vizepräsident des Sozialgerichts *Uwe Wacher*, Detmold.

An der Deutschen Hochschule für Verwaltungswissenschaften Speyer soll unter der Leitung von Univ.-Prof. *Dr. Rainer Pitschas* die Reform der Verwaltungsgerichtsbarkeit durch einen auf Dauer angelegten Workshop weiter vorangetrieben werden.

**Speyerer Schriften zur Verwaltungswissenschaft**

Herausgegeben von Rainer Pitschas

Band 1 Rainer Pitschas: Trusted Governance due to Public Value Management. Public Governance in Europe between Economization and Common Weal: A Value-Based Concept of Public Administration. 2006.

Band 2 Dieter Puschke: Sozialverwaltung im aktivierenden Staat. Die Reform der Sozialverwaltung zwischen Aufgabenkomplexität, bundesstaatlichen Rahmenbedingungen und Effizienzanforderungen am Beispiel des Landesamtes für Soziales, Jugend und Versorgung in Rheinland-Pfalz. 2006.

Band 3 Khac Anh Dang: Personalentwicklung im öffentlichen Dienst durch Aus- und Fortbildung. Ein Beitrag zur Reform des öffentlichen Dienstes in Vietnam unter Berücksichtigung der deutschen Erfahrungen. 2007.

Band 4 Cong Xu: Betriebliche Altersversorgung in der Bundesrepublik Deutschland und der Volksrepublik China im Vergleich. 2008.

Band 5 Rainer Pitschas / Harald Walther: Mediation im Verwaltungsverfahren und Verwaltungsprozess. Beiträge der „Speyerer Mediationsinitiative“. 2008.

www.peterlang.de

Printed by
CPI books GmbH, Leck